U0432642

复旦大学MPA项目成立二十周年

MPA

复旦大学公共管理(MPA)论文集·第七辑

地方治理：
动机、行为与制度环境

左 才 主编

Local Governance: Incentive, Behavior and Institution

复旦大学出版社

复旦大学公共管理(MPA)论文集编辑委员会

主 任
竺乾威

委 员
（按姓氏笔画排序）

朱春奎　刘建军　扶松茂　苏长和
李瑞昌　张建新　张　骥　顾丽梅

序　言

竺乾威

本书出版恰逢我国的 MPA 教育创办二十周年。我国的 MPA 教育在这短短的二十年间获得了空前的发展,复旦也一样,MPA 教育从无到有,从小到大。本书是对复旦大学 MPA 项目成立二十周年的献礼,因为它从一个侧面反映了我国 MPA 教育取得的进步。作为差不多每两年出版一辑的、由优秀毕业论文构成的复旦大学公共管理(MPA)论文集之一,本书已经是第七辑了,它记录了 MPA 在复旦的成长历程,也记录了复旦 MPA 论文集本身的成长。同时,本书还是一次汇报,它的公开出版就是向社会汇报复旦 MPA 同学经过项目的训练后所取得的成绩,并接受社会的检阅。

纵观复旦大学 MPA 论文集(不止这一辑),可以发现有以下几个特点。

一是选题丰富多样,但有一个共同点,即这些选题都反映了我国当下公共管理的一些最实际的问题。MPA 同学几乎都来自公共管理第一线,对现实的公共管理问题有最深刻的实际感受。因此,他们的论文选题通常都会结合自己的各种实践,去寻找一些有价值的问题,并力图通过论文的写作从理论上提升对这些问题的认识和理解,并尽可能对解决这些问题提供自己的看法。

二是具有较高的学术性。这主要体现在 MPA 同学运用专业理论和比较科学的方法来认识问题和分析问题,并在客观分析和论证的基础上得出观点和结论,而不是概念在先和结论在先,观点结论没有依据或缺乏说服力。这些论文有别于一般的工作报告和宣传文章,一看就是学术论文。

三是以问题为导向,以解决实际问题为出发点。论文的这一特点符合 MPA 学生培养的目标,也就是在经过 MPA 的训练后,学生能够以更宽阔的视野,尤其能从理论的高度去审视他面对的问题,并以较好的方法解决这些问题。我们看到不少学生的论文是针对本单位的问题的,他们通过分析,对这些问题提出的解决之道对其单位来说是很有价值的。有不少同学跟我说,其所在单位后来采纳了他们的一些看法。这样的论文体现了 MPA 教育"学以致用"的特点。

四是论文的背后,除了学生的努力,还有老师的辛勤付出。这些论文以今天的样貌呈现给大家,老师付出了大量的心血。老师在指导论文的过程中,无论在选题确定、篇章布局,还是在观点提炼,甚至在文笔润饰上都下了不少功夫。这一点,我想论文的作者也有深切的体会。当然,从老师的角度来讲,指导 MPA 同学论文写作的过程,也是自身学习和得到提炼的过程,这当中尽管有辛劳有付出,但更多的是得到的惊喜和快乐。这是一个教学相长的过程。

在本书出版之际,我要对本辑的主编左才老师表示祝贺,对本辑的作者表示祝贺,对论文指导老师表述感谢。我也要对编辑此书的其他工作人员表示感谢。正是你们所有人的付出,使本书得以面世。同时,我也想借这个机会,祝复旦 MPA 共同体在未来的发展中取得更多的辉煌!

前言

复旦大学公共管理（MPA）论文集是一套 MPA 优秀学术论文集萃丛书。该文集一般每两年出版一辑，本辑是自出版以来的第七辑。该论文集主要是将复旦大学 MPA 学生近几年的优秀毕业论文（也包括平时撰写的学术论文），在作者本人主动地参与、重新创作的基础上予以公开出版。论文集入选作品在每个答辩小组得分前两名的论文和由复旦大学国际关系与公共事务学院优秀论文评审小组遴选的优秀论文的基础上，根据本辑论文收录主题的要求遴选产生，并作为复旦大学国务学院的一项科研成果向外发表。这与复旦大学国务学院强调以"学术立院"的学术传统是分不开的。

以"学术立院"是复旦大学国际关系与公共事务学院的办学宗旨，强调"学术研究与管理实践相结合"也是复旦 MPA 的办学特色之一。为了彰显复旦 MPA 的"学术性"研究的特长，提高复旦 MPA 的学术水平，复旦 MPA 还定期组织学术沙龙"天下——公共事务论坛"，每期都有一个专题，由学院的教师参与点评和学术指导，活跃了复旦 MPA 的学术氛围，将理论研究与管理实践有机地结合起来，对于提升管理者的管理水平有积极意义，真正体现了学以致用的目的和服务地方政府管理的价值追求。每两年出版一辑的 MPA 论文集既服务于"将 MPA 教育中的优秀研究成果与社会共享，尤其是与公共管理部门的实践者和公共管理研究领域的学术同行共享"这一宗旨，也给复旦 MPA 学生搭建更好的学术平台以及支撑起新的学术研究空间。

今年正值复旦大学 MPA 项目成立二十周年。迄今为止，MPA 项目共有 7 篇论文荣获全国公共管理硕士优秀学位论文。在 2017 年清华大学举办的 NASPAA-Batten 学生模拟大赛亚洲分赛中,两名复旦 MPA 学员所在组分别获冠军和亚军。2015—2018 年,在上海公共管理专业学位研究生教育指导委员会主办的四届 MPA 论坛中,共有 32 位复旦 MPA 学生参与该论坛并做主旨发言,并分别荣获优秀论文一等奖、二等奖、三等奖。2019 年,一名复旦 MPA 学生的学位论文荣获重庆大学第二届"费孝通勤学奖"优秀公共管理专业硕士学位论文奖。复旦大学 MPA 论文集正是建立在这些优秀论文的基础上,让学术界和实务界更多地了解这些优秀研究成果,并进一步激发对公共管理重要议题的关注与思考。

本期论文集主要围绕"地方治理:动机、行为与制度环境"这一主题展开,分为三大模块:动机篇、行为篇和制度环境篇。本论文集选题广泛多样,涵盖新形势下地方经济社会治理中的各类议题,并从主观动机、客观行为以及制度环境三个维度来理解和解释公共管理中的常见现象以及行为模式。

动机篇收录了《空心化背景下村干部工作积极性研究》《上海市公立医院管理者的职业认同状况及其影响因素研究》《组织体制变革中身份转改的适应性研究》《组织支持感对海关人员工作投入的影响及其对策研究》等文章,探讨了工作积极性、职业认同等主观变量的影响因素及其对相关行为的作用与影响。

行为篇收录了《海关归类执法中羁束行政行为统一性研究》《协作治理视角下对口支援新疆研究》《党代会常任制下镇党代表履职现状研究》《政府回应机制运行中的流程再造问题研究》等文章,涵盖了包括执法人员、党代表等个体以及不同类型政府部门在内的不同主体行为的研究。

制度环境篇收录了《内蒙古环境保护税的减排效应和激励机制研究》《中国政策试验的冲突调整研究》《上海市社区涉外警务管理研究》《浙江省农村工作指导员制度优化研究》等文章,聚焦激励、试验、监管等机制的运行现状及提升路径。

前言

本论文集得以顺利出版，首先要感谢复旦大学国际关系与公共事务学院的各位老师，也包括为复旦 MPA 教育作出贡献的各位老师，尤其要感谢那些为复旦 MPA 学生精心指导论文的导师。其次要感谢复旦大学出版社孙程姣女士为本书出版付出的辛勤劳动！

此外，本论文集的付梓是复旦全体 MPA 师生与 MPA 中心全体成员共同努力的成果，是集体智慧的结晶！在本论文集的编辑过程中，MPA 中心的孙玉华、张然等老师付出了大量辛勤的劳动，其中孙玉华老师积极帮助联系作者，把编委会成员的修改意见及时反馈给作者，贡献颇多。最后，尤其要感谢复旦大学国务学院的在读硕士生周桃亦、范涛溢、马晓薇、张潇丹同学，他们在繁重的学业之余，帮忙核对并参与本论文集的编校工作！

复旦大学公共管理（MPA）论文集编辑委员会
2021 年 5 月

目录

动 机 篇

空心化背景下村干部工作积极性研究
  ——基于 T 镇的实证分析……………………………………辛　旺（3）
上海市公立医院管理者的职业认同状况及其影响因素研究
  ——基于 10 家上海市三级医院的实证研究………………李妍斐（17）
组织体制变革中身份转改的适应性研究
  ——以 H 边检站人员为例 …………………………………潘玮炜（31）
组织支持感对海关人员工作投入的影响及其对策研究
  ——以广州海关为例…………………………………………韦　杰（48）
大企业纳税遵从度及其税收管理研究
  ——以苏州高新区国税局为例………………………………郁顺莉（64）
海关旅检中进出境旅客规则遵从研究
  ——以拱北口岸为例…………………………………………江　霞（79）

行 为 篇

海关归类执法中羁束行政行为统一性研究
  ——基于羁束行政行为的内在裁量空间………………………王　紫（95）
协作治理视角下对口支援新疆研究……………………………………张　楠（111）

县级税务机关征管效率影响因素研究

  ——以 Q 区为例 …………………………………… 娄剑翔（125）

谁是第一个提名者

  ——干部选拔任用初始提名的案例研究 …………… 张 峥（139）

党代会常任制下镇党代表履职现状研究

  ——以上海市 J 区为例 ……………………………… 施亚军（152）

政府回应机制运行中的流程再造问题研究

  ——以 S 市 12365 质量热线为例 …………………… 张淑颖（170）

专业性群团组织"行政化"问题研究

  ——以浙江省作协组织为例 ………………………… 李 杨（189）

浙江共青团官方微信公众平台的定位和实现效果分析 ………… 印 优（203）

制 度 环 境 篇

内蒙古环境保护税的减排效应和激励机制研究 ………………… 翟小焕（217）

中国政策试验的冲突调整研究

  ——以跨境电商发展进程为例 ……………………… 罗 晓（233）

我国共享汽车的政府扶持与政府监管研究 ……………………… 胡雯君（253）

市场监管大部制背景下食品安全监管研究

  ——以上海市杨浦区为例 …………………………… 殷如意（270）

海关推动贸易便利化问题研究

  ——以粤港跨境货栈为例 …………………………… 吴文君（291）

上海市社区涉外警务管理研究

  ——以 J 社区为例 …………………………………… 周 聪（306）

浙江省农村工作指导员制度优化研究 …………………………… 吴雨倩（320）

中国企业境外投资的税收风险及其管理研究

  ——以苏州地区企业为例 …………………………… 张一曦（333）

动机篇

空心化背景下村干部工作积极性研究

——基于 T 镇的实证分析

辛 旺*

【内容摘要】 在空心化农村,老、少人口占比高,社会结构缺乏活力,大量房屋关闭、闲置甚至倒塌,资产资源整合不力,集体经济持续衰退,社会治理面临重重困境。在这种背景下,村级组织难以有效运转,村干部的付出与回报不成正比,薪酬偏低、保障不到位、工作压力较大等问题严重制约他们的积极性。本文通过职业认同和辞职倾向测量江苏省 B 县 T 镇村干部的职业态度,了解村干部对工作的评价,进而获知其工作积极性。通过实证研究,笔者发现:该镇村干部工作积极性整体不高,大部分村干部虽然仍在工作岗位上,但他们或对组织心存不满有辞职倾向,或对职业缺乏认同,大部分采取不置可否的"混日子"态度,村干部岗位"鸡肋化";村干部的职业态度有一定差异,职业回报、组织环境、工作体验和村干部自身能力是影响村干部工作积极性的主要因素。在本文的最后,笔者提出提升职业回报、优化组织环境、改善工作体验、提升素质能力等对策建议来调动村干部的工作积极性。

【关键词】 村干部;工作积极性;辞职倾向;职业认同

一、引　言

随着农村打工经济的持续发展和城镇化进程的加快,众多青壮年劳动力持续外流,大量农村出现农业副业化、劳动力老龄化和农村空心化的现象,成为当前"三农"问题的新表现。① 与沿海发达地区农村、大城市的近郊农村和资源型农村不同,空心化农村自身资源优势不明显,内在发展动力不足,大量青壮

---

* 辛旺,2019 届 MPA 毕业生,就职于江苏省滨海县五汛镇人民政府。
① 郑万军、王文彬:《基于人力资本视角的农村人口空心化治理》,《农村经济》2015 年第 12 期。

年劳动力外出务工经商,农村的人力、财力、物力持续流进城市。2001年开始,国家对农村税费制度进行改革,规定村级组织不再向村民收取税费,对村干部乱摊派、乱收费的不当行为进行纠正,直接减轻了广大农民的负担,村干部的灰色收入骤减。由于村级集体经济持续衰弱,很多农村过度依赖于上级的转移支付,入不敷出甚至负债累累,民生事业也难以兴办。① 村级组织在群众中失去威信,原先由村集体负担的村干部工作补贴难以正常发放,村干部的工作积极性进一步受到打击,陷入了无动力、无作为的困境。除了财力、物力等资源流出,人力资源的流失也在加剧,农村生产建设和治理主体存在缺失,那些文化水平相对较高、富有创新进取精神的乡土精英流失最多。由于缺乏组织资源,乡村的整体结构呈现出进一步疏松的趋势,乡村治理面临多重困境。

在农村空心化的背景下,村干部工作积极性不足的问题日益明显,对新形势下的农村治理形成挑战,破坏农村稳定的基石,同时严重阻碍乡村振兴的步伐。一些村干部工作不在状态,成了村民口中的"假干部",待在村里少,住在城里多,主要经营或从事自己谋生的职业或行当,村民有事找不到人。② 一些村干部面对农村新形势新任务不知所措、无计可施,不能为群众解决生产生活上的困难和问题,出现干部不找群众、群众不找干部的"两不找"现象。③

二、文献综述

(一)关于村干部"公职化"的研究

村干部"公职化"是政府把管理公务员的一些做法应用到村干部管理上的一种通俗概括。贺雪峰认为,村干部得到的是误工补贴,应该让村干部以"半正式"身份开展"半正式"治理,政府不应该包办所有事情。④ 他还指出,不同

---

① 武小龙、刘祖云:《村社空心化的形成及其治理逻辑——基于结构功能主义的分析范式》,《西北农林科技大学学报》(社会科学版)2014年第4期。
② 渔火:《村干部请回村》,《人民日报》,2016年4月10日,第1版。
③ 沈小平:《解读农村干部、群众"两不找"现象》,《上海党史与党建》2007年第4期。
④ 贺雪峰:《新乡土中国》(修订版),北京大学出版社2013年版,第368—372页。

地区的村干部性质存在差异,不同村干部的性质是由村庄事务决定的。① 李勇华和汪燕青发现,"公职化"没有对乡-村关系造成实质性改变,建议加强广大村民参与对村干部的考核,防止报酬差距引发的班子内耗问题,指出"政府部分支付"是村干部工资发放比较合适的模式。② 李勇华还认为,村干部"公职化"是村民自治由群众自治向"类"地方自治的一种适度转型。③

(二)关于村级组织带头人的研究

刘光明和胡晓华指出,突出选任机制的可操作性,教育培养的实效性,管理监督的经常化、制度化,以及激励保障的实质性,逐步推行村书记"公职化"。④ 唐鸣和张昆指出,村级组织负责人党政"一肩挑"符合我党执政方式现代化、依法执政的总体要求。⑤ 富人治村研究也值得重点关注。贺雪峰指出,富人治村这种现象虽然不可逆,但从政策层面人为地支持和推进需要警惕。⑥ 陈柏峰把富人治村分为经营致富、资源垄断、项目分肥、回馈家乡四种类型,认为回馈家乡型是极少数,需要认真反思鼓励富人治村的相关政策和措施。⑦

(三)关于村干部工作积极性影响因素的研究

亓红帅、王征兵和何煜发现,村干部的高威望、好的基础设施建设状况和运行规范的村级民主制度有利于降低工作难度。⑧ 宁泽逵认为,提高村干部实际工资的兑现率和声誉激励可以明显提高他们的工作积极性,村庄治理的规范化和民主化对村干部同样有激励作用。⑨ 郭斌发现,村干部培训进修等学习

---

① 贺雪峰:《论不同地区村干部性质的差异性》,《湖北行政学院学报》2017年第3期。
② 李勇华、汪燕青:《村干部"公职化"对村民自治的实际影响及其政策建议——基于浙江的实证研究》,《探索》2011年第5期。
③ 李勇华:《自治的转型:对村干部"公职化"的一种解读》,《东南学术》2011年第3期。
④ 刘光明、胡晓华:《加强和改进农村村党组织书记队伍建设实践的调查和思考——以湖南岳阳市为例》,《云梦学刊》2011年第5期。
⑤ 唐鸣、张昆:《论农村村级组织负责人党政"一肩挑"》,《当代世界社会主义问题》2015年第1期。
⑥ 贺雪峰:《论富人治村——以浙江奉化调查为讨论基础》,《社会科学研究》2011年第2期。
⑦ 陈柏峰:《富人治村的类型与机制研究》,《北京社会科学》2016年第9期。
⑧ 亓红帅、王征兵、何煜:《村干部工作积极性影响因子分析——基于陕西韩城市197个村干部的实证分析》,《新疆农垦经济》2014年第8期。
⑨ 宁泽逵:《村干部激励因素贡献分析——基于陕西省渭北地区W县的调研数据》,《中国软科学》2006年第10期。

机会和政治发展机会的增加等手段可以显著提升村干部的工作积极性;但是,对完不成任务的村干部进行惩罚反而不利于工作积极性的调动。① 易新涛认为,村干部岗位职责不清晰、工作纷繁复杂、收入低、上升渠道窄等是村干部怠政的主要原因。②

三、研究设计和数据统计

(一) 研究设计

本研究由访谈和问卷两部分构成。访谈部分主要围绕 T 镇村干部面上的总体情况,重点调查村干部完成任务、工作能力等情况,初步了解村干部工作积极性不足的表现和原因,为问卷的设计提供基础性资料。辞职倾向和职业认同是问卷测度受访者工作积极性的主要信息,问卷部分测度村干部的职业态度、积极性影响因素和促进因素等内容。

1. 访谈设计

在整理相关文献的基础上,本研究先后访谈 T 镇机关班子领导和部分中层干部 6 名,访谈部分村干部、离任老干部、党员代表、群众代表等 72 名。对 T 镇机关的访谈主要侧重了解村干部队伍的总体情况、提高村干部素质能力和工作积极性的建议。入村访谈主要侧重被访谈人对该村 2017 年完成工作情况的评价,对村干部队伍的看法,对村干部个人素质、工作能力和积极性的评价等。通过访谈,笔者初步了解 T 镇村干部队伍的整体情况、存在问题,剖析影响村干部工作积极性不足的相关因素,收集可能解决这些问题的措施、方法。这既为调查问卷的设计提供参考,又进一步深化对该问题的了解和把握。

2. 问卷设计

本研究的调查问卷由四个部分组成。

(1) 导语,主要为调查目的、填写说明等内容。

(2) 基本信息题项,包括问卷填写人的性别、政治面貌、年龄、学历、职务、

---

① 郭斌:《村干部积极性激励效果分析——以陕西省合阳县 110 个村干部为样本》,《暨南学报》(哲学社会科学版) 2013 年第 10 期。

② 易新涛:《农村基层干部怠政现象的原因分析》,《理论探索》2016 年第 5 期。

任职年限等个人基本信息。借此调查旨在了解不同背景的问卷填写人对相关问题的回答是否存在差异,如果有差异,差异有多大。同时,对他们日均工作时间、家庭收入主要来源、倾向的培训方式等方面的内容进行了解。

(3) 观点评价题项,包含职业态度和工作积极性的影响因素题项。

通过职业态度题项,本文旨在分析受访者的职业态度,了解村干部群体的职业认同和辞职倾向。其中,"我希望我的子女将来也能从事村干部工作"题项通过测度村干部对子女从事同一行业的看法,进一步测量村干部的职业认同感;"如果有机会,我愿意放弃现在村干部的工作,在其他行业谋求发展"题项用来测度村干部的辞职倾向。

关于工作积极性影响因素题项的设计,本研究根据西方激励理论和相关研究成果,具体归纳出组织环境、工作满意度、自身素质、工作体验4个维度共20个项目,每一项采用李克特五点计分法。

(4) 具体因素影响程度选项,即研究某个具体因素对促进村干部工作积极性的影响程度。在这些因素中,有的已经在本地区实行,有的是外地区的做法,每一项采用李克特五点计分法,试图探究某个具体因素是否具有促进作用,以及其影响程度如何。

(二) 数据统计

本研究运用 SPSS 20 统计分析软件,对调查问卷收集到的数据进行统计,主要运用描述性分析、信度检验、效度检验、因子分析、相关性分析、方差分析和回归分析等方法。此次调查面向 T 镇认定村干部和村用干部发放问卷 126 份,回收问卷 121 份,回收率为 96.03%,其中有效问卷 115 份。

1. 问卷的信度

吴明隆综合多位学者的观点,得出克朗巴哈 α 系数的判断原则:如果 α 系数大于 0.9,则认为量表非常理想,信度很高;如果 α 系数介于 0.8 和 0.9 之间,则认为量表内在信度高。[1]

通过 SPSS 软件,笔者对村干部工作积极性影响因素、村干部工作积极性促进因素和整体问卷分别进行信度分析,得出的克朗巴哈 α 系数分别为 0.853、0.971 和 0.95。这表明:村干部工作积极性促进因素和整体问卷测量内在信度很高;村干部工作积极性影响因素测量内在信度高,量表整体一致性佳。

---

[1] 吴明隆:《问卷统计分析实务——SPSS 操作与应用》,重庆大学出版社 2014 年版,第 244 页。

2. 问卷的效度

依据 Kaiser 的观点,进行因子分析时:当 KMO 值介于 0.8 和 0.9 之间时,题项变量间关系是良好的,适合进行因子分析;当 KMO 值大于 0.9 时,表示题项变量间关系极佳,非常适合进行因子分析。[①]

因子分析得出村干部工作积极性影响因素 KMO 统计量值为 0.86,大于 0.8,表明题项间因子分析适切性良好,适合进行因子分析,问卷效度较高。同时,问卷设计的维度同因子分析得到的因素基本相对应。

3. 村干部工作积极性影响因素统计

运用 SPSS 软件对村干部工作积极性影响因素进行描述性统计,并按均值降序进行排列。据统计结果可知,T 镇村干部对当前的工作满意度比较高,认可组织环境和自身素质。组织环境、自身素质、工作满意度三个维度 15 项因素中有 14 项的均值超过 4,"村干部们能第一时间落实工作任务,从不拖延"的均值最高,为 4.56,三个维度 15 项因素中唯一没有超过 4 的因素是"工资报酬",为 3.82。然而,工作体验这一维度同其他三个维度相比,均值偏低,表明工作体验可能是影响 T 镇村干部工作积极性的重要维度。

4. 村干部工作积极性促进因素统计

运用 SPSS 软件对村干部工作积极性促进因素进行描述性统计,并按均值降序进行排列。据统计结果可知:本研究列出的 33 项具体因素对促进村干部工作积极性的影响程度均值均超过 3;均值最大的是"健全的养老、医疗、关怀等保障制度",均值为 3.89;均值最小的是"合理的基本工资报酬",均值为 3.26;均值超过 3.5 的有 25 项,表明本研究罗列的具体因素对促进村干部工作积极性有一定影响,其中,保障制度、领导重视、荣誉表彰、离任待遇、考核奖惩、政治晋升等因素的整体影响程度较高。

5. 村干部辞职倾向统计

运用描述性统计分析方法,计算村干部辞职倾向的频数,可知,T 镇村干部反对"如果有机会,我愿意放弃现在村干部的工作,在其他行业谋求发展"这一说法的占 36.5%,同意这一说法的占 27%,36.5%的村干部保持中立。

运用线性回归分析方法,探究工作体验维度下的四个变量对村干部辞职倾向是否有显著的解释力,可以发现,"报酬不公平""工作量和工作难度""经常加班""对当前工作不认可"四个自变量与"辞职倾向"因变量的多元相关系数为 0.611。四个自变量的标准化回归系数均为正数,表示四个自变量对"辞

---

① 转引自吴明隆:《问卷统计分析实务——SPSS 操作与应用》,重庆大学出版社 2014 年版,第 208 页。

职倾向"变量均有正向影响。在回归模型中,对"辞职倾向"因变量有显著影响的预测变量为"报酬不公平"和"对当前工作不认可",且标准系数绝对值也较大,表示这两个预测变量对村干部的辞职倾向有较高解释力,"工作量和工作难度"和"经常加班"的回归系数未达到显著,表示这两个预测变量对村干部"辞职倾向"因变量的影响较小。

运用SPSS软件对不同年龄段村干部的辞职倾向进行单因素方差分析,采用最小显著性差异(LSD)法进行多重比较检验,对样本中不同年龄段的不同水平作用进行对比分析,可知:61岁及以上的村干部辞职倾向最高;30岁及以下的村干部辞职倾向最低,且分别同31—40岁、41—50岁、51—60岁、61岁及以上的村干部存在显著差异;村干部的辞职倾向总体上随年龄增长而上升。

6. 村干部子女职业选择态度统计

运用描述性统计分析方法,计算村干部子女职业选择态度的频数,可知:T镇村干部反对"我希望我的子女将来也能从事村干部工作"这一说法的占13%,同意这一说法的占40.9%,46.1%的村干部保持中立。

7. 村干部工作能力统计

运用描述性统计分析方法,计算村干部工作能力自我评价和矛盾上交的频数,可知:88.7%的村干部认为自身的能力足以完成当前的各项工作任务;67.8%的村干部不认同"本村经常出现矛盾上交的情况",表示他们认为绝大多数矛盾均能在村内得到妥善解决。

8. 村干部工作体验统计

运用描述性统计分析方法,计算村干部工作体验的频数,可知:32.2%的村干部认为"目前的工作强度和工作量比较大",时常会有力不从心的感觉;16.6%的村干部对当前的工作任务认可度低,认为"不值得付出足够多的时间和精力";21.8%的村干部认为"报酬发放不公平,干好干坏一个样";54.7%的村干部表示"为了完成工作任务,经常需要加班"。由此可见,T镇村干部当前的工作体验总体不高,工作量大、加班多、报酬发放不公平等需要引起注意。

运用SPSS软件对不同年龄段的村干部的报酬公平感受进行单因素方差分析,采用最小显著性差异(LSD)法进行多重比较检验,对样本中不同年龄段的不同水平作用进行对比分析,可知:61岁及以上的村干部报酬公平感受最低,认为待遇发放不公平,且分别同30岁及以下、31—40岁、41—50岁、51—60岁的村干部存在显著性差异。

此外,在村干部中,村会计对报酬不公平的感受最强烈。这与访谈中村会计表露出的承担工作量偏大、待遇同其他干部差距较小的感受相吻合。

9. 村干部报酬满意度统计

运用 SPSS 软件对不同职务村干部的报酬满意度进行单因素方差分析，采用最小显著性差异（LSD）法进行多重比较检验，对样本中不同年龄段的不同水平作用进行对比分析。在村干部中：对目前报酬满意度最高的是村会计，均值为 4.45，村会计和普通村干部的报酬满意度有显著性差异；对报酬满意度最低的是村主任，均值为 3.58。这与访谈中大部分村干部反映的情况吻合。

10. 不同影响因素与辞职倾向和对子女职业态度的相关性统计

对人口学特征、工作积极性影响因素与村干部的辞职倾向、子女职业态度进行相关性分析，结果显示：年龄、学历、快速响应、工作能力、工作条件和环境、报酬公平、工作压力、加班、当前工作认可、矛盾上交等因素分别与村干部的辞职倾向存在显著相关；发展前景、工作条件和环境、选拔任用、干群关系、班子团结协作等因素分别与村干部对子女职业的态度存在显著相关。

11. 统计结果小结

从整体上看，T 镇村干部对工作报酬的满意度偏低，工作体验可能是影响工作积极性的重要维度，村干部普遍反映工作量大、加班多。在工作体验的几个因素中，报酬发放不公平、对当前工作不认可是导致他们产生辞职倾向的重要因素。从年龄段上看，30 岁及以下的年轻村干部辞职倾向最低，村干部的辞职倾向总体上随着年龄增长而上升；61 岁及以上的村干部对报酬公平的感受认可度最低，认为待遇发放不公平。从不同职务看，村会计对报酬不公平的感受最强烈。同时，工作条件和环境与村干部的辞职倾向和对子女的职业态度同时存在显著相关。因此，工作条件和环境对村干部工作积极性的作用值得重视。

四、数 据 分 析

（一）T 镇村干部职业态度分析

赫伯特·西蒙（Herbert Simon）指出，组织的理想成员应该充分认同组织目标，对待组织高度忠诚，坚持效率原则，以积极的态度对待工作。现实情况下,理想成员往往是极少数。① 阿尔伯特·O.赫希曼(Albert O. Hirschman)在《退出、呼吁与忠诚——对企业、组织和国家衰退的回应》中提出"呼吁-退出"理论。当组织绩效衰减时,其成员对组织不满,可能会采取退出或呼吁两种应对策略。退出即辞职,是指组织成员离开目前的岗位,寻求其他替代的方式来改善待遇;呼吁是以抱怨、请愿等方式影响管理者,谋求改变工作环境、回报等。②

1. 辞职倾向分析

成员对组织不满便容易产生辞职倾向,但这种倾向不一定会马上转变为实际行动。16.6%的T镇村干部认为"当前的工作不值得我付出足够多的时间和精力",对这一说法保持中立的占22.6%。在实际情况下,一些村干部在没有找到合适的替代职业时,往往会采取得过且过、"做一天和尚撞一天钟"的策略,以降低直接辞职以后失业的风险。

在问卷调查中,27%的村干部同意"如果有机会,我愿意放弃现在村干部的工作,在其他行业谋求发展",保持中立的占36.5%,反对这一说法的占36.5%。在不少村干部眼中,这一岗位不值得被珍惜,但是放弃又觉得可惜,处在一种可有可无的矛盾心态。辞职倾向与性别、党员身份、职务、工作年限没有显著相关。③ 辞职倾向在不同年龄、不同学历中的分布不均匀,具体表现为:年龄越大、学历越低,辞职倾向越高;年轻的、学历较高的村干部最不可能表现出辞职倾向。经调查,这些年轻的村干部承担的工作量相对较少,工资报酬比较可观,也不妨碍自己从事一些个体经营活动,因此辞职意愿最低;随着年龄的增长,村干部身体机能逐步退化,受制于自身的工作能力和较大的工作压力,职业回报又没有达到预期,对岗位可能存在消极态度。

村干部有辞职倾向表明他们对当前的工作不满意,但这一倾向不一定化为实际行动。一些村干部虽然心里对岗位有意见,但受年龄、能力等因素的限制,难以找到合适的替代工作,因此对待工作缺乏激情和责任心,采取得过且过的策略,守摊子、混日子思想较多。④

2. 职业认同分析

职业认同是个人对其职业生涯的认知和体验,能够指导人们做出与职业

---

① 转引自李永鑫、周广亚:《从经济学家到心理学家——西蒙主要心理学思想述评》,《华东师范大学学报》(教育科学版)2007年第3期。
② [美]阿尔伯特·O.赫希曼:《退出、呼吁与忠诚——对企业、组织和国家衰退的回应》,卢昌崇译,经济科学出版社2001年版,第178页。
③ 卡方分析显示性别、党员身份、职务、工作年限四个因素与村干部辞职倾向不存在显著相关。
④ 资料来源:对T镇机关领导班子成员的访谈记录,2017年12月7日。

发展相关的行为选择。① 村干部对其子女职业选择的态度可以较真实测量他们的职业认同感。问卷调查中,40.9%的村干部同意"我希望我的子女将来也能从事村干部工作",反对的占13%,保持中立的占46.1%。职业认同与性别、党员身份、年龄、学历、职务、工作年限等人口学特征因素没有显著相关。②

综上所述,T镇村干部在较大范围内存在工作积极性不足的现象,表现为年龄大、学历低的村干部有着较强的辞职倾向,工作积极性较低。虽然这部分村干部时常有所抱怨,缺乏进取心,对待工作不主动,在其位不谋其职,但很少有主动辞职的。这种"为官不为"的做法直接导致村干部队伍整体结构不优的问题。一方面,村干部群体"新陈代谢"的节奏变慢,存在思想保守、办法老化的问题,队伍呈现年龄老化、能力弱化的趋势,不能适应新形势、新情况的工作需要;另一方面,"不作为"村干部导致整体工作效率变慢,为了完成工作任务,村级组织往往要安排其他人完成这部分工作,导致超职数配备干部的现象发生,又带来考核管理、报酬分配等新问题。在T镇农村,同时表现出较强辞职倾向、较弱职业认同的村干部比例为6.1%;表现出较弱辞职倾向、较强职业认同的村干部也仅占14.8%;大部分村干部虽然仍在工作岗位上,但他们或对组织心存不满且有辞职倾向,或对职业缺乏认同,几乎都采取不置可否的"混日子"态度,岗位在他们眼里"鸡肋化",这种现象需要引起重视。

(二) 村干部工作积极性不足的原因

"混日子"村干部的出现是由多种因素导致的。工作报酬偏低和获利空间狭小被普遍认为是制约村干部工作积极性的主要因素。空心化农村在人、财、物进城的背景下,资源相对稀缺,村庄利益不够密集。税费改革前,不少地方的县、乡政府把税费收缴任务完成情况与村干部报酬挂钩,有的甚至默许村干部从中获得提成,村干部有较强的工作积极性,但是干群关系极度紧张;税费改革后,村干部不再向农民收取税费,工作报酬也不高,加之农村各项工作逐步规范化,利益空间缩小,村干部工作积极性逐渐降低,越来越无所事事,无所

---

① 罗明忠、卢颖霞:《农民工的职业认同对其城市融入影响的实证分析》,《中国农村观察》2013年第5期。
② 卡方分析显示性别、党员身份、年龄、学历、职务、工作年限六个因素与村干部职业认同不存在显著相关。

作为。① 虽然 T 镇近年来大幅提高了村干部的工作报酬,但村干部队伍整体的工作积极性仍然不高,可见村干部工作积极性受多个因素影响。从村干部对工作的态度可以看出,大部分村干部对职业回报、组织环境、工作体验和自身能力持消极看法,村干部岗位缺乏吸引力,导致"在位的人不积极,不在位的人没兴趣"②的尴尬局面。

1. 职业回报低于实际付出

职业回报是个体对工作投入所取得的回报,包括薪酬、福利、发展前景、保障等重要因素。一般认为,个体自我感知回报率越高,对工作越满意。③ 相较于村干部投入的时间和精力,尤其是与同村外出打工者相比,村干部的薪酬待遇总体水平不高,养老保险配套、离任村干部的生活补助等激励保障机制不健全、执行不到位,发展空间狭小,晋升渠道狭窄。这些直接影响了他们的工作积极性。

2. 组织环境相对落后

组织环境指存在于组织内外,并对组织有现实或潜在影响力的因素,任何一个组织都不可避免地受到所处环境的影响,一个良好的组织环境会对其组织成员产生积极的影响。④ 总体上看,T 镇组织环境整体上不够优化,村级集体经济比较薄弱,还有不少负债,自身财力再生能力不足,工作经费保障也不到位,使得村干部没钱做事,不敢做事。村民小组划分不够合理,导致村干部工作量分配不均,引发村干部忙闲不均。针对性培训学习不到位,88.7%的村干部同意"我需要培训和学习,以提高能力和水平",学习活动形式老套、内容单一,缺乏吸引力,效果不佳。

3. 工作体验不佳

首先,当前农村各种工作纷繁复杂,由于职业的特殊性,村干部没有周末和节假日。32.1%的村干部同意"目前的工作强度和工作量比较大,经常让我觉得力不从心,难以完成",持中立态度的占 32.2%;54.7%的村干部赞同"为了完成工作任务,我经常需要加班"。其次,报酬发放不够公平,考核机制不科学,重点不突出,考核评定缺乏层级性和针对性,导致村干部产生"干多干少一个样、干与不干一个样"的想法。最后,村书记与其他村干部的报酬差距悬殊,

---

① 贺雪峰:《中西部农业型地区村干部的替代》,《社会政策研究》2016 年第 1 期。
② 资料来源:对 T 镇机关领导班子成员 B 的访谈记录,2017 年 12 月 7 日。
③ 刘志强:《谁得到了满意的工作回报——工作回报满意度影响因素的实证研究》,《山西财经大学学报》2014 年第 4 期。
④ 程隆云、周小君、何鹏:《非物质激励效果的问卷调查与分析》,《会计研究》2010 年第 4 期。

不利于村干部队伍的团结稳定。

4. 村干部自身能力不强

不少村"两委"主要负责人发展思路不清、方向不明,发展理念、发展举措重点不突出,抓手不具体,导致上级党委、政府的决策难以落实。部分村干部尤其是新任职干部,在自身能力、工作手段等方面存在不适应新形势、新任务的问题,导致"本村经常出现矛盾上交的情况"。一些村干部未能及时找准"服务型"组织的角色定位,联系服务党员、群众不主动,措施不扎实,团结党员、群众不积极。

五、调动村干部工作积极性的对策建议

(一)提高职业回报

1. 强化在职激励

建立科学的薪酬保障体系,完善村干部报酬待遇的自然增长和收入分配机制,细化岗位等级序列和薪酬待遇分级增长体系,动态调整绩效考核报酬标准,量化考评兑付到人,按时统一打卡发放。面向符合条件的村干部定向招录乡镇公务员或事业单位编制,把特别优秀的村书记选拔到乡镇领导岗位,拓宽个人上升渠道。注重典型示范作用,加大评选表彰力度,深入挖掘先进模范代表,加强正面引导,大力宣传优秀村干部,提升村干部岗位的荣誉感。建立正常的谈心谈话、慰问等生活关爱制度,定期组织村干部进行身体健康检查,设立特困村干部扶助基金,帮助他们解决一些实际困难,改善生产生活条件。

2. 健全离任保障制度

将村干部全部纳入企业职工社会养老保险范畴,统一办理社会养老保险,养老保险费由县财政、个人按照一定比例负担,集体经济较好的村也可负担一部分。完善村干部到龄退出机制,对未能及时缴纳养老保险,但离任时累计工作年限超过10年的村干部,退职后按时发放一定数额的生活补助。对任职不满10年,在工作岗位上正常离任,且未参加社会养老保险的村干部,一次性发放离任生活补贴。

（二）营造良好的组织环境

加大对农村工作的资金投入,提供优惠政策,增加财政转移支付力度,保障村级组织有效运转,为村干部干事创业营造良好的组织环境。

1. 夯实运转基础

建立以财政投入为主,社会支持、村居自我补充的相辅相成的多元投入机制。加大转移支付,重点向无集体资产的村居倾斜,严格按照专款专用、费随事转的原则,加大各类资金的监督检查力度,确保每村都有综合运转保障经费。扎实开展集体资产普查和债务核实登记工作,积极向上争取扶持政策、资金,逐步化解村级债务。通过盘活村级存量资产资源、入股企业项目等方式,强化融合发展、抱团发展,探索利用土地经营、乡村旅游、资本运作、招商引资等发展模式,推动村级集体和群众"双增收"。

2. 有针对性地开展教育培训

搞好整体规划设计,打破以往"灌输式"培训模式,坚持需求导向,推行实践性教育培训,重点开展农村"三资"管理、脱贫攻坚、土地集约化管理等"菜单式"培训,提高村干部在新形势下解决实际问题、处理复杂矛盾的能力。针对软弱涣散村、贫困村等不同类型的培养对象,分别制订培训计划,构建有重点、分层次、多渠道的培训模式。推行学分管理制度,建立个人培训档案,严格过程管理,量化培训结果,增强村干部参加培训学习的主动性。

（三）不断改善工作体验

通过合理安排工作量和完善绩效考核等方式,减轻村干部的工作负担,提升村干部对薪酬公平的满意度。制定出台村干部规范化管理办法,对村干部定条件、定职数、定岗位、定职责,合理设定村干部职数,设置村干部岗位,明确工作职责。建立完善村级事务准入制度,做到"权随责走、费随事转"。实行量化考核,制定考评细则,细化村干部"日常+年度"工作目标考核办法,明确村干部报酬按照"基本报酬+绩效报酬"的方式发放,基本报酬保底,绩效报酬浮动,将村干部年终绩效报酬与考核等次、群众满意度挂钩,适当拉开差距。

（四）提升村干部队伍的素质能力

坚持内培外引,严格选拔、培育、管理和使用程序,选优配强村级班子,完善后备干部选拔、培养、考核机制,注重把政治素质好、群众威信高、带领致富能力强的优秀党员选拔到村书记队伍中,把有本领、重品行、讲奉献、能干事的人选拔到村干部岗位上。针对村干部管理松散、履职不力、违法违纪等现象,加强制度约束,规范村级组织运行,广泛接受群众监督,严格执纪问责,倒逼村干部从严从实干事创业,打造执行高效的村干部队伍。

[论文指导老师：唐　莉]

上海市公立医院管理者的职业认同状况及其影响因素研究

——基于10家上海市三级医院的实证研究

李妍斐*

【内容摘要】 随着我国医药卫生体制改革的推进,对建立现代医院管理制度的要求越来越高。医院管理者是医院战略目标和发展规划的制定者和执行者,其个人素质、专业技能、履职能力,以及对工作的投入程度等,很大程度上会影响各项工作的具体实施。本文基于文献,编制职业认同调查问卷,向上海市10家三级医院管理人员发放400份问卷,回收有效问卷326份。通过分析调研数据,了解公立医院的职业认同现状,讨论医院管理者自身因素与职业认同度的关系、自身因素与外部影响因素的关系、职业认同度与外部影响因素的相关性等,研究发现:目前管理者的职业自我认同较高,组织认同和社会认同较低;不同身份背景的管理者职业认同度和需求均存在显著差异,职业认同度与外部影响因素显著相关。

【关键词】 公立医院;管理人员;职业认同;影响因素

一、文献综述

2017年7月,国务院办公厅发布《关于建立现代医院管理制度的指导意见》(以下简称"《意见》"),要求实现医院管理的规范化、精细化、科学化。[①] 为了达成这一目标,需要一支与之匹配的现代医院管理人员队伍来制定与执行。在我国公立医院数十年的发展历程中,多采用从临床一线医务人员中选拔任用医院管理人员的模式,而医务人员在转型过程中,常常面临理论知

---

* 李妍斐,2018届MPA毕业生,就职于复旦大学附属华山医院。
① 国家卫生健康委、国家发展改革委、财政部等:《关于开展建立健全现代医院管理制度试点的通知》,《中华人民共和国国家卫生健康委员会公报》2018年第12期,第6—13页。

识欠缺、实践经验不足,以及临床业务和管理工作无法兼顾的问题。①

国内外积累了大量对教师群体职业认同内涵、影响因素、重要性的研究成果,推进了职业认同相关概念的进一步明晰。

(一) 职业认同的内涵研究

国外学者对"职业认同"的内涵有三种不同的观点。米歇尔·摩尔(Michael Moore)和约翰·霍夫曼(John Hofman)认为,职业认同是在自我概念基础上发展而来的,因此存在自我认同的心理成分,推论出职业认同包括职业自我意识、职业自我体验和职业自我控制等方面。② 乔恩·尼克松(Jon Nixon)认为,职业认同只是心理变量的单一因素,也就是说,一个人对职业或行为倾向的态度相对稳定。③ 布雷克·阿什福斯(Blake Ashforth)和弗里德·迈尔(Fred Mael)认为,个人对职业生涯的看法是由各种原因和途径形成的,个体认同的实体可能是工作场所、小组、单位或者专业团体,对不同工作、专业团体的认同,可以被视作对某一专业领域或职业的认同。④

国内学者对"职业认同"的内涵也有几种不同侧重点的诠释。第一种把"职业认同"定义为个人对职业的一种看法,这种看法是在职业活动过程当中形成的,包括对从事这一职业的价值、职业本身的内容、性质等的看法,以及社会或组织对该职业的评价及期望等。第二种认为"职业认同"是个体对自己所从事职业的一种认知,主要包括对职业的基本性质、特点、角色、习惯、价值及技能等的认知。第三种是指个体对所从事职业的接受和评价,主要包括对职业的内容、环境、价值、期望等的心理认可和熟悉程度。

(二) 职业认同的相关因素研究

国内外专家学者对影响职业认同的因素进行了深入的理论和实证研究,

---

① 杨伟国、薛迪:《上海某市级医院行政管理组织诊断结果分析》,《中国医院管理》2010 年第 1 期,第 39—42 页。
② Michael Moore and John Hofman, "Professional Identity in Instructions of Higher Learning in Israel", Journal of Higher Education, 1998, 34(1), p.79.
③ 转引自刘玲:《教师职业认同与工作满意度、职业倦怠的关系研究》,安徽大学高等教育学硕士学位论文,2014 年。
④ Blake Ashforth and Fred Mael, "Social Identity Theory and the Organization", Journal of Academy of Management Review, 1989, 250(14), pp.20-39.

其中关于高校教师职业认同的相关研究最多。格雷·范·登伯格（Greg Van den Berg）提出教师行业的职业认同需要以环境为基础，教师个人的职业经验和整体的行业制度以及他们的工作环境，三者之间相互作用和影响，形成教师的职业认同。①

职业认同的组成方式可以是多层次的，所以不同的认同之间既可能存在某种联系，也很可能存在相互矛盾。因此，对职业认同的研究可以从个体层面出发，也可以从环境层面展开。朱伏平和张宁俊提出，性别对于职业认同的形成和职业类型的认同有较大的影响，年龄不同、职称等级不同、薪资待遇不同的教师职业认同水平也不会相同。②曲姗、王亚洲、张长坤等对比三级医院与二级医院医生职业认同水平分析后提出，职业认同受到社会支持的影响非常大，从根本上来说社会支持是对个体的一种尊重和理解的情感，能让个体感受到心理上的愉悦、意识到自身的价值。③方燕君等在对从医学生职业认同现状的调查中，将个人的职业认知评价、社交技能、挫折应对、自我反思以及职业社会支持作为影响职业认同的五个维度加以考察，发现这些因素对医学生的职业认同存在显著影响。④滕飞和李雪莲认为，有效的组织社会化策略可以帮助企业员工更好地建构职业认同，并且会随着个体组织支持感的差异而变化。⑤胡雪梅应用社会生态系统理论来解释职业认同感的影响因素，认为职业认同感的形成需要复合的社会生态系统达到心理和机制的动态平衡。⑥

（三）医院管理者的职业认同研究

现有研究以调研职业认同度现状，以及研究职业倦怠、工作满意度等相关概念为主，专门针对医院管理者职业认同度现状及其影响因素的研究不多。

诸静和胡国栋对陕西省西安市 200 名医院行政人员的职业倦怠状况调查

---

① 朱伏平：《中国高校教师职业认同与组织认同研究》，西南财经大学管理学专业博士学位论文，2012 年。
② 朱伏平、张宁俊：《职业认同与组织认同关系研究》，《商业研究》2010 年第 1 期，第 68—71 页。
③ 曲姗、王亚洲、张长坤等：《三级医院与二级医院医生职业认同水平和影响因素分析》，《医学与哲学》2017 年第 4 期，第 59—62 页。
④ 方燕君等：《从医学生职业认同现状谈职业素养培育》，《卫生职业教育》2017 年第 5 期。
⑤ 滕飞、李雪莲：《组织社会化策略对员工建构职业认同的影响研究——基于组织支持感的调节作用》，《企业技术开发》2017 年第 1 期，第 48—53 页。
⑥ 胡雪梅：《人民警察职业认同的社会生态学解析》，《辽宁警察学院学报》2017 年第 1 期，第 102—105 页。

表明,职业认同感与职业倦怠中的情感衰竭、去人格化呈负相关,与成就感呈正相关。① 杜进林和张文静对三级综合性医院中层行政管理人员抽样调查后发现,工作满意度与员工职业认同感和忠诚感呈正相关。② 李彩桦对医院行政管理人员激励机制的研究表明,职业认同度对管理人员的职业生涯规划管理有较大影响。③ 董嘉和朱俊利对北京市公立医院行政管理人员职业认同度和工作满意度展开调研,结果表明,整体的职业认同度较高,但在工作规范流程、薪酬水平、晋升标准、福利待遇等方面激励不足。④ 徐靓等对高校医院行政管理人员现状的研究表明,管理人员存在待遇差、专业化素质低、培养目标不明确等问题。⑤ 陈少波等对医院管理人员科研工作能力的研究表明,行政管理人员很少有学习、提高或是外出接受再教育、培训的机会,外加许多医院的激励机制明显向一线科室倾斜,职称评定、职务提升通道不畅,管理部门职责不清,岗位设置不合理等问题都使得医院行政管理人员存在职业认同问题。⑥ 杨伟国和薛迪对某三甲医院的 98 名行政管理人员调查后发现,该院医院管理人员满意度最低的是"晋升机会",认为"很少有职位升迁期望"的管理人员超过半数,反映出医院对管理人员的职业生涯激励不足。⑦

国内外专家对教师、记者、护士等职业认同度及其影响因素开展了较多的研究,但目前对医院管理者职业认同的研究较少,并且较少涉及上述能够影响职业认同的因素,以及职业认同本身与外部影响因素之间的影响机理。本研究以医院管理者的职业认同现状为切入点,探讨影响职业认同的外部因素与职业认同之间的相关性,旨在实践中有针对性地对现行的医院管理体制和激励机制进行调整和完善,以期进一步加强和改进医院管理者队伍建设,推动现

---

① 诸静、胡国栋:《职业倦怠对医院行政管理人员职业认同感的影响》,《西南国防医药》2016 年第 1 期,第 113—115 页。
② 杜进林、张文静:《三级综合性医院中层行政管理人员工作满意度影响因素分析》,《郑州大学学报》(医学版)2014 年第 3 期,第 334—337 页。
③ 李彩华:《基于岗位设置管理构建医院行政管理人员激励机制》,《医院管理论坛》2014 年第 8 期,第 55—56 页。
④ 董嘉、朱俊利:《北京三级公立医院专业型行政管理人员工作满意度调查》,《中国医院管理》2015 年第 1 期,第 42—44 页。
⑤ 徐靓、王红漫:《高校医院行政管理人员现状与发展对策》,《管理观察》2015 年第 15 期,第 173—175 页。
⑥ 陈少波、崔森、余静:《关于医院行政管理人员的科研工作和创新能力探析》,《经济师》2015 年第 7 期,第 204—205 页。
⑦ 杨伟国、薛迪:《上海某市级医院行政管理组织诊断结果分析》,《中国医院管理》2010 年第 1 期,第 39—42 页。

代医院管理制度落实。

二、对象与方法

（一）问卷设计

本研究对上海市 10 家三级医院管理人员的职业认同情况开展问卷调查，问卷以《上海市公立医院医务人员职业认同度的调查问卷》[①]为蓝本，结合实际情况加以改编，问卷再测信度和内部一致性信度在 0.7 以上。

调查问卷设计分为五个部分：被试者基本信息，医院管理人员对其职业的认同度（以下称作"职业自我认同"），组织对该职业的认同度（以下称作"职业组织认同"），社会对该职业的认同度（以下称作"职业社会认同"），以及医院管理人员对外部影响因素的感知（以下称作"外部影响因素"）。除被试者基本信息采用直接填写和选择的方式外，其余四个部分均使用 Likert 量表评分，为避免被试者的趋中反应，本研究选择 6 点量表进行积分，要求被试者从强烈赞同—赞同—有点赞同，到有点反对—反对—强烈反对进行选择，每个指标分别对应"1—6 分"，总体评分取各个指标的平均值。

（二）调查对象

上海市卫生健康委员会网站上公布的上海市三级医疗机构名单包括 50 家三级医疗机构，分为综合医院、中医医院、专科医院三类。本研究进行分层抽样，随机抽取 10 家，即综合医院 5 家、中医医院 2 家和专科医院 3 家，具有一定的代表性。

（三）统计学方法

本研究共计发放问卷 400 份，通过"问卷星"网站分析问卷填写时长，填写

[①] 汤静：《组织支持感对公立医院医务人员职业认同度的影响及对策研究》，上海交通大学公共管理专业硕士学位论文，2013 年。

时长少于 180 秒及超过 12 个连续问题答案一样的问卷均被界定为无效问卷。问卷数据均采用 SPSS19.0 统计软件进行输入与分析,计数资料采用频数表示,采用主成分分析、因子分析和相关分析。

三、调 查 结 果

通过 SPSS19.0 统计软件进行分析,并对 14 个反向问法题重新记录分数后,总的 Cronbach's α 系数为 0.872,各维度间 Pearson 相关系数为 0.62—0.84,内容效度指数 KMO 值为 0.909,因子分析共提取 11 个因子,解释了方差的 68.029%,表明改编后的问卷具有较高的稳定性和可靠性。调查共回收问卷 356 份,回收率 89%,剔除 30 份无效问卷后,共获得有效问卷 326 份,有效回答率为 81.5%。

(一)被试者一般资料

326 份有效问卷 10 家三级医院被调查者的一般资料见表 1。被调查者分布在 10 家上海市三级公立医院,按照三级医院的类型划分(综合医院、中医医院、专科医院),被调查者分别为 199 名、51 名和 76 名,与医院整体规模大致相符,一定程度上可以反映不同类型三级医院的基本状况。

表 1　10 家三级医院被调查者的一般资料($n=326$)

项目	人数(人)	构成比
性别		
男	97	29.75%
女	229	70.25%
年龄		
18—25 岁	13	3.99%
26—30 岁	85	26.07%
31—40 岁	149	45.71%

续　表

项目	人数(人)	构成比
41—50 岁	49	15.03%
51—60 岁	26	7.98%
60 岁以上	4	1.23%
从事医院管理工作年限		
0—5 年	76	23.31%
6—10 年	82	25.15%
11—15 年	63	19.33%
16—20 年	31	9.51%
21—25 年	32	9.82%
26—30 年	42	12.88%
教育背景		
大专及以下	15	4.60%
大学本科	149	45.71%
硕士研究生	143	43.87%
博士研究生	19	5.83%
专业背景		
临床医学专业	70	21.47%
管理学专业	137	42.02%
其他专业	119	36.50%
专业职称		
初级或未聘任	55	16.87%
中级	228	69.94%
副高级	33	10.12%
正高级	10	3.07%
所在科室类型		
行政事务性部门	108	33.13%

续 表

项目	人数(人)	构成比
医疗业务相关部门	82	25.15%
党务和群团相关部门	81	24.85%
综合保障部门	55	16.87%
所属医院类型		
综合性医院	199	61.04%
专科医院	51	15.64%
中医医院	76	23.31%

(二)职业认同度的状况

对职业认同度22个指标进行探索性分析后,KMO值为0.889(Bartlett检验 $X^2=4053.219$,$P<0.001$),数据适合进行因素分析。采用主成分分析,取特征根大于或等于1作为截取因素的标准,并进行VARIMAX旋转,共抽取三个因素,解释总变异量的58.174%。根据理论设想,三个因素分别命名为职业自我认同、职业组织认同和职业社会认同(以下表格中分别简称为"自我认同""组织认同"和"社会认同")。

将自我认同、组织认同、社会认同作为医院管理人员职业认同度的三个主要维度,其中自我认同解释了37.420%的变异,组织认同解释了12.303%的变异,社会认同解释了8.451%的变异,三个主要维度累计解释了58.174%的变异,可以说这三个维度可以解释大部分的变异。

本文从三个维度对职业认同度的22个指标进行主成分分析,具体情形如表2所示。

表2 职业认同指标成分矩阵

项目	认同维度		
	自我认同	组织认同	社会认同
喜欢医院管理职业	0.706		
会积极主动地完成每天的工作	0.671		

续 表

项目	认同维度		
	自我认同	组织认同	社会认同
工作前对医院管理工作职业有了解	0.546		
如果重新选择职业,还会选择该职业	0.773		
会推荐别人从事该职业	0.751		
家人或朋友对你的职业有了解	0.708		
家人或朋友对你的职业发展支持	0.662		
你或家属对你的收入期望值过高	0.417		
现实状况与你的期望相去甚远	0.494		
你希望自己的子女以后从事相同职业	0.632		
你的工作收入在相同教育水平的人群中处于中等水平		0.602	
你的工作收入远远低于付出		0.744	
领导对你的期望和要求很高		0.416	
你获得培训和提高的机会很多,有很好的支持平台		0.583	
你所在的单位晋升机制很科学,过程很公平		0.704	
医院对你的个人发展的关注不够		0.608	
你的职业的社会地位、社会形象下降			0.478
你的工作过程中有较完善的风险分担制度			0.463
政府对你的职业有了解			0.464
政府对你的行业发展支持			0.533
社会大众对你的职业有了解			0.426
社会大众对你的行业发展支持			0.412

表2反映了医院管理人员职业认同三个维度的状况。在自我认同维度,医院管理人员普遍有较高的自我认同,喜欢医院管理职业,愿意继续从事或推荐他人从事该职业。在组织认同维度,医院管理人员关注的是收入、晋升、个人发展等,普遍认为该职业的收入低于付出。在社会认同维度,医院管理人员认为职业的社会地位下降,但政府和社会对该职业有一定的支持。

(三)职业认同度的外部影响因素

调查问卷中设定的外部影响因素指标共30个,进行主因子分析后列出5个因子。在马斯洛需求层次理论的支持下,将5个因子分别定义为物理因素、安全因素、社交因素、尊重因素和自我实现因素五个类别。本研究通过因子分析并排序整理得到表3。

表3 外部影响因素成分矩阵

项目	外部影响因素				
	物理	安全	社交	尊重	自我实现
医院设置的工作指标和工作量要求太高,令人难以承受	0.807				
医院交付的工作量太大,以至你在正常的工作时间内难以完成	0.781				
你为了应付大量的工作影响了工作质量	0.765				
加班太多,没有充分的休息和休假时间	0.746				
你担心过劳导致自己的身体健康状况下降	0.662				
你的工作影响了私人生活和学习	0.607				
你每天的工作时间经常超过8个小时	0.450				
你常因工作中的突发情况影响个人的日程安排		0.734			
你的工作紧急情况多,心理压力大		0.694			
你在工作中遇到的难题很多		0.679			
你害怕自己在工作中会出差错或遭到投诉		0.604			
你所在的医院的带薪休假制度不能完全满足需要		0.535			
你的带薪年休假时间不能得到保障		0.459			
你所在医院的规章制度不健全,不能有效指导工作		0.458			
你感到在工作中承担的责任越来越大		0.457			
你的上司与你的关系比较疏远			0.624		

续 表

项目	外部影响因素				
	物理	安全	社交	尊重	自我实现
你在工作中的人际关系不和谐			0.617		
你经常担心下属或者同事超过自己			0.587		
你感觉自己在工作中不为他人接受或喜爱			0.578		
你的工作环境拥挤、嘈杂或沉闷			0.448		
你感到自己的知识更新慢,不能适应岗位的要求				0.575	
你所在医院的绩效评估体系不够完善,不能有效激励个人				0.575	
你所在医院没有完善的培训机制				0.543	
你获得学历教育的机会不多,医院没有给你很好的支持平台				0.520	
你感到在工作中没有与他人公平发展的机会				0.492	
你在工作中缺少提高自己能力的机会				0.405	
你感到不能充分发挥自己的能力					0.655
你感到工作中没有很好的发展平台与工作动力					0.620
你感到工作中没有成就感					0.580
你的职务、职级晋升十分困难,竞争激烈					0.524

在物理因素中,被试者认为最重要的影响因素是工作量,认为目前工作量过大、负荷过重。在安全因素中,被试者认为工作中的突发状况和紧急事务太多,医院缺少完善的规章制度来指导对应突发状况,使得他们经常感到工作紧迫、心理压力大。在社交因素中,被试者最关注的问题体现在工作中的人际关系。在尊重因素中,被试者关注的是继续教育培训的机会和公平的绩效考核机制,目前,部分医院对管理工作岗位缺少科学有效的考核,使得有些管理人员感觉有失公允。在自我实现因素中,被试者关注的问题主要集中在能否充分发挥能力,以及是否有更好的发展平台。

(四)职业认同度与外部影响因素的相关性分析

本研究对职业认同度三个维度与外部影响五个因素之间进行 Pearson 相

关分析,各变量间的相关系数统计如表4所示。

表4　被试者职业认同度与外部影响因素之间的 Pearson 相关系数统计

项目	自我认同	组织认同	社会认同	物理	安全	社交	尊重	自我实现
自我认同	1							
组织认同	0.544**	1						
社会认同	0.670**	0.544**	1					
物理	−0.130*	0.212**	−0.083	1				
安全	0.151**	0.426**	0.139*	0.651**	1			
社交	−0.090	0.146**	−0.029	0.513**	0.393**	1		
尊重	0.553**	0.580**	0.570**	−0.178**	0.201**	−0.046	1	
自我实现	0.563**	0.610**	0.433**	0.228**	0.400**	0.203**	0.416**	1

注：* $P<0.05$, ** $P<0.01$。

所有样本的相关性分析结果表明：职业自我认同维度与安全因素、尊重因素、自我实现因素表现出显著正相关,与物理因素表现出显著负相关,其中相关性最高的是自我实现($r=0.563$)；职业组织认同维度与五个方面的外部影响因素之间都呈现显著正相关,其中相关性最高的是自我实现($r=0.610$)；职业社会认同维度与安全因素、尊重因素、自我实现因素表现出显著的正相关,其中相关性最高的是尊重因素($r=0.570$)；社会认同维度与外部影响因素呈显著相关性的维度最少,组织认同维度与外部影响因素呈显著相关性的维度最多,自我实现因素和尊重因素是相关性最高的和次高的外部影响因素。

四、讨论与建议

（一）医院管理人员的背景趋向多元

从被试者的一般资料来看,目前在上海市三级医院从事医院管理工作的管理人员,大部分有良好的教育背景,处于26—50岁的职业生涯上升期,需要在工作中体现自身的价值,实现事业的发展。医院管理人员的背景则趋向多元,其中管理学专业137名（42%）,提示目前上海三级公立医院的管理岗位专业化程度较高,其他专业119名(37%)如经济学、会计学、新闻学、法学等专业人员也逐步进入医院管理岗位。

我国医院过去通常从临床专家中选拔医院管理者,该调查发现,上海市医院管理人员背景日益多元化,这反映出医院管理人员职业化队伍建设的必然性。因此上级主管部门在加强管理人才队伍建设规划中,不仅要注重卫生事业管理、行政管理等管理专业人才的培养和使用,还要鼓励各种专业的人才进入医院管理领域,以及要兼顾年龄结构和专业知识结构。

(二)进一步提升医院管理人员的组织认同度

调查结果显示,医院管理人员的职业自我认同维度较高,但职业组织认同和社会认同维度相对较低,而组织认同维度与五个外部影响因素均呈显著相关性。因此,可以从提升组织认同度着手,进一步提升医院管理人员的职业认同度。目前医院管理职业没有统一的职称晋升体系,大部分医院也没有为管理工作者设置合理的晋升机制,有的医院采取"评聘分开",即使管理工作者通过职称考核也无法获得职称聘任。而在医院体系,职称的评聘直接与收入挂钩,也对职务的提升产生直接影响。

对职称和职务晋升的支持不足,在一定程度上反映出政府或者医院对管理人员的组织支持不足,[①]政策导向不清会对人才培养产生负面影响。上级主管部门层面可以探索更加科学合理的管理职称晋升机制,医院层面建议探索逐步实行职称与职级的"脱钩"方案,打通不同的晋升渠道。例如:对专业性强、善于在工作中总结创新的管理者,可以给其更多机会申请课题、多出成果,在职称晋升上获得更多机会;对一些经验丰富的资深科员,因为年龄或学历原因在晋升上有困难,可以合理设置非领导职务的职级(如"主任科员""副主任科员"等),让没有职级的管理工作者也有上升通道。

(三)充分发挥自我实现因素和尊重因素的调节作用

研究表明,外部影响因素对医院管理人员的职业认同产生影响,自我实现因素和尊重因素是相关性最高和次高的外部影响因素。调查结果显示,医院管理人员最不满意、认为最影响其职业认同度的问题主要是:工作中承担的责

---

① 竺乾威、邱柏生、顾丽梅:《组织行为学》,复旦大学出版社2015版,第232—239页。

任过大、缺少提升自己的机会、晋升困难、缺少培训机制、没有完善的绩效评估体系、没有公平发展的机会等。

聘用、晋升、绩效考核、培训等关键词都是组织激励机制极为重要的组织部分,表明一套合理的激励机制将有效提升管理人员的职业认同度。医院要对管理工作者定岗、定编、定责,明确岗位的职责范围、常规工作和重点工作,每一项职责都制定定性与定量的考核标准。在考核过程中,除了管理者自己的总结汇报外,还要组织上级领导、下属、同事、业务交叉部门等对其进行综合评议;要注重绩效考核结果的应用,例如,绩效考核连续数年优秀的管理者可以获得职级的晋升或者薪酬的提升,使科学化的绩效考核结果能够充分地发挥导向作用和激励作用。

此外,岗位轮转也是一种低成本、高成效的激励方式。[1] 医院要进一步设计完善轮岗制度及内容:对新入职的管理岗位人员可以设计为期1—2年的职能部门轮岗制度,以熟悉各个部门的职责范围及运作情况为目标;对每个在同一个岗位上工作超过8—10年的管理工作者,安排到其他部门或者其他院区的相同部门等进行轮岗交流,避免在同岗位上一直得不到晋升而产生倦怠、不满情绪,通过多岗位锻炼工作能力,作为提拔任用的一个重要程序。

职业认同度会影响医院管理工作者的忠诚度、向上力、成就感和事业心。本研究证明,可以从提升组织认同着手,进一步提升管理工作者的职业认同度。建议上级主管部门和医疗机构针对管理职业建立更加科学合理的晋升和考核激励机制,逐步探索职称与职级"脱钩"的晋升渠道。同时,应该重视和加强管理人才梯队建设规划,从而推动医院管理的规范化、精细化、科学化。

[论文指导老师:竺乾威]

---

[1] 涂乙冬:《社会交换和社会认同视角的员工——组织关系研究》,武汉大学出版社2015年版,第146页。

组织体制变革中身份转改的适应性研究

——以 H 边检站人员为例

潘玮炜*

【内容摘要】 2018 年,党和政府做出了公安边防部队全部退出现役制、转改为人民警察的重大决定。由此,全国 10 万边防官兵脱下军装,换上警服。这场转变不仅是组织体制变革,还是人员身份和职业的转变。本文以组织变革引发的职业身份变化为研究切入点,运用职业适应性理论分析现役军人在组织变革中实现身份转变、职业适应等问题,通过对 H 边防检查站 235 名现役军人身份转变前后的问卷调查,分析军人在组织变革中呈现出的思想变化、行为表现、职业诉求以及适应能力,探讨组织变革对队伍整体战斗力、凝聚力、士气的影响以及军人对新身份的适应性,提出通过信息公开、政治宣传、组织沟通、政策落实和考核激励等多种措施提升受影响群体的认可度、化解他们的思想疙瘩和保护他们的正当权益等政策建议。

【关键词】 组织变革;边检站;军人;职业适应性

一、引　　言

随着经济和社会的快速发展,我国逐渐成为国际人才的向往之地,外国人才在我国居留、就业、入籍的态势逐年加强。国内居民的出入境、移民手续,海外华人关心的签证、国籍话题,外国人才出入境和居留证办理等分布在外交部、公安部下属不同行政管理机构。虽然近年来相关申请和手续已越来越便捷,但仍造成诸多不便。我国已于 2016 年 6 月正式成为国际移民组织第 165 个成员国,统一组建国家移民管理机构势在必行。

2018 年,党和政府做出"公安边防部队不再列入武警部队序列,全部退出现

---

* 潘玮炜,2020 届 MPA 毕业生,就职于杭州出入境边防检查站。

役"的重大决定。历经69年的公安边防部队正式退出历史舞台,全国1 845个边防派出所、243个现役边防检查站10万边防军人正式脱下军装,统一披上警服。① 这场转变不仅是组织体制变革,还是人员身份和职业的转变。

在重大组织变革面前,无一例外地,机构重组和人员适应是随之产生的问题,这是一个系统而复杂的过程。由于行政机关单位组织机构的扁平化设计,机构重组势必引起岗位变动,因此,组织变革的成功也是人员岗位适应的成功。由于变革行为结果具有不确定性和高风险性,并可能会改变组织现有的利益格局,因而很可能对员工变革接受程度产生负面影响,进而会使员工对变革前景感到悲观和不自信,给大多数员工带来长时间紧张、焦虑和不安全感。②

国内外学者对"组织变革"的研究,可以追溯到20世纪50年代,计划变革理论的创始人库尔特·勒温(Kurt Lewin)认为组织变革是解冻、发展和维持的循环,它包括解冻、变革、再冻结三个步骤。③ 随着科学技术的进步和组织环境的变化,组织变革理论不断得以拓展,他们把研究的重点主要集中在组织变革理论定义、组织变革因素分析、组织变革模型设计、变革驱动力研究、变革中存在的阻力因素及化解、组织变革后管理与激励等领域。研究对象也主要为政府机关和企事业单位,对现役部队组织变革的研究非常少。

"适应性"一词最早由英国的斯宾塞引入社会学领域。他认为,每一个有机体(包括人)总是在不断适应周围赖以生存的环境,适应是大体上的,是一个不断被打破又不断趋于和谐一致的过程,而且总是在向前继续。④ 职业适应性的概念由苏泊和纳赛尔首次引入,并成为成人职业发展的中心结构,被认为是职业成功的一个关键点。⑤ 马克·沙维卡斯(Mark Savickas)经进一步研究和拓展,提出"职业适应性"概念,他认为"适应性意味着不用经过多大困难就能够改变的,以及能够适应新的或变化的坏境的品质"。⑥ 随着研究的不断深

---

① 《脱下军装换上警服,武警边防部队正式退出现役》(2018年12月26日),新浪网,http://k.sina.com.cn/article_5907979589_160249d4502000hb8v.html?display = 0&retcode = 0,最后浏览日期:2021年8月13日。
② 王雁飞、周良海、朱瑜:《组织支持感知对变革支持行为的影响机理研究》,《商业经济与管理》2018年第8期,第26—35页。
③ 转引自孟领:《西方组织变革模型综述》,《首都经济贸易大学学报》2005年第1期,第90—92页。
④ 转引自潘自影:《探析职业适应性研究》,《继续教育研究》2013年第11期,第50—53页。
⑤ 参见石梅:《从大学生到公务员——对大学生职业适应性的质性研究》,华东师范大学高等教育学专业硕士学位论文,2011年。
⑥ Mark Savickas, "Career Adaptability: An Integrative Construct for Life-Space Theory", *The Career Development Quarterly*, 1997.

入,许多学者逐渐形成了较为一致的观点,他们认为职业适应性通常是指个人或群体对工作性质内容、工作生活环境等的评价,并根据自身应对工作要求、环境条件的能力不断进行调试,以达到逐渐接受的过程。各军校学者对现役军人适应性的研究主要集中在对军校学员学校生活的适应性以及军转人员到地方工作后的适应性,对现役军人的职业适应性研究较少。

组织变革的推动伴随着人员职业的适应,从而带来人员在角色与职责、定位与地位、家庭与工作等之间的变化。有研究指出,组织变革已被视为工作、生活中最主要的压力源,而组织变革本身可被视为压力事件。① 组织一旦变革,组织内部人员现有的工作、角色、地位、所掌握的资源即发生变化,从而产生适应问题,引发人员自我身份重构、人员行为立场变化等问题。

本文认为,组织变革(organizational change)是组织根据所处环境的变化,及时对组织(组织机构设置、组织管理理念、组织文化建设等)和人员(人员职能配备、人员认知行为、工作方式方法等)涉及的相关要素进行调整、改进和革新的过程。职业适应性是指个体通过调整、改变、互动、融合等方式与其职业环境之间达成和谐、平衡的动态过程。所以,对职业适应性的理解应从个体本身适应和职业环境影响两个角度来把握。对个体本身适应而言,是其对所从事的职业具备的生理、心理、个人能力素质高低程度的衡量;从职业环境影响角度看,是组织对个体的个性特征及其职业发展水平的要求,评判的标准主要取决于人的心理素质、业务素质、道德素质等。

二、边检站转制个案研究

(一) H 站基本情况

H 站组建于1979年,属正团级一类边检站(组织变革后为正处级单位),下设机关处室和执勤业务科队。实有现役军人247人(干部166人,士兵81人)。口岸执勤履行边防检查任务以干部为主,士兵主要起台外引导、接机、警

---

① 转引自余明助:《公务人员的组织变革不确定感、信任与服务导向公民行为关系——以调节焦点为干扰变项》,陈潭主编:《广州公共管理评论》第4辑,社会科学文献出版社2016年版,第191—212页。

戒等辅助工作。166 名干部中:按性别统计,男性 113 人(占比 68%),女性 53 人;按学历统计,本科学历 143 人(占比 86%),研究生学历 11 人,大专学历 12 人;在年龄结构上,41 岁以上 4 人,31—39 岁 85 人(占比 51%),30 岁以下 77 人(占 46%),平均年龄 31.5 岁。干部除机关行政部门、口岸一线指导、二线勤务保障外,其余约有 115 人从事出入境边防检查工作(这些人被统称为检查员)。边防检查工作岗位设在机场空港口岸,主要担负往返于 5 大洲 30 余个国家(地区)的 50 余条国际(地区)定期客运航线、4 条国际(地区)定期全货运航线、12 条不定期包机航线、5 条国际中转航线的旅检任务,每周 700 余架航班。2018 年出入境流量达 548 万人次,占全省旅检业务量的 75%以上,连续 10 年居全国空港边检站前列。

(二)边检站转制的具体做法

1. H 站组织机构重设

H 站组织机构重设后,由原现役正团级一类站转为正处级行政机关单位,名称改为 H 出入境边防检查站,人员编制比原先增加 50 余个,下设 4 个副处级机关单位(办公室、边防检查处、政治处、后勤保障处)和 7 个副处级执勤队、1 个正科级执勤队,对原机关司令部、政治处、后勤处相关科室做了整合,精简了机关编制,大幅度扩大了执勤队人员编制,更加凸显边检业务机构的重要性。

2. H 站工作性质重设

H 站由公安边防现役部队转改为中央直属行政机关单位,隶属公安部国家移民管理局,工作职责不变。至此,H 站原现役军人踏上职业化道路。

3. 现役干部的职级套改情况

(1) H 站职级套改标准。针对此次公安边防部队改革,相关部门专门制定职级套改政策,H 站涉及人群适合标准如表 1 所示。

表 1 H 站职级套改表

现役职级	任职年限(年)	行政职级
副师职	≥5	副局级
	<5	正处级
正团职	≥4	正处级
	<4	副处级

续 表

现役职级	任职年限(年)	行政职级
副团职	≥4	副处级
副团职	<4	正科级
正营职	≥2	正科级
正营职	<2	副科级
副营职	全部	副科级
连职	全部	科员级
正排职	全部	科员级

资料来源:作者根据套改政策编制。

其中,平职套改的任职起算时间从套改之日算起,降级套改的由现役现职级任职时间算起(如表2所示)。

表2 H站套改后原干部职级分布情况　　　　　　　　(单位:人)

	正处级	副处级	正科级	副科级	科员
总计	1	4	17	66	73
未满一年	0	3	14	50	6
满一年以上	0	0	0	16	5
满两年	0	1	1	0	12
满三年以上	1	0	2	0	50

资料来源:作者根据H站职级套改结果编制。

(2)套改政策与转业安置政策比对。由于此次套改政策是专门针对公安边防部队改革的,其在政策上与通行的军转干部安置政策有所区别(如表3所示)。

表3 军转干部套改安置政策表

现役职级	行政职级(2019年6月1日前)
副师职	地、厅级副职(副巡视员)
正团职	县、处级正职(调研员)
副团职	县、处级副职(副调研员)
正营职	乡、科级正职(主任科员)
副营职	乡、科级副职(副主任科员)

续　表

现役职级	行政职级(2019年6月1日前)
正连职	科员级
副连职	科员级
正排职	办事员级

资料来源:作者根据转业安置政策编制。

由于退役军人事务保障部暂未出台军转干部职级套改安置政策和标准,2018年12月29日修订、2019年6月1日起施行的《公务员法》中暂无新的套改政策。但大致目标是:军转干部安置可以不再降职安排,但不安排实职将成为通常做法并合法化。下文以2018年转业安置政策做比较(如表4所示)。

H站现役警官的职级情况为:副师职1人;正团职1人;副团职7人;正营职39人;副营职44人;正连职49人;副连职23人;正排职2人。其中1名副团职和3名正营职选择转业,1名警官不参与套改。共计166人。组织变革后套改为行政级别的情况是:副局级0人;正处级1人;副处级4人;正科级17人;副科级66名;科员级73人。共计161人。

表4　H站职级套改结果与选择转业安置结果对比表

现役职级	参与套改人数	按照转业安置	组织统一套改	平级调整(人)	降级调整(人)
副师职	1	地、厅级副职(副巡视员)	正处级	0	1
正团职	1	县、处级正职(调研员)	副处级	0	1
副团职	7	县、处级副职(副调研员)	副处级/正科级	3	3
正营职	39	乡、科级正职(主任科员)	正科级/副科级	14	22
副营职	44	乡、科级副职(副主任科员)	副科级	44	0
正连职	49	科员级	科员级	49	0
副连职	23	科员级	科员级	22	0
正排职	2	办事员级	科员级	2	0

资料来源:作者根据H站数据编制。

4. 现役士兵转改招录情况

H 站现役士兵的衔级情况为：上士 12 人；中士 22 人；下士 23 人；上等兵 8 人；列兵 16 人；共计 81 人。组织变革后套改为行政级别的情况是：行政编制 43 人；事业编制工勤人员 14 人；调剂到新疆、西藏、云南等地边检站 11 人；选择退伍 13 人。

三、H 站转制中人员身份转变的适应性状况

（一）调查研究

1. 调查问卷

根据组织变革时间节点的不同，本研究共组织 3 次问卷调查。

问卷一为组织变革启动阶段开展的思想摸底。

问卷二为特殊节点针对特殊人群专门组织的一次问卷调查。2018 年 8 月，公安部边防管理局决定对全国边防现役士兵群体进行统一培训并组织内部招录，但按照什么方式招录、以什么比例招录均未成定论。这一重磅消息发布后，边防士兵群体瞬间成为此次组织变革的特殊主体。由于组织变革，士兵不进则退的格局将被打破，留下通过内部招考转录为国家公务员成为一种可能。本问卷专门针对这群特定人群研制，问卷开展期间，该群体正在统一参加组织内部招录考前培训，人员相对集中。收集的样本数据为全省范围，H 站作为其下属机构，在样本分析上具有相似性。

问卷三为组织变革经历职级套改后，在过渡期组织的一次问卷调查。

2. 访谈

针对组织变革三个不同时间节点（同调查问卷时间基本一致），从不同视角对组织变革中的军人适应性进行了解。笔者在第一、三时间节点分别选取了 6 名受访者，在第二时间节点选取了 3 名受访者，受访对象包括机关科室科队领导、执勤业务科科队领导、一般干部、士兵群体中的士官、班长骨干、普通士兵等。15 名受访者基本覆盖不同群体、不同职级、不同工作年限、不同阅历，具有较好代表性。访谈时间每人约为 15 分钟，主要采取现场询问、面对面交流的方式进行，在收录登记中，本文隐去了受访者的姓名，全部用编码代替。

3. 测量维度划分

职业适应性是一个综合性概念，从不同角度分析，有不同的测量标准和评价方式，本文将测量维度划分为四个方面。

（1）变革认知适应。个体在不同阶段对组织变革的整体认知、态度。

（2）职业认知适应。职业适应是个体对职业及所处环境的认同，即个体对其当前及今后在职业生涯中形成的职业角色认同。在本文中，由于组织变革，个体职业性质发生变化，现役军人身份发生转变。由于军人有二次择业机会，但是警察没有，随着国家对公安系统体制的改革，公安机关职务晋升将从地方脱离，形成专门的系统内部晋升渠道，面临终身职业，是选择"从一而终"还是辞职择业？转改后待遇是接轨国家机构还是地方行政？个人职业发展前景如何等问题直接考量军人对职业认知的适应。

（3）对工作现状的适应。人员的职业忠诚度、贡献度以及工作满意度与其所处的工作环境好坏有直接关系。工作环境可以影响员工的情绪，因此，人员对环境适应程度的高低也直接关系组织变革后个体工作状态和主观能动性的发挥。对工作现状的适应，既包括对工作地点、工作场所和工作条件等工作环境的适应，又包括对工作同事、上下级等人际关系的适应。

（4）对外界因素影响的适应。主要从社会尊重程度、家庭支持程度、组织介入程度等外在影响因素的角度来分析。

（二）调查结果描述

1. 组织变革启动阶段情况

军人对变革认知适应和职业认知适应两个维度最为关注。变革初期，转改政策、方案均未出台，干部最关心的是组织将如何变动，个人将如何转改。由于对工作现状较为了解，干部对组织变革后单位组织性质和工作环境、工作强度、工作要求有较为清晰的认识，对个人职业定位最为关注，对组织变革如何开展、怎样开展等具体细节不是十分在意。士兵最为关心的是去留问题，担心自己会被分流，对组织机构如何改革关注不大。

2. 组织变革特殊阶段、特殊群体情况

面对改革大考和人生抉择，这一阶段这一特殊群体的思想异常活跃。由于内部招录考试的利好消息，士兵高度关注改革进程、招录政策，但侧重点更多聚焦于个人利益得失，对时代发展和改革大局所做的思考较少。

（1）初级士官群体的留队意愿最为强烈，对能否通过招录考试最为担忧，适应性压力最大。初级士官是本次问卷调查中数量最多、思想最为活跃的群体。与义务兵相比,初级士官经历过1至2次士官晋升选取,视野较为宽广,思想更为活跃;与中、高级士官相比,初级士官加入士官队伍的时间不长,个人能力和综合素质尚不全面,仍存有差距。初级士官在转录中,若选择招考留队,则在理论考试和其他专业技能加分上没有明显优势;若选择退伍回家,则在就业安置政策和工作资历上比不过大部队的退伍老兵。但两相比较,大部分初级士官更倾向于选择招考留队,如果有转为公务员的可能,必然比选择退伍回家更有优势。

(2)学历较低群体自信心不足,学习动力不强,畏难情绪较大。在参与问卷作答的士兵中,中专(含)以下学历的占47.7%,大专学历的占42.5%,本科(含在校大学生)及以上占9.8%,士兵队伍整体文化程度不高。由于士兵招录考试内容涵盖行政管理、时事政治和边检业务理论等,知识覆盖面广,内容体量大,部分学历较低、基础知识较为薄弱的士兵在学习培训中较为吃力,思想压力较大。

(3)已婚士官群体整体心理预期较高,留队意愿强烈。由于部队对士兵结婚政策的限定,士兵队伍中已婚士官群体占比较少,仅为14.3%,但思想诉求较为集中,81.6%的已婚士官家庭主要成员希望其改革后能留下来继续工作,46.6%的已婚士官对接下来获得的工作岗位有较高心理预期。

3. 组织变革中后期情况

(1)对福利待遇保障诉求呈现高度一致性。在后续的变革过渡期,福利待遇保障问题成为军人最关心的问题。有90%的军人认为"工资、福利待遇提升"是上级(或领导)最需要帮助解决的突出问题。

(2)对组织落实政治教育问题想法多样,诉求较为集中。大部分军人认为单位组织的思想政治工作功能作用发挥较好,但在组织过程中,认为思想工作方法单一、内容枯燥、针对性和实效性不强,希望相关部门能够更多地应用社会多媒体传播手段,为军人获取信息、开展教育提供多种渠道。

(3)关注定编定岗,工作懈怠情绪在一定程度上有所蔓延。由于勤务繁重、警力紧缺等因素带来的考验以及对繁杂的工作任务层层传递的压力,部分军人出现了精神紧张、工作疲惫乃至厌战情绪。另外,根据转改进程工作要求,各级将面临重新定编定岗的现实问题,因此,军人对定编定岗问题保持高度关注,尤其是部分拟招录士兵对自身的未来去向比较担忧。

(4)职业发展与家庭生活不易平衡,引发焦虑。执勤队(科)人员认为上班时间不固定,日常值班、执勤、开会、学习等工作经常占用轮休日或节假日,时间不够分配,工作和家庭很难得到平衡,容易造成家庭矛盾。

(三) 适应性中的问题及其原因

1. 存在的主要问题

(1) 组织变革启动阶段存在的主要问题可以从如下四个维度展开分析。

从变革认知适应维度分析。由于公安边防部队改革传闻已久,许多军人对待改革早有心理预期,大多数人对待改革心态较为平稳,都能"坚决服从"改革,认为改革"是必然、是趋势,早改革早受益"。但也有一些军人由于个人、家庭、工作环境等因素,对改革心存疑虑,存在"等着看看"的观望心态,有相当一部分人认为在部队职务"不上不下",自主择业条件不够,个人正值事业的黄金期和仕途的上升阶段,担心体制改革影响个人职业发展。

从职业认知适应维度分析。有的认为,中共十八大以来,国家出台多项优待政策以保障军人权利,军人地位、福利待遇明显提升,保持军人身份不错。有的认为,转改为行政机关公务员后,职业性质、职业生涯相对稳定,而且不用"二次择业",避免了诸多繁琐程序。但也有部分军人害怕军改后"不适应新环境新常态",自感长期过部队生活,与激烈竞争的社会脱离太久,年龄、学历没有优势,万一转地方无"一技之长"适应不了,畏难心理较为严重。

从工作现状适应维度分析。H站出入境流量大,编制少,人员少,警力矛盾较为严峻。随着航班增多,晚班熬夜时间变长,检查员普遍感觉身心疲惫,这是检查员队伍选择去留的主要因素。

从外界因素影响适应维度分析。在组织变革启动阶段,各种谣言四起,军人对组织渠道(会议文件传达)宣传不感兴趣,热衷于打探小道消息,虽然组织有"不谈论、不议论"的纪律要求,但是随着时间推移及社会形势变化,军人思想受各类不实消息的较大冲击,情绪易受流言影响。在政治教育中,思想教育有落实,但总体效果不佳,评价不高,未能引起军人的情感共鸣。

(2) 特殊阶段存在的主要问题也可以从如下四个维度展开分析。

从变革认知适应维度分析。组织变革中的利好信息让士兵对部队改革都比较有信心,士兵队伍拥护支持改革的态度和决心占据主流。但由于具体细化的政策还未落地,特别是内部招录政策尚未明朗,因此仍有小部分士兵对改革"有所担心,感到前途未卜"。士兵对改革进度"比较关注"乃至"非常关注",关注的重点主要集中于"经济收入能否提升""个人住房能否保障"等方面,对个人利益得失的关切占据较多精力。

从职业认知适应维度分析。大部分士兵的入伍动机是"想锻炼自己""想学技术、入党或考军校",想通过部队锻炼提升自我或改变现有身份。而组织变革中的招录考试无疑成为士兵一次难得改变人生航向的机会,士兵希望培训后能够通过招录考试留下来继续工作,对未来职业也充满憧憬,并希望能够通过考试获得编制内工作,期待心理比较强烈。

从工作现状适应维度分析。在招录培训阶段,由于组织未对招录名额予以明确,士兵担心因为个人理论水平不足影响前途,从而出现不同程度的焦虑情绪,对适应组织变革后新体制新岗位的恐慌意识较为强烈。在这个阶段,士兵比较关注招录考试什么时候开始,以什么形式组织,录取比例多少,思想高度活跃。

从外界因素影响维度分析。受家庭主要成员的影响,已婚士官群体对招录后留下来继续工作的心理预期较高,整体期望值较大。受组织介入的影响,大部分士兵认为在培训中相关单位的综合保障能力较好,本人在招录考试培训中能较好适应;但由于培训时间相对紧凑,个体理论水平存在差异,超过一半的士兵感到培训任务较为繁重,学习比较吃力。

(3)转改过渡期存在的主要问题依然可以从如下四个维度展开分析。

从变革认知适应维度分析。职级套改后,军人对组织变革的发展趋势有了较为明确的认知,军人周围环境中家人和朋友对其身份转改普遍有一定了解。

从职业认知适应维度分析。国家移民管理局的组建是全球化发展对完善移民体系提出的新要求。[①] 对移民警察[②]这一职业形成客观、深入、清晰的认知是组织变革后军人对新职业、新环境适应的前提,将直接影响军人的工作状态、工作方向和工作目标。这体现在三个方面。

一是在职业身份认同上,由于基层执勤执法岗位人员基数较大,受访对象主要有如下一些反应:有的担心受单位编制、领导职数等客观因素制约,上升空间会缩小;有的在转改中职务等级降低或是任职时间清零,不得不从头再来,焦虑恐慌心理比较明显;有的长期在执勤一线工作,一定程度上滋生了职业倦怠情绪。士兵群体对自己职业身份的认同感普遍较高,基本不存在职业不认同现象,但受其个人综合素质影响,担心身份转改后工作压力过大,个人

---

① 王辉耀:《组建国家移民局与参与国际人才竞争》,《紫光阁》2018 第 4 期,第 42—43 页。
② 移民警察属人民警察序列,指接受公安部国家移民管理局垂直管理,制服上佩戴"移民局"胸牌的人民警察。

发展受阻,移民警察岗位难以胜任,底气不足、信心缺失现象最为凸显。

二是在工资福利待遇上,H 站地处沿海省级城市,驻地房价、日常消费等生活成本较高,而当前转改军人的平均收入与驻地经济发展形成"倒挂"之势。在干部群体中,这个年龄结构的人群都已结婚生子或即将面临结婚,是一群上有四老、下有两小或者面临买房、成家、育儿、养老等的独生子女群体,82.35%的人存在还贷压力,经济生活压力较大,担心体改后工资待遇下降、生活质量下滑,社会地位降低、影响家庭关系和谐等。士兵群体中的绝大部分尚未成家,还贷压力较小,但组织招录后,一旦留职于 H 站,也将面临买房、结婚、育儿问题,因此各级转改军人对提高工资待遇的诉求表现出高度集中的现象。

三是在职业发展适应上,"官本位"意识诱导公务员将晋升作为其职业的根本追求。① 职业发展适应性直接关系个人能否在职业生涯中感知到对职业的"满足"和"满意"。这主要取决于个人对职业前景的明朗度、组织机制的规范性及职业发展与组织发展的协调性等方面的认知。在后续转改政策尚未明朗的情况下,大部分军人对转改后的职业前景持积极态度,认为转改后,单位编制增大,领导岗位增多,本人在职业发展道路上前景开阔。但也有部分军人萌生转改后辞职或调离的想法,认为自己资历尚浅,个人学习能力较强,重新换一份工作依然会有发展舞台。也有部分干部认为自己学历不高,个人能力有限,对辞职(调离)"想也没用"。

从工作现状适应维度分析。大部分军人认为自己目前生活的幸福指数一般,特别是警司群体,25.83%的人认为自己目前生活的幸福指数低。超过一半的干部认为自己目前的工作、生活状况上与同学、朋友相比"不太满意"。大部分干部认为造成自己工作压力大的主要原因在于"工作量过大""经济压力大"和"工作环境或者氛围不佳"。部分基层执勤执法干部认为长期白班、晚班无规律作息造成个人生物钟混乱、休息不佳、身体状况较差。士兵群体由于"低门槛入警",对现有工作均表示"比较满意",在工作上,认为造成自己压力大的主要原因在于"工作量过大""经济压力大"和"自身能力不足"。事业编工勤人员认为由于自己招录考试成绩的"低人一等",造成今后职业生涯上的"低人一等",也与同批战友之间形成不可逾越的"分水岭",对自己目前工作、生活状况不太满意。

从外界因素影响适应维度分析。外界因素影响主要是指个体以外其他因素对其适应造成的影响,也可以说是外在工作、生活环境的影响。外界影响因素很多,如工作制度、工作氛围等工作环境影响,再如朋友圈、交友群等社交环

---

① 胡旦:《浅析当前我国公务员的职业适应性》,《人才资源开发》2009 年第 1 期,第 15—17 页。

境影响等。这体现在以下三个方面。

一是在家庭支持程度上,大部分军人的家庭主要成员认为组织转改后的工作对家庭生活"有一定影响",少部分干部认为受到"严重影响",特别是两地分居干部,在体制转改后,军人转业的出口被关闭,很多军人转业安置到地方政府机关无望,无法及时关注家属就业、子女就学、父母赡养等现实问题,导致心存愧疚、内心焦躁。同时,较难改变的工作现状也极易引起家属的埋怨和不满,夫妻间容易出现误解、猜疑等问题,致使引发家庭矛盾。

二是在人际关系适应上,随着工作的职业化,社群关系趋于稳定,人与人之间的相处变得更加微妙和复杂。从内容上看,这一关系适应主要体现在与单位领导、同事及社会公众的相处上。当军人在工作生活中遇到困难时,基本会按照"在力所能及范围内自行解决困难、向家人寻求帮助、向组织寻求帮助、向朋友寻求帮助"的顺序来解决困难,干部群体主要依靠家人和个人解决困难,士兵群体主要依靠组织解决困难。

三是在组织介入因素影响上,组织变革经历了最重要的职级套改后,军人在行政级别上已基本确定,在后续的变革过渡期,"和谐的工作环境""工资、福利待遇提升""提供学习成长机会"成为军人最关心的问题。在组织落实政治教育问题上,大部分军人认为单位组织的思想政治工作功能作用发挥较好,但在组织过程中,认为组织常以会议传达、座谈交流、谈心谈话等固有形式落实政治教育,在教育内容和形式上与新时代的媒体传播手段尚存一定差距。

2. 主要成因

(1)影响现役干部适应性的主要因素有如下三个方面。

一是认识不深,定力不足,教育不够深入。公安边防部队改革是全面深化机构改革的重要组成部分,虽然组织纪律要求"不谈论、不议论",但军人思想受各类流言的冲击较大。虽然多数人认为,军队改革是顺应大势的强军呼唤,但也有少数人理解认识出现偏差,特别是20世纪80年代末、90年代初出生的年轻干部群体,入职时间不长,对组织认识不深,片面认为改革是上面的事、政策上的事、领导的事,服从就行了,思想定力缺乏韧度,对小道消息津津乐道、对主流媒体半信半疑。由于组织机构教育方式的单一性,各类思想教育主要依靠文件传达、会议部署,未能结合实际,通过多种手段引导军人认识和看待现役体制改革,未能让军人对改革强警战略引起深刻的理解认同。

二是信息不畅,网传信息混杂。从2018年3月转改决策发布起,有关公安边防体制改革具体方案的"网络谣言"层出不穷,相关话题在群体中十分敏感活跃,对军人的工作热情和思想稳定构成一定威胁,尤其是对持悲观心态和观望心态的军人影响很大。由于改革缺少权威发布,组织解读政策不及时,个人思想定力不足,一些所谓的"内部"消息、小道消息此消彼长,"不信组织信谣传",军人思想受到较大冲击。再者,随着微信、微博的广泛使用,部分军人对于网络信息不加辨别,只关注感兴趣和利害性消息,对发布媒体、来源、时间等内容不加甄别的现象十分突出。这也是导致军人思想不稳定的重要因素。

  三是能力欠缺,福利下降,顾虑现实利益。改革必然触动利益,这也是军人最为敏感、直接的担忧。多数军人都期盼能跟着改革新进展实现自我价值,但也存在一些顾虑:处于单位中层的科级干部,由于年龄和任职经历的限制,担心"现在调整没位子、今后发展没路子";少数科级以上领导干部由于受自身思维站位局限和能力素质缺陷影响,对能否担当起新的职能使命心里没底;一些部队大专院校毕业的干部怕自己年龄大适应不了新体制,素质弱完成不了新任务,学历低胜任不了新岗位。因此,在组织变革过渡期,部分中层以上干部出现了心理恐慌、过于焦虑的现象,既盼政策快出台又怕个人难受益,既忧身份有变化又怕待遇会降低。随着近年来党和政府对军人权益保障的日益重视,虽然在 H 市工资待遇较地方单位仍有明显差距,但家属随军随队、子女入学入托等部队特有的福利待遇仍有较大优势,面对体制改革,军人普遍认为不再享受部队工资后,经济待遇会下滑,特殊"福利"会消失,特别是部分准备结婚、暂时处于两地分居状态的干部担心现行部队政策制度调整,无法享受现有家属安置等政策待遇。部分年轻干部担心军改不顺畅、体制接合配套不紧密,个人成长进步受到影响。

  (2)影响现役士兵适应性的主要因素有如下三个方面。

  一是美好憧憬和自我否定相互交织,思想压力较大。组织变革,百年一遇,由现役士兵直接转改为行政机关公职人员,美好愿景就在眼前,而内部招录更是一次人生机遇,大部分士兵都希望能够通过考试获得编制内工作,期待心理非常强烈。但是士兵群体普遍学历较低,基础薄弱,个人学习能力和学习效率不强,持续高强度学习和择优录取的竞争环境给士兵的身心带来巨大压力,部分士兵的情绪出现较大波动。

  二是政策解读力度不足,改革教育的实效性不够凸显。随着改革进程的推进,各项改革政策相继出台,虽然相关组织通过文件学习、会议传达等途径对士兵招录的相关政策做了解读,但是效果不佳,部分士兵仍然通过微信、微博等非官方途径获取各类改革、招录消息,在适应过程中更为关注招录考试什么时候开始、以什么形式组织、录取比例多少等关键信息,在权威部门尚未出台明确政策期间,各类思想顾虑较多。

三是个人能力遭遇政策分水岭,底气不足引发焦虑。由于此次组织变革边检站统一转改为国家移民局下属机构,组织机构确定,工作性质明确,因此,转改士兵对转改后的工作性质疑虑较少。根据招考政策,高中(及同等学力)以上毕业的士兵可以根据本人文化程度情况自行决定是否留在本省或是调剂到云南、新疆、西藏等地,若成绩达到本省内部公务员招录线,则转改为公务员,若未达到公务员招录线,则转改为事业编工勤人员;高中以下学历士兵有两种选择,一种是根据本人文化程度情况,在招录前提交申请调剂到云南、新疆、西藏等地,根据各调剂地的划定分数线进行招录,但五年内一般不跨地调动,另一种是选择留在本省转改为事业编工勤人员。部分学历不高、学习能力不强的士兵担心考不上本地招录分数线,被划分为事业编工勤人员,以后得不到同等待遇;申请调剂的士兵又怕去边远艰苦地区受苦,以后没有办法调出,这批群体思想顾虑双重叠加,在备考阶段出现了情绪异常焦虑的现象。

四、组织体制变革中人员身份转变适应性的优化路径

(一)加强信息公开以提升变革认知

通过对办公场所、营区环境张贴、悬挂改革标语等加强宣导变革,提升变革参与者的思想认识。积极的变革氛围可以通过提高员工的工作效率,增加员工的工作满意度和幸福感,降低变革带来的压力感,从而提高其变革承诺。[1] 组织通过持续不断地宣传和强化变革理念、变革愿景、变革思路等关键信息,以减少参与者对组织变革不确定性的担忧,并彻底改变参与者的观念和认知,从而增强参与者对变革的信心。

(二)注重思想认同以强化职业认知

转改军人要综合考虑职业角色定位,准确评价个人能力特点,建立符合自

---

[1] 柏帅蛟、井润田、陈璐、李贵卿:《变革氛围感知和变革承诺:一个调节模型》,《管理评论》2017年第7期,第113—121、134页。

身实际的职业发展规划。年轻干部及新招录群体,要善于结合工作实际进行自我审视,在正确评判自身专业特长、全面把握自身能力结构中找准职业定位、合理规划人生。理性看待组织提供的发展条件、晋升空间及社会环境给予的支持和制约因素,在进与退的选择中,在职业发展与职业倦怠的矛盾中,理智综合考虑个人与职场等因素,合理分析利弊得失,最终做出符合本人实际与理想的职业选择。单位组织部门要根据不同群体的特征,定期分析转改人员的思想状况,及时发现苗头性、倾向性问题,以增强思想工作的预见性和主动性,并根据不同阶段转改人员存在的思想问题,有针对性地制定相应对策措施,及时、高效、快速地跟进教育引导。

(三)保障福利待遇以落实优待政策

首先,可以在完善政治待遇上下功夫。对外,要加强与地方政府的汇报沟通,增强新闻宣传力度,提升边检人员的社会政治地位。对内,要充分运用政治荣誉的激励作用:对工作成绩显著、能力表现突出的,通过报功、晋升等方式进行激励表彰;对综合素质全面过硬、发展潜力好的干部要积极搭建成才进步平台,帮助其实现人生价值。其次,可以在保障工资待遇上做探索。要积极改善当前工资待遇严重不协调的现状,尽早探索出台提高薪酬待遇的保障机制。最后,要在保障正当权益上做努力。落实年休假制度和体检制度,实施加、值班补休补贴制度,从生活、身心健康等方面体现关心爱护。严厉打击侵害转改军人合法权益的行为,进一步规范执勤执法场所设置,完善仪器设备配置,有效保障执勤人员执法的公正性和合理性。进一步改善边检执勤现场工作、休息环境,加强人文关怀,构建和谐工作氛围。

(四)完善组织制度以提升工作活力

首先,对转改军人而言,要把加强学习当成一项政治责任和一种精神追求,在常学常新中加强理论修养,在学思践悟中不忘初心使命,在细照笃行中不断修炼自我;[①]要在紧迫的边检业务工作岗位需求形势下,进一步树立职业紧迫感和危机感,主动优化整合知识结构,提升职业核心能力。其次,对组织

---

① 人民日报评论员:《加强理论修养 不断修炼自我——论学习贯彻习近平总书记在中青年干部培训班上重要讲话》,《实践》(党的教育版)2019年第4期,第1页。

而言,要定期开展边检业务培训,实时拓展转改军人对行业知识和行业技能的新素养,促使其实现职业适应性与边检工作要求无缝对接;要积极为转改军人提供外出学习考察机会,进一步拓宽他们的眼界思维。最后,对转改士兵群体而言,一方面,士兵群体自身要积极通过自学、函授等手段获取更高学历、考取外语能力等级证书和执法资格证书,提升职场竞争力;另一方面,组织要进一步完善考核、工资、晋升、奖惩等激励机制,有效提升边检工作的活力。

[论文指导老师:李瑞昌]

组织支持感对海关人员工作投入的影响及其对策研究
——以广州海关为例

韦 杰[*]

【内容摘要】 海关是公务员序列中一个比较特别的群体,海关直属于中央,采用垂直管理体系,不隶属于任何地方政府,但与地方外贸经济休戚相关。近些年来,在国家深化改革的大背景下,海关不断推进各种深化改革的措施,不仅改变了海关整个业务运行机制,还改变了全国海关的人力资源布局和工作模式,为关警员带来前所未有的挑战。现行海关队伍管理更注重组织要求和组织目标,但容易忽略关警员面对各种指令的体验和对于组织的感受。本文以广州海关的关警员为样本,研究关警员对组织支持感(价值认同、工作支持、利益关怀)与工作投入程度(专注投入、工作活力、尽职奉献)之间的关系,并以此为基础系统探讨海关组织对成员的激励策略:通过建立一套海关特色的绩点考核体系,运用大数据技术,统筹关警员职业发展、援助项目、弹性福利和优化内部管理,以期更好地实现组织目标,激发队伍活力。

【关键词】 组织支持感;工作投入;海关人员

一、问题提出与文献回顾

随着我国对外贸易的不断扩大,海关机构融合和通关一体化等改革的纵深推进,全国海关的工作模式和人力资源布局都发生了天翻地覆的变化,每一个海关工作人员都面临前所未有的压力和挑战。海关人员必须面对不断加重的工作压力、持续适应的改革创新、不断调整的岗位规范、跨城市交流的忧虑

---

[*] 韦杰,2019届MPA毕业生,就职于广州白云机场海关。

以及职业晋升天花板等难题,学习能力下降、敬业程度下降、离职比率提升、工作绩效难以提高等现象较为突出,呈现"上热中温下冷"现象。近年来,海关在组织保障和组织激励方面做了不少工作,但在政策制定和执行方面,仍以组织意志为先,以组织目标的实现为标准,对于一线海关人员的获得感和个人需求关注较少,以人为本的关怀式管理不足,成员对政策缺少良好的感受。本文从组织支持理论的视角,研究当前组织支持感对关警员工作投入度的影响和交互作用分析,结合公共管理学、组织行为学、心理学等相关理论,提出对应的组织激励策略和完善管理的建议,以期更好地激励关警员主动干事创业,激发海关队伍活力和正能量。

在影响组织支持感的因素方面,有三个重要的变量:组织公平、上级支持、待遇好的工作条件。① 研究表明,如果员工知觉到组织给予其这三种形式的良好对待,会对员工组织支持感的增强起重要的作用。国内专家凌文辁根据我国各类企业组织支持的不同情况,将组织支持结构定义为三个维度:工作支持、价值认同和利益关怀。② 该维度结构目前被广泛应用于国内的组织支持感研究中。本文以凌文辁的组织支持量表③和维尔马尔·斯考弗里(Wilmar Schaufeli)等的工作投入量表④为基础,根据海关公务员队伍的管理实际微调后并进行分析,具体框架如图1。

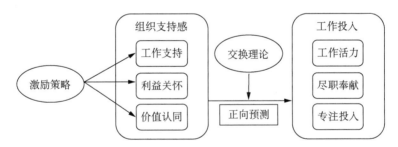

图1　组织支持感中介作用下的激励作用线路图

---

① Justin Aselage and Robert Eisenberger, "Perceived Organization-support and Psychological Eontracts: Atheoretical Integration", *Journal of Organizational Behavior*, 2002, 24(5), p.491.
② 凌文辁、杨海军、方俐洛:《企业员工的组织支持感》,《心理学报》2006年第2期,第281—287页。
③ 同上。
④ Wilmar Schaufeli, Marisa Salanova, Vicente González-rom and Arnold Bakker, "The Measurement of Engagement and Burnout: A Two Sample Confirmatory Factor Analytic Approach", *Journal of Happiness Studies*, 2002, 3(1), pp.71-92.

二、数据分析与研究验证

本研究采用问卷调查的方式,在研究个案所在的广州海关范围内22个职能处室和23个基层海关中随机发放问卷,共收回问卷490份。

本研究收集的广州海关490份样本,占广州海关在编人数的13%。其中,样本中的男女比例、年龄分布、学历分布、职务分布和广州海关的总体情况相一致,样本充分且分布广泛。本次调研的受访者以基层关警员为主,占76.1%;基层关警员中,又以业务和一线执法岗位关警员为主,占58.2%,说明人力资源的配置已逐步向基层倾斜。具体统计分布情况详见表1。

表1 调查样本人口统计数据分布情况一览表($N=490$)

人口统计学变量	可选项	频次(人)	百分比(%)
性别	男	265	54.08
	女	225	45.92
年龄	25岁以下	20	4.08
	26—30岁	68	13.88
	31—35岁	64	13.06
	36—40岁	115	23.47
	41—50岁	153	31.22
	51岁及以上	70	14.29
教育程度	大专及以下	60	12.24
	大学本科	373	76.12
	硕士研究生	56	11.43
	博士	1	0.2
工作年限	5年及以内	81	16.53
	6—10年	65	13.27
	11—20年	180	36.73
	21—30年	108	22.04
	30年及以上	56	11.43

续 表

人口统计学变量	可选项	频次(人)	百分比(%)
婚姻状况	已婚	391	79.8
	未婚	72	14.69
	其他	27	5.51
职务职级	科员及以下	61	12.45
	科级非领导	226	46.12
	科级领导	163	33.27
	处级非领导	7	1.43
	处级领导	30	6.12
	厅级非领导	1	0.2
	厅级领导	2	0.41
部门性质	总关(缉私局)机关岗位	79	16.12
	总关(缉私局)业务岗位	38	7.76
	基层海关非业务机关岗位	88	17.96
	基层海关业务职能岗位	125	25.51
	基层一线执法岗位	160	32.65

为更直观地分析表1中有关数据的分布情况,以年龄结构和职务职级结构为例,通过分布图(如图2所示)形式做简要分析如下:被试对象中36—50

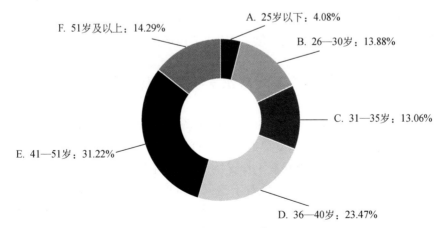

图2 年龄结构分布图

岁占比高达近55%,25岁以下的比例仅占4.08%,这两个年龄段的比例及其他年龄区段的比例均基本与广州海关总体比例保持一致。这说明本调查问卷的发放年龄层次分布均衡,作为样本数据针对年龄的区别化分析时比较有说服力。

在被试对象中,职级以科级干部为主,领导干部和非领导干部合计占近80%,职级越高,比例越小(如图3所示)。这与公务员系统职级呈金字塔形结构的实际相符。

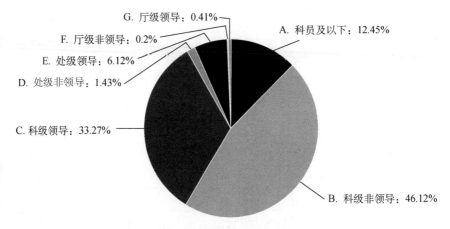

图3 职务职位结构分布图

从问卷结果看:广州海关关警员在组织支持感和工作投入方面的自评得分均处于较高的水平,可见广州海关组织对成员的关怀和支持获得较高的认可;得分略低的项目为利益关怀和专注投入,利益关怀主要受成员对晋升制度指标的影响,专注投入主要受持续工作指标的影响。

(一) 人口统计学变量对组织支持感的影响分析

在人口统计学变量影响度方面,本研究采用最常用的单因素的方差处理,研究人口统计学变量与组织支持维度之间的关系。在5%的显著性水平之下:不同性别、职务职级的关警员在工作支持、利益关怀和价值认同三个方面均存在显著差异;是否已婚、学历高低对于这三个维度几乎没有影响;部门性质对于价值认同是表中一致性最高的,可以看作完全没有影响。初步分析性别因素差异,可能与海关公务员职业的身份有关。海关内的女性关警员对组织的工作氛围、管理制度、收入状况、职业认同、休假保障等各方面都较男性有更高评价,由于晋升机制越向上越向男性倾斜,收入是"铁饭碗",因此女性对于这类的诉求总体上低于男性,她们对于人文关怀的需求更高,对于工作环境更容易满足。详见表2。

表2　人口统计学变量对组织支持感的影响一览表

	性别	年龄	教育程度	工作年限	婚姻状况	职务职级	部门性质
组织支持感	0.014*	0.140	0.248	0.110	0.814	0.006**	0.514
工作支持	0.033*	0.096	0.441	0.199	0.681	0.016*	0.090
利益关怀	0.005**	0.497	0.330	0.125	0.788	0.020*	0.098
价值认同	0.036*	0.096	0.143	0.099	0.869	0.004**	0.998

注:(1)本表是将各维度单因素方差分析获取的数据进行汇总制作而成,表中数据字为显著性水平的数值;(2) * $p<0.05$ 代表显著,** $p<0.01$ 代表非常显著。

数据显示,职务不同的海关人员对于工作支持、利益关怀维度的感受有明显的差异,在价值认同方面更是有非常显著的差异(见表3)。总体呈现哑铃型分布:厅局级、处级、科级非领导、科员的认可度较高;处于中间层的处级非领导职务和科级领导职务,在各维度的感受得分均处于最低和次低的水平。

表3　不同职务职级对组织支持感的影响方差分析表

类别	人数 N	平均值(标准差)		
		工作支持	利益关怀	价值认同
科员及以下	61	3.925(0.836)	3.836(0.861)	3.901(0.809)
科级非领导	226	3.844(0.765)	3.685(0.840)	3.802(0.782)
科级领导	163	3.706(0.767)	3.645(0.757)	3.717(0.729)
处级非领导	7	3.714(1.311)	3.214(1.332)	3.464(1.280)
处级领导	30	4.261(0.439)	4.166(0.481)	4.312(0.468)
厅级非领导	1	4(.)	3.833(.)	3.875(.)
厅级领导	2	4.357(0.101)	3.916(0.117)	4.437(0.265)
总体	490	3.834(0.776)	3.714(0.813)	3.815(0.771)
方差齐性检验		0.012	0.002	0.03
F值		2.640	2.529	3.203
显著性		0.016*	0.020*	0.004**

注:* $p<0.05$,** $p<0.01$ 双侧检验。

较高级别的厅局级领导干部,组织提供的福利待遇、培训机会、考核奖励、设备供给等有一定倾向性,支持和保障更加充足,与实际情况相符。而对最年轻的科员群体,由于处于人生奋斗与上升阶段,不计较得失,对于组织支持的感受特别明显,而且海关内对年轻人的培养和激励也是不遗余力的。值得关注的是科级领导干部和处级非领导干部这两个群体。科长、副科长是部门执行机构中最直接指挥的节点,他们承担的任务重、责任大、要求高,因此对于组织在工作上的支持是最迫切最渴望的,他们对于工作支持、晋升诉求、培训需求、合理制度、奖惩公平、职业平台都提出了更高的要求,但均未得到满足,因而目前对这些方面状况的认可度均较低。处级非领导干部主要包括三级专家、纪检监察特派员、团级军转干部,他们有较深厚的工作积累和较丰富的业务经验,年龄不小但工作自主权不高,承担技术支持、风险监督、辅助决策的任务,对组织关心困难、晋升途径、培训教育方面都有较强烈的诉求而未得到满足,因此对组织支持的认可度更低。另外,科级领导干部、处级非领导干部在"晋升机制"方面认可度在各职务层次最低,也是21个题项中最低的,亟待职务晋升。

(二)人口变量对工作投入的影响分析

研究表明,不同年龄、工作年限和职务在工作投入度量上有非常显著的差异。组间比较显示,年龄因素在活力、专注方面具有非常显著的差异,而在奉献方面差异不明显,且得分较高。这说明海关队伍中,不论年龄大小,都怀有一份爱岗敬业的赤诚,但是客观条件决定了不同年龄的活力和专注有明显区别。年龄在51岁以上的,无论是活力还是专注程度,都是各个年龄段最好的。这有别于一般认知。初步分析原因:年龄偏大的部分领导职务,奉献精神会更好;大龄一般干部已临退休,组织通常比较人性化地安排相对难度较小的工作,对科技、创新需求小的工作;这部分同志的工作经历与改革开放的经历同步,都能吃苦耐劳,为站好最后一班岗,在家庭经济负担较小、子女已经长大成人的情况下,反而最能全身心投入工作。31—35岁、36—40岁这两个年龄段的干部活力和专注度较低:一方面,他们的成长处于科技快速发展的年代,他们比较熟练掌握各种技术应用,而且10多年左右的工作积累是技术和业务结合的黄金年龄,组织会更多地安排急难险重的任务,因此工作压力偏大;另一方面,这部分人群处于成家立业的关键时期,照顾子女和家庭的压力同时存在,精力被分散,活力和专注度略有消减。另外,30岁以下的年轻人处于奋斗上升期,41—50岁人员的子女相对独立,他们的家庭负担减轻,因此工作的活力和专注得分也相对高一些。详见表4和图4。

表4 人口变量对工作投入的影响一览表

	性别	年龄	教育程度	工作年限	婚姻状况	职务	部门性质
工作投入	0.080	0.000**	0.482	0.001**	0.764	0.002**	0.877
工作活力	0.161	0.000**	0.422	0.002**	0.400	0.019*	0.702
尽职奉献	0.010**	0.075	0.205	0.010**	0.998	0.004**	0.319
专注投入	0.337	0.000**	0.924	0.002**	0.872	0.000**	0.538

注:(1)本表是将各维度单因素方差分析获取的数据进行汇总制作而成,表中数字为显著性水平的数值;(2) *$p<0.05$代表显著,**$p<0.01$代表非常显著。

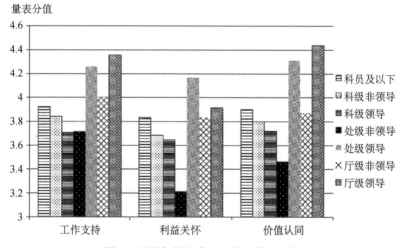

图4 不同年龄层次工作投入情况一览

由此可见,随着年龄的增长,海关关警员出现个人期望和职业倦怠的不断变化,活力与专注会呈现反抛物线式的逐渐提升,也验证了中国"四十而不惑,五十而知天命"的传统思想。

不同职务在工作活力维度上的差异较大,在尽职奉献和专注投入维度上的差异非常显著。除了厅局级个别维度外,处级领导干部在三个维度上的评价均远高于其他职务层次。处级领导干部作为一个部门的带头人,敬业程度很高,自觉加班、塑造互助氛围、锲而不舍完成任务和沉浸工作几个项目得分均远高于其他职务层次。科级领导干部在专注投入方面得分最低,在工作活力方面得分第二低。存在这种情况的原因可能与科长的权责匹配不一致有关。科级领导权力不算大但工作压力较大,被问责的可能性也较大,而绩效激励不够,如前文所述对晋升机制的评价最低,因而,在晋升机会不足的情况下,科级领导干部的活力在各职务层次中最低。换个角度,从投入产出比的角度看,科级领导是性价比最低的职务层级。另外,处级非领导干部在尽职奉献方面得分最低,在专注投入、工作活力方面得分在各职务层次中均最低。

(三) 组织支持感和工作投入的相关性和交互作用

1. 组织支持感与工作投入相关性分析

通过"Pearson"相关性分析,记录样本中各维度间的相关系数。数据显示,组织支持感与工作投入的相关系数为 0.717,属于强相关①,组织支持感与工作投入各维度均正相关,其中与活力维度、专注维度是强相关,与奉献维度是中等偏强相关。

2. 组织支持感与工作投入程度的回归分析

本文把工作投入度及其三个维度分别作为因变量,把组织支持感知的三个维度作为自变量,使用多元回归分析中的逐步回归的统计学办法,研究它们之间的关系,搭建的回归分析框架如图5所示。

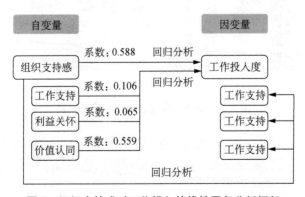

图5 组织支持感对工作投入的线性回归分析框架

---

① 根据一般研究的看法,相关系数为 0.8—1.0 属极强相关,0.6—0.8 属强相关,0.4—0.6 属中等程度相关,0.2—0.4 属弱相关,0.0—0.2 属极弱相关或不相关。

以组织支持感程度作为自变量、工作投入度作为因变量,利用线性回归分析方法,对回归方程的模型进行拟合,回归分析详见表5。

表5 组织支持感与工作投入度的回归分析

变量	非标准化系数		标准系数	t	Sig.	VIF
	B	标准误差	试用版			
(常量)	1.869	0.100		18.664	0	
组织支持感	0.588	0.026	0.717	22.699	0	1.000
R^2	0.514					
调整 R^2	0.513					
D-W 值	1.951					
F 值	515.242					
P 值	0					

注:* $p<0.05$, ** $p<0.01$ 双侧检验。

由表5可以得出结论(略去论证):组织支持感的程度对工作投入有很好的正向预测作用。把这种回归结果转为公式表达,即:

工作投入度 = 1.869 + 0.588 × 组织支持感

依此类推,我们可以通过线性回归的方式,把组织支持感的三个维度的影响因素都拟合出来,转为公式表达:

工作投入度 = 1.805 + 0.559 × 价值认同 + 0.106 × 工作支持 + 0.065 × 利益关怀

由公式可以看出,组织支持感的三个维度的影响权重是不一样的:价值认同对于海关关警员的工作投入度影响最大,权重超过50%;利益关怀权重最低,不到10%;三个维度的影响权重排序为价值认同>工作支持>利益关怀。

三、研究结论与分析

通过前文的实证研究,本文分析了海关关警员组织支持感和工作投入情况的现状,也论证了组织支持感和工作投入之间存在的正相关关系。

(一)海关关警员组织支持感方面反映的问题

1. 绩效考核不够科学,降低了关警员的工作支持感受

年度考核结果运用出现趋同化现象,绝大多数人员的考核结果都集中在"称职",而优秀的评定除客观因素之外还有很多照顾情节,反映不够客观,尤其是目前评定职务与评优和考核等次挂钩之后日趋明显,有的部门还出现优秀指标平衡轮流评优的情况,弱化了考核本应起到的激励功能。另外,职能部门奖励数量远高于基层,也挫伤了基层的积极性,难以达到良好的激励效果和示范效应。

2. 培训供给不足与组织工作要求不匹配,关警员对培训认可度不高

随着海关通关多项改革的深入推进,海关很多业务领域的理念、流程和法规都发生了重大的改变,对关警员知识结构的更新迭代要求越来越高。对部分年龄偏大的关警员而言,存在知识和能力的短板,对一些新业务存在知识真空地带,现有的培训机制还不够完善,培训安排不注重覆盖面,选派人员不均衡,一些专业性强的业务缺少"传、帮、带",一些岗位只靠口口相传,没有成体系的规范培训教育,导致人员工作能力和工作规范性无法匹配组织要求。

3. 晋升渠道不足导致关警员工作期望值下降,利益关怀感受度降低

目前,关警员的职务晋升渠道比较单一。一是海关领导职务的有限性和关警员个人需要间存在严重的矛盾,职业"天花板现象"仍然存在。二是海关系统缺少职位分类管理的制度,单一的行政晋升渠道不能满足业务技术类人才的发展。三是领导干部"能上不能下"的局面没有改观,造成部分领导工作缺乏动力和主动性。

4. 人力资源调配缺乏人性化统筹管理,降低了关警员对利益关怀的感受

一是干部异地交流制度带来生活压力。异地交流的关警员远离家庭和熟悉的朋友圈,外部支持性环境减弱,要么每天上下班舟车劳顿,要么异地交流过"周末夫妻"。问卷数据显示,干部交流问题已成为仅次于福利待遇外最受关注的问题。二是岗位设置、职责规定与人力资源配置不同步,以权力制衡为由安排多人从事工作量极小的事项,忙闲不均现象严重,岗位适配统筹方面还有很大提升空间。

5. 内部管理目标缺乏科学高效的追求

关警员认为海关内部管理需要改进的问题如下。一是形式主义比较严重,凡事要求留痕管理,大量的人力物力耗费在内部管理的形式要求上。二是部门间内耗较大,业务结合部的责任归属经常争执不休,行政成本和时间成本较高。三是内部管理执行过程缺乏统筹,扎堆检查、扎堆培训层出不穷,人力资源被低效的统筹管理手段损耗严重。

6. 收入待遇虽然近年来得到改善,但仍是全体关警员最高期待的利益关怀选项

组织为改善关警员的福利待遇得到广大干部的高度认可,但在后续的问卷中"提升收入和福利待遇保障"在关警员最希望的选项中高居榜首。由此可见,福利待遇始终是关警员关心的切身利益问题之一,也是海关队伍管理一项永恒的课题。

(二)海关关警员工作投入方面反映的问题

1. 休假保障的重要性凸显

尽管海关关警员工作投入程度已处于较高的水平,但不论性别、学历、年龄、职务,对于带薪假期的需求都非常多,尤其是年龄40岁以下、处级及以下非领导职务、科级领导职务以及基层一线执法岗位更突出。可见,工作压力越大,海关人员对带薪假期的需求越强烈。这是因为带薪假期能缓解繁重工作带来的疲劳,有益于身心健康。从实践经验来看,刚刚休完带薪假期后的关警员的工作投入度都比较高。

2. 缓解压力缺乏有效渠道

据统计,35岁以下的关警员,厅级领导、科级领导和科员以下职务的关警员的自我缓解压力的水平较低,职位使命和责任、工作任务和绩效都对此有影响。适当的工作压力可以促进工作绩效提升,但过大的工作压力不利于关警员的身心健康,即,工作压力和工作绩效呈现倒U形曲线。因此,适当的压力缓解渠道对于每个关警员都是必要而且应该由组织统筹考虑的。

3. 工作能带来的快乐受到某些因素限制

通过交叉分析,工作中导致快乐受限的因素有:一是会议和文件过多,造成关警员疲于应付;二是内部管理不够科学,被试人员提出"少点形式主义""少点折腾""简化办事流程"的心声;三是岗位匹配度不够,关警员希望工作岗位能发挥自己的长处,认为这能有效提高关警员的价值认同感受,能发挥自己长处的工作岗位才是能带来工作快乐的工作。

四、对策建议

海关公务员既是"经济人"(追求个人利益),也是"政治人"(重视政治前途),还是"公利人"(乐于服务公众),具有"复杂人"特性。因此,对公务员的激励机制需要根据公务员的人性特征做多方面的考虑,[①]需要同时考虑物质激励与精神激励、正面激励与负面激励、外激励与内激励。基于上述研究分析,笔者重点应用"双因素理论"和"推拉理论"设计海关关警员的激励策略框架。

(一)建立基于大数据下的个人发展行动计划

应该通过整合优化现有的人事、教育、考勤、出境等多个系统,对关警员每个人的成长路径、职业发展、教育培训等量身定做一套动态化管理系统,参照高等学校的绩点管理模式,按照海关管理要求制定规则并建立数学模型,运用大数据应用和数学模型设计搭建一套公务员绩点系统,据此自动匹配统筹关警员的培训建议、岗位交流、晋升晋级、福利保障等,针对每个关警员制定一个量体裁衣式的全方位发展规划。

1. 通过科学的培训体系促进人才增值

学习大型企业关注员工职业生涯发展和组织长远发展的做法,重点挖掘关警员的综合素质潜力。教育部门应根据每个人的岗位性质、年龄区段和职务级别,建立个人培训档案和线路图。一是通过大数据应用,评估关警员的强项和弱项,并根据个性、兴趣和特长为其进行发展趋势的设计,采取相应的教育培训,发挥个人特长。二是建立职业增值培训机制。培训从组织端菜变成关警员点菜,实行"按需施教",既设置必修培训课程,也提供"菜单式"自选培训课程。三是培训从知识型向能力型转变,扩大培训内容。通过问卷了解,关警员对于学习知识和技能的需求最为强烈,其次是心理调适、自我认知和前瞻科技等,也更认可案例教学、实地答疑和外出交流等实践性更强的形式。

2. 建立更科学的发展渠道,助力关警员职业规划

一是将公务员分类管理和分级管理相结合,拓宽关警员的发展渠道。按

---

① 陈玲:《公务员激励机制研究——模型与实证》,《公共管理学报》2005年第2期,第87—91、96页。

照行政管理、专业技术、现场作业等不同类型予以区分,有效"分流"行政职务的竞争压力,使行政管理和专业技术等不同类型的人才各得其所。二是增加与行政职务完全脱钩的专家序列,不占用非领导职务的编制,新增专家补贴和课题研究经费,专家除了指导业务外,承担课题研究和人才梯队建设任务,并列席专项业务的党组会和班子会议,在重大决策和重大业务改革中有建言献策的权利。行政和专家有各自独立的职务序列和晋升渠道,并可相互转任,让海关优秀的人才在行政职务以外找到职业发展的前景。

3. 完善绩效考评和激励机制

一是拓展平时考核的应用,综合上级评分和平级同事评分加权计算考核评价,避免领导说了算的局面。考核结果计算为"绩点",用于干部个人发展或援助等项目,发挥考核评价体系的正面引导作用。二是丰富奖励内容,争取海关所在省、市、区更多的表彰奖项,丰富海关荣誉体系范围和受众;重视参与式管理的激励,搭建建言献策的公共平台,关警员提出的合理化建议得到组织采纳可给予适当奖励。三建立立体化激励方式,引入在企业中流行的薪酬激励(绩效奖)、培训激励、休假激励等激励方式。对于绩效好的关警员,通过提供综合性脱产培训或更多带薪休假予以奖励。

4. 建立更加科学的人力资源安排和岗位匹配制度

一是建立人力资源动态分析模型和调剂机制。通过 HB2012、H2012 等海关信息化系统,统计岗位的工作量情况,运行大数据分析,实现人力资源动态调配;对工作负荷过小或过大的岗位进行提示,由所在部门对岗位任务进行微调,累积提示较多的部门则统筹增补或调减人力。二是建立科学有效的岗位匹配制度。可通过"个人发展行动计划"对关警员的学历、能力、经历和特长等偏好分析,按数学模型计算匹配的岗位,供部门安排工作时参考。同时给予每个干部一定限制下的自由选择岗位的权利,可通过消耗绩点满足岗位交流申请,避免干部长年从事不喜欢的岗位而产生职业倦怠。

(二)建立海关特色员工援助计划

1. 建立医疗援助计划

扩大和完善关警员的重大疾病救助基金范围,提供相关援助。与外部众筹公司建立合作备忘录,对内部无法解决的困难援助通过众筹公司借助社会力量进行众筹援助,同时,通过"阳光链"公开援助、互助的捐赠记录、资金流向。

2. 建立心理援助计划

一是请高校或医院专家举办心理学讲座,提供心理学专业量表工具,提供心理咨询,帮助关警员了解自身心理健康状况,提升个人心理管控能力。二是通过专项培训提升领导者的洞察力和丰富心理疏导手段,使上级善于掌握并解决下级的心理问题;在工作地点设立可供关警员放松心情、缓解压力的场所。三是建立心理危机预防网络,定期提供关警员心理健康水平的分析评估报告,为管理层提供决策参考。

3. 建立岗位交流援助计划

建立岗位交流监控平台,对于干部交流可分为主动交流和被动交流。主动交流指因家庭困难或其他原因主动申请的交流,被动交流指同一部门时间较长、高风险岗等组织安排的交流。设置交流评估指标,按照困难情况、距离远近、交流年限、健康状况、风险高低等计算评估指标并动态调整,指标一旦达标即列入待交流库,由组织统筹分配安排新岗位。被动交流采取就近交流模式,给予关警员更多的家庭时间,体现组织的人文关怀。

4. 建立福利援助计划

问卷调查显示,关警员对子女入园、入学和大病就医帮扶的需求强,甚至排在职务晋升之前。建议由海关职能部门或工会牵头与地方政府、银行、保险公司等协商,提供机关幼儿园、优质小学,助力投资理财增值,办理更优惠的保险产品等保障性援助项目,体现组织对广大关警员的关心关爱,增强关警员对组织的价值认同。

(三)探索弹性的海关薪酬体系

海关属于国家公务员薪酬体制序列,在现有薪酬基本结构的前提下,仅对少部分可调节的薪酬进行讨论。

1. 解决同城不同酬、同关不同酬的问题

建议应由人事和财政部门摸底地方公务员的绩效工资标准,争取预算支持,参照地方标准对关警员计发绩效奖;对于按组织要求跨市区交流的干部,通过公用行政性经费,对交流干部的伙食、交通、住宿等给予一定的补助,解决交流到山区收入更低的问题。

2. 薪酬部分应体现工作绩效

现行工资制度主要起到保健作用,并没有很好的激励效果。如海关顺利推广平时考核,则绩效奖励应与平时考核结果挂钩,应更能体现海关关警员的工作绩效的投入产出效果。初步试行时弹性不宜太大,考核更加科学时再扩大差距,这样更显公平。

3. 建立多元化保障性福利

应拓展多元化的福利保障形式,并实行"自助餐式福利制度"。引入培训激励、休假激励、保险激励、援助入园入学等激励方式。绩点可换成福利点数,关警员自由选择自身需要的福利。例如,一名关警员工作绩点有 10 分,可以换算成 10 个福利点数,每 1 点可以兑换 1 天额外带薪假期,每 2 点可以兑换一次综合性脱产培训,每 5 点可以兑换人身意外保险一份,每 10 点可以兑换一次援助入园入学机会一次。弹性福利可提升关警员对组织价值观的认同和归属感。

(四)提升行政运行效率和内部管理效能

1. 精简会议和文件

一是充分利用科技和网络,发挥电视电话会议和移动办公远程会议的功能,节约会议的路程时间和成本。二是进一步压缩会议时间,限定发言时长。三是以清单式的任务分派替代原有机关作风文书。四是调整海关政务办公系统(HB2012),普通阅件不再需要各级转发或单独办结。

2. 建立全关统筹的管理工作日历

建议总关统一建立一个协同机制——"公共日程表"统筹安排职能部门的各项工作,在 HB 桌面便捷开启,合并不同部门同一主题的工作,如检查、督导、调研、报材料等,实现同一事项合并办理。

3. 通过系统智能化辅助功能提升工作规范化

海关各类系统缺乏互联互通,有效资源没有更好利用,导致关警员在工作中的信息支持和风险提示不足。在"智慧海关"建设中,首要任务就是建立一个以岗位分类为基础的配套辅助智能化支持系统,通过辅助系统建立标准化作业模式,为关警员工作提供程序保障,既能优化流程、提高效率,又能减少执法和廉政风险。

4. 建立关警员容错保护机制

对于改革中因缺乏经验和先行先试出现的错误、上级无明确限制的探索性试验中的失误、推动发展锐意进取的无意过失,定性为可容错的内容,按照干部任免权限,明确海关各层级事权范围内的容错机制执行权。

[论文指导老师:唐贤兴]

大企业纳税遵从度及其税收管理研究

——以苏州高新区国税局为例

郁顺莉[*]

【内容摘要】 随着我国经济崛起,大型企业蓬勃发展,为我国国民经济和税收增长作出了重要贡献。大企业因税收贡献大、税收事项复杂等特点,成为各个地区税收管理的重点和难点,直接影响一个地区税收收入的可持续发展。大企业的税收管理归根结底就是对其纳税遵从度的提高,研究并提高大企业的纳税遵从度对于保障财政税收、促进经济发展至关重要。本文以纳税遵从作为研究焦点和分析视角,以苏州高新区国税局下辖的大企业为研究对象,通过问卷调查、深度访谈、统计分析等方法,实证性地回答大企业纳税遵从三个方面的核心问题:(1)大企业纳税遵从情况如何?(2)哪些因素影响大企业纳税遵从?(3)如何提高大企业纳税遵从度?由此系统探讨大企业纳税遵从的机理,为税务机关促进大企业税收管理实践提供依据和参考。

【关键词】 大企业;税收管理;纳税遵从

一、研究背景及文献回顾

自 1994 年我国实施新税制以来,税收征收管理力度不断加大,税款收入实现逐年大幅度增长,社会民众对纳税行为的重视程度日益提高。然而,我国作为世界上最大的发展中国家,各项制度仍待完善。近几年来,我国每年因各种偷税、逃税、骗税、越权减免税等造成的税收流失相当严重。在 2015 年重点税源企业随机抽查中,共查补收入 163.08 亿元,呈逐年递增趋势。2015 年,全国各级税务稽查部门共检查各类纳税人 39.8 万户,实现稽查查补收入 1 916

---

[*] 郁顺莉,2018 届 MPA 毕业生,就职于国家税务总局苏州国家高新技术产业开发区(苏州市虎丘区)税务局。

亿元,创历史新高。2015年,江苏省对某企业反避税调查补征税款及利息合计14.24亿元,刷新全国反避税单案补税金额纪录。① 可见,探讨大企业纳税遵从情况并提高其纳税遵从度是税务机关无法回避的重点工作。

通常而言,纳税人的纳税遵从行为是指纳税义务人遵循国家法律法规指引,按期、足额缴纳税款,履行财税报表的申报义务,服从相关部门及执法人员征收管理的相关行为。张春光认为我国大企业纳税遵从有两个特性,一是大企业税收遵从度一般大于中小型企业,二是大企业之间的税收遵从差异较大。大企业纳税不遵从的原因之一就是大企业税收征管中存在的各项问题。他提出目前尚未真正建立大企业税收专业化管理机制。② 关于纳税遵从类型,学界一般认为有登记遵从、申报遵从、纳税遵从、其他遵从四类。大企业内部制度健全,在登记、申报和纳税等常规涉税业务中比中小企业表现良好,但在一些特殊业务(如国际税收和集团交易、税收优惠)方面遵从差异较大。马国强对纳税遵从缘由进行了总结分类,指出纳税人遵从行为主要包括防卫性遵从、习惯性遵从、忠诚性遵从等,进而他认为决定纳税遵从有五个要素:税收观念、税收知识、税收制度、税收程序、税收处罚。③ 李大明和刘军将我国纳税遵从行为的影响因素系统分类,总结了征管因素、纳税者因素、社会环境因素、国家因素四大类,并针对性地提出对策建议。④ 张艳江和梁俊娇在借鉴国外经验的基础上,提出适合我国国情的大企业税收管理建议,包括专业化的管理制度、管理机构的职能界定、税收风险识别应对、网络信息平台的建设以及专业化人才队伍的培养等。⑤

综合文献研究,本文发现,大企业纳税遵从主要受外部因素和内部因素影响。内部因素包括内在价值取向,即对税收的认可及其行为惯性,以及企业的内部控制水平;外部因素包括社会环境、征管水平和国家政策。从我国目前的大企业税收管理历程来看,经历了从管理员模式过渡到流程化管理模式,进而探索专业化管理的阶段,实现了创新和突破,但专业化、个性化管理缺乏统一的标准,难以衡量其优劣,因此税收管理的地区差异较大,仍不能满足目前大企业的需要。

---

① 国家税务总局:《中国税务年鉴2016》,中国税务出版社2016年版,第160—163页。
② 张春光:《大企业税收管理问题的若干探讨——基于提高税收遵从度视角下》,《辽东学院学报》(社会科学版)2016年第5期。
③ 马国强主编:《税收政策与管理研究文集》,经济科学出版社2000年版,第108页。
④ 李大明、刘军:《纳税遵从影响因素及其对策分析》,《山东财政学院学报》2011年第1期。
⑤ 张艳江、梁俊娇:《关于大企业税收管理制度的思考》,《中央财经大学学报》2015年第3期。

二、苏州高新区国税局下辖大企业的税收管理概况

关于大企业的认定,从国际上来看,各国的认定标准总体上相似,都被描述为自身结构复杂、拥有多个从事跨国交易的经营实体,并且纳税额占税收收入的比例很高。苏州高新区国税局根据区内企业销售规模、入库税款、免抵税额、享受税收优惠、潜在及特殊税源等因素,将359户税收贡献占比约为70%、数量占比1.3%的企业确定为重点税源企业,并入大企业风险管理科室进行重点和专业化管理。

国税部门在实际税收征管中,每年会以风险为导向对大企业进行风险评估,即利用风险评分—风险排序—人工选案的模式,确定年度风险户,定期推送给专业化大企业管理科室予以应对。苏州高新区2017年企业纳税评估补税1.98亿元,户均补税183.15万元,创历史新高。在2017年国税总局下发的走出去企业核查中,22户走出去大企业中有10户初判有税收不遵从行为,5户被确认查处补税,入库税额约2 000万元。近年来,在国税部门风险应对工作中,企业补税金额有较大增长,大企业税收管理形势依旧严峻。

三、研究方案设计

(一)问卷的总体设计

纳税遵从理论广泛综合了经济学、管理学、心理学、法学等不同学科的知识,主要有预期效用理论与前景理论、威慑理论与新公共服务理论、委托代理理论和信息不对称理论、激励理论和认知结构理论。本问卷主要依据税收心理学的相关理论,采用泰勒的遵从理论分析框架,泰勒把与外在压力相关的遵从因素视为工具性的,把与内在价值取向有关的因素视为规范性的。本文将纳税遵从影响因素在此框架下细分,形成包括企业特征、税收政策、税收征管、

社会环境、内部价值取向 5 大类,并结合文献分析和实践经验将以上因素进一步细化成 20 个具体因素(如图 1 所示)。

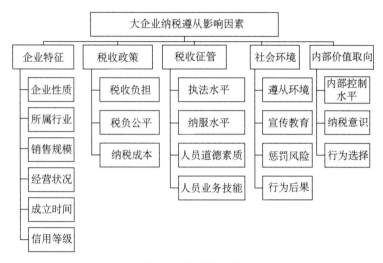

图 1　大企业纳税遵从影响因素框架

(二) 纳税遵从度分析模型设计

本文以调查问卷中搜集的数据进行纳税遵从的测算,在纳税遵从度的四个测试题项中,采用 Delphi 专家打分法,邀请国税系统 10 位有丰富实践经验的税务专家对四个部分的权重进行打分,最后得出计算纳税人纳税遵从度得分(以 YS 表示)的线性加权评价函数:

大企业纳税遵从度(YS) = 5% × Y1 + 30% × Y2 + 30% × Y3 + 35% × Y4

关于纳税遵从度测算的测试项目结构如表 1 所示。

本文采用五点计分法,将社会总体纳税遵从度(Y1)、纳税遵从事实的遵守(Y2)、纳税遵从原因的认同(Y3)、纳税遵从行为的努力(Y4)中各个小题分别从高到低赋值,并分别按 Y1、Y2、Y3、Y4 平均计算得出各自的五点计分分值。最后,按照线性函数,计算大企业纳税遵从度(YS)的最终数值。研究数据的分析中,我们假定误差为 5%,计算不同群组之间的大企业纳税遵从度之间的分值缺额,如果在正负 5% 之内,群组之间没有显著差异,如果在 5% 以外,群组之间的遵从度存在一定差异。

表 1　纳税遵从度测算的测试项目结构

大企业纳税遵从度(YS)	社会总体纳税遵从度(Y1)	目前大企业纳税遵从的总体情况相对于中小企业而言如何
	纳税遵从事实的遵守(Y2)	按照规定履行税务登记变更义务
		按期进行纳税申报
		足额缴纳或者代扣代缴税款
		积极配合税务机关的各项调查
	纳税遵从原因的认同(Y3)	畏惧税法权威,害怕违规处罚及其产生的不利影响
		法律制度完善,没有违规操作空间
		企业财务制度健全,不易发生违规行为
		税收环境良好,习惯依法纳税
		忠诚于法律,有强烈的纳税意识
		聘请专业涉税中介,其代理行为不会出现违规
		怠于学习复杂税法,采取最简单的方式遵守法律规定
	纳税遵从行为的努力(Y4)	积极主动学习税收政策知识,避免无知性不遵从
		与税务机关积极沟通,主动配合各项工作
		努力提高企业内部控制水平
		加强对企业涉税人员的培训和教育
		聘请专业中介参与日常涉税咨询

四、纳税遵从影响因素分析

笔者设计制作了《大企业纳税遵从现状调查问卷》的网页版,通过大企业税企通平台,向苏州高新区国税局辖区的 359 户大企业发放调研问卷,共收到有效答卷 255 份,回收率达 71%,符合问卷调查的回收标准。基于问卷搜集的数据,拟从不同影响因素分析大企业纳税遵从的现状和特点,为大企业税收管理提供方向和参考。

（一）不同企业特性的纳税遵从分析

问卷依据企业性质、所属行业、销售规模、经营状况、成立时间和纳税信用等级将企业分组，分别计算不同群组中企业的纳税遵从度及其差异。

1. 企业性质

企业组织类型分为国有和集体企业、民营企业和三资企业（中外合资经营企业、中外合作经营企业、外商独资企业），经统计分析发现，三者的遵从度在误差可允许的范围内，企业组织类型对纳税遵从不产生重大影响。统计结果如表2所示。

表2　企业组织类型纳税遵从度分布表

企业性质	社会总体纳税遵从值（Y1）	纳税遵从事实遵守值（Y2）	纳税遵从原因的认同（Y3）	纳税遵从行为的努力（Y4）	纳税遵从度（YS）
国有和集体企业	4.56	4.92	4.26	4.71	4.63
民营企业	4.68	4.94	4.36	4.72	4.68
三资企业（中外合资经营企业、中外合作经营企业、外商独资企业）	4.49	4.97	4.27	4.71	4.65

2. 企业所属行业

根据企业所属行业，企业的纳税遵从情况分布如表3所示。

表3　企业所属行业纳税遵从度分布表

企业所属行业	社会总体纳税遵从值（Y1）	纳税遵从事实遵守值（Y2）	纳税遵从原因的认同（Y3）	纳税遵从行为的努力（Y4）	纳税遵从度（YS）
制造业	4.61	4.97	4.28	4.72	4.66
建筑业和房地产业	4.72	4.97	4.41	4.79	4.73
批发零售业	4.36	5.00	4.48	4.60	4.67
生活服务业	4.50	4.75	4.50	4.40	4.54
其他行业	4.45	4.83	4.10	4.64	4.53

由表 3 可知,建筑业和房地产业的纳税遵从度最高,但是由于分税制的原因,国税部门并不能掌握其流转税的情况,导致该结果很可能是片面的。其次是批发零售业和制造业,其他行业最低。

3. 企业销售规模

根据企业销售规模,企业的纳税遵从情况分布如表 4 所示。

表 4　企业销售规模纳税遵从度分布表

企业组织类型	社会总体纳税遵从值(Y1)	纳税遵从事实遵守值(Y2)	纳税遵从原因的认同(Y3)	纳税遵从行为的努力(Y4)	纳税遵从度(YS)
3 亿元以下	4.54	4.95	4.35	4.67	4.65
3 亿—10 亿元	4.61	4.98	4.26	4.74	4.66
10 亿—30 亿元	4.79	4.91	4.27	4.80	4.67
30 亿元以上	4.67	4.93	4.10	4.76	4.61

根据表 4 可以发现,销售规模对企业的纳税遵从度并不产生重大影响,在可允许的误差范围内。

4. 企业经营状况

根据企业经营状况,企业的纳税遵从情况分布如表 5 所示。

表 5　企业经营状况纳税遵从度分布表

企业经营状况	社会总体纳税遵从值(Y1)	纳税遵从事实遵守值(Y2)	纳税遵从原因的认同(Y3)	纳税遵从行为的努力(Y4)	纳税遵从度(YS)
良好	4.67	4.95	4.29	4.74	4.66
一般	4.51	4.97	4.29	4.65	4.63
亏损	4.36	4.97	4.34	4.73	4.67

由表 5 可知,三类企业的遵从度在误差的可允许范围内,可见企业的经营状况对纳税遵从度不敏感。

5. 企业成立时间

根据企业成立时间,企业的纳税遵从情况分布如表 6 所示。由表 6 可知,成立时间在 3 年以内的企业纳税遵从度最高,达到 4.78,随着企业成立时间的延长,纳税遵从度呈递减的趋势,成立时间 10 年以上的企业纳税遵从度最低,只有 4.64。这说明企业成立时间与纳税遵从度紧密相关。

表6 企业成立时间纳税遵从度分布表

企业成立时间	社会总体纳税遵从值(Y1)	纳税遵从事实遵守值(Y2)	纳税遵从原因的认同(Y3)	纳税遵从行为的努力(Y4)	纳税遵从度(YS)
3年以内	4.75	4.94	4.61	4.80	4.78
3—5年	4.68	4.92	4.50	4.80	4.74
5—10年	4.59	4.96	4.33	4.70	4.66
10年以上	4.59	4.96	4.25	4.70	4.64

（二）纳税遵从影响因素分析

除企业本身特征，大企业纳税遵从度的影响因素还可以从四个维度进行分析，分别是税收政策、税收征管、社会环境和内部价值取向。

1. 税收政策影响因素分析

税收政策的影响分为税收负担、税收公平和纳税成本。本文以对税收政策的了解程度为切入点，分析税收政策的影响。

受访的255户企业中，有18.04%认为"非常了解税收政策"，有74.12%认为"比较了解政策"，有7.84%认为"了解程度一般"，没有企业选择"不太了解"和"不了解"。本文对认为"非常了解"和"比较了解"的企业进行税收政策满意度的测评，对认为"了解一般"的企业进行原因分析，得出以下结果。

第一，税收负担方面，认为政策需要改进的企业中，有71.43%的企业认为税收负担过重，有46.43%的企业认为税率设置偏高。显然，大部分认为税制不合理的企业都认为税收负担较重。可见，税负的感受对于企业对税收政策的认可程度至关重要。

第二，税收公平方面，仅21.43%的企业认为企业之间税负不公平，大多数企业对此并不属于敏感区域。大企业一般属于行业的龙头企业，行业成熟度高，企业在税收优惠的政策享受、对行业的规范方面都有较好的政策环境。

第三，纳税成本方面，有47.62%的企业认为纳税成本过高。也有受访企业坦言，除了日常的纳税成本，企业需要做很多额外的工作配合税务机关，比如配合税务机关提供各项财税数据、解释相关指标等。还有企业称，税收优惠政策的申请复杂繁琐，不利于纳税人操作，往往导致符合优惠条件的企业因为相关的纳税成本过高而选择放弃。

2. 税收征管影响因素分析

税收征管的影响分为执法水平、纳服水平、人员道德素质和人员业务技能。

问卷以纳税评估(或稽查)的频率和选案水平来分析目前的执法水平。在受访的 255 户企业中:近三年中接受过三次以上税收执法(纳税评估或稽查)的企业有 24 户,占比 9.41%;两次的有 60 户,占比 23.53%;一次的有 96 户,占比 37.65%;没有接受过税收执法的有 75 户,占比 29.41%。

问卷调查数据显示,多数企业三年内接受过一次纳税评估(稽查),三次以上的较少。根据税务机关的相关规定,企业每次接受纳税评估时需要被检查的税务信息范围是检查当年的前三个年度。因此,近三年大企业接受纳税评估(稽查)的频次最优应该在一次,少数风险较大的企业可以达到两次。从以上问卷数据分析中得出结论:近三年被检查两次以上的企业相对较多。反观,税务人员就相应存在重复性工作、风险应对效率降低等问题。经问卷对于税收征管相关维度分析,得出以下结果。

第一,执法水平中,检查频率总体较为合适,选案质量尚可,总体来说,目前执法水平较为合理,对纳税遵从的影响是正面的。

第二,纳税服务中,根据问卷结果,办税效率和服务态度对纳税遵从的影响比较大,是纳税遵从的重要影响因素。目前纳税服务水平较好,能较好地促进企业纳税遵从,应持续关注并保持。

第三,人员道德素质中,只有 15.69% 的企业认为廉洁自律会影响企业的纳税遵从。可见,目前税务人员的道德素质相对较好,没有恶性影响,其对纳税遵从的影响较为有限。

第四,人员专业能力,有 67.84% 的企业认为税务机关的专业能力会对企业的纳税遵从产生影响,故专业能力是影响纳税遵从的征管方面的最重要因素。

3. 社会环境影响因素分析

社会环境的影响因素分为四个子维度,即遵从环境、宣传教育、惩罚风险和行为后果。

第一,关于遵从环境,问卷通过"对现在纳税不遵从现象越来越普遍这一说法是否认同"进行测评,有 1.96% 的企业表示"非常认同",5.1% 表示"比较认同",23.53% 表示"不清楚",有 51.76% 的企业"不认同"该说法,而 17.65% 表示"非常不认同"。可见,在大企业看来,纳税遵从的环境相对良好,能较好促进企业纳税遵从。

第二,关于宣传教育,通过有效促进大企业纳税遵从措施中的"加强税收宣传,提高纳税人主观遵从意识"的认可程度来测量,有98.82%认为其可以有效促进大企业纳税遵从。可见,良好的宣传教育能促进企业的纳税遵从。

第三,关于惩罚风险,就"目前涉税违法行为被税务机关发现的概率"这一问题,有59.22%的企业认为"非常大",33.73%认为"比较大",说明目前税收惩罚机制得当,能较好起到威慑作用,作为理性人的企业惮于违规损失会趋于纳税遵从。

第四,关于行为后果,就"目前法律规定的对涉税违法行为的惩罚力度"这一问题,认为"非常大"的大企业占38.04%,认为"比较大"的大企业占51.76%,认为"一般"的大企业有9.41%,也有两户企业认为惩罚力度非常小。约有95%的大企业表示会担心不良信用记录给企业名誉带来损失,有95.3%的企业认为逃税行为会被舆论谴责。这都表明,纳税不遵从行为的违法成本相对比较高,提高违法成本特别是舆论以及企业信誉方面的成本对于促进纳税遵从有非常大的意义。本文还发现,问卷中有效促进大企业纳税遵从的措施中关于"建立激励制度,对纳税遵从度高的企业实施税收返还"的选项,有98.43%的企业表示认可。可见,正面的行为后果对纳税遵从的影响较为明显,特别是税收奖励,能有效激发企业纳税遵从的积极性。

4. 内部价值取向影响因素分析

内部价值取向对企业的主观遵从度影响巨大,三个子维度分别为纳税意识、内部控制水平和行为选择。

第一,在纳税意识因素方面,问卷中设置了"依法纳税是公民应尽的义务"认同度的题目,83.14%的企业表示"非常认同",16.47%表示"比较认同",说明大多数企业都有较好的纳税遵从意识。根据人的认知结构,意愿和意图引导行为,较高的纳税遵从意识往往会有较高的遵从行为结果。

第二,在内部控制水平因素方面,测评了企业对其内部控制水平、防范税务风险能力的评价,61.18%的企业认为其内控水平非常好,能有效防范风险;38.04%的企业认为比较好。这从侧面反映了大企业一般运营体制完善,能很好地进行自我税收风险管理。

第三,在行为选择因素方面,问卷设置了两个题目:一是"假设贵公司有机会逃税而不被发现的话,您会考虑逃税吗?";二是"贵企业纳税申报时,会考虑企业当期的资金状况和盈利状况而进行人为调节申报金额吗?"企业的评价情况如表7所示。

表7 关于行为选择因素的评价 （单位:%）

观点	肯定会	有时会	没想好	一般不会	肯定不会
B21.假设贵公司有机会逃税而不被发现的话,您会考虑逃税吗?	1.18	2.35	0	15.29	81.18
B22.贵企业纳税申报时,会考虑企业当期的资金状况和盈利状况而进行人为调节申报金额吗?	1.18	1.18	0.78	12.55	84.31

由表7可知,大部分企业对于逃税和虚假申报行为都不认同也不会去实施,有约90%的企业认为企业亏损或者盈利与纳税申报的结果并无关系。从以上统计分析得出结论:大企业在行为选择上趋向于纳税遵从。

5. 综合分析

问卷根据影响大企业纳税遵从因素的四个子维度来设置主要题项,以"您认为大企业纳税不遵从的原因主要在于"来了解大企业对纳税不遵从的原因,结果如表8所示。

表8 大企业纳税不遵从原因的评价

序号	影响因素	题目/选项	是(%)	否(%)	认同率均值(%)
1	税收政策	税制不合理,不认同也不愿遵从	18.04	81.96	27
2		税制有漏洞,容易钻空子不被发现	25.49	74.51	
3		政策或流程设置不合理,客观上难以遵从	37.65	62.35	
4	税收征管	税务机关纳税服务水平差	7.84	92.16	24
5		不了解政策或办税流程,税企沟通不畅	62.35	37.65	
6		税务机关申报系统不稳定,无法遵从	21.18	78.82	
7		税务人员查账能力差,查不出来	5.49	94.51	
8	社会环境	社会风气不好,税收不遵从现象普遍	19.61	80.39	15
9		违规处罚力度较轻,不在意	9.41	90.59	
10		查账概率较小,心存侥幸	14.9	85.1	

续 表

序号	影响因素	题目/选项	是(%)	否(%)	认同率均值(%)
11	内部价值取向	企业内控环境差	30.59	69.41	31
12		企业负责人员粗心大意	30.98	69.02	
13		企业人员纳税意识不强	16.86	83.14	

由表8可知,大企业纳税遵从影响因素中的所有列举因素都或多或少受到纳税人的认可,因此,税收政策、税收征管、社会环境和内部价值取向都对纳税遵从产生一定影响。本文将以上不遵从的原因根据纳税遵从影响因素的大类进行归类,并将同一大类的认同值进行平均计算并加以比较,得出如下结果:税收政策的原因认同值为27%,税收征管的原因认同值为24%,社会环境的原因认同值为15%,内部价值取向的原因认同值为31%。因此,对纳税遵从影响最大的大类是内部价值取向,其次是税收政策、税收征管,影响最小的是社会环境。

另外,大企业纳税遵从度不高的原因中最被认可的是"不了解政策或办税流程,税企沟通不畅",共有62.35%的受访企业认为这一项是主要原因,该项属于税收征管因素的纳税服务水平;其次是"政策或流程设置不合理,客观上难以遵从",属于税收政策因素的纳税成本因素。从企业内部价值取向因素来看,"企业内控环境差""企业负责人员粗心大意"均得到约31%的企业认同,属于纳税意识因素。税收征管因素中"税务机关申报系统不稳定,无法遵从"也得到了21%受访企业的认可。对纳税不遵从原因认可度较低的有社会环境因素中的"税务人员查账能力差,查不出来""违规处罚力度较轻,不在意",反映出目前税收监管相对严格、管理较为规范。因此,本文得出结论:在14个具体纳税遵从影响子因素中,纳税服务水平的影响最大,纳税成本和纳税意识也较为重要,影响最小的是惩罚风险和行为后果。

五、研究发现和启示

经问卷调研分析发现:目前大企业纳税遵从度相对于中小企业而言较好,税收政策、税收征管、社会环境、内部价值取向都对大企业纳税遵从度有一定影响;在纳税遵从影响因素大类中,内部价值取向对纳税遵从的影响较大;在纳税遵从的具体影响子因素中,纳税服务水平、纳税意识、纳税成本对纳税遵从的影响较大;就企业特征而言,大企业的所属行业、成立时间对其纳税遵从水平影响较大。因此,基于基层工作经验,对目前苏州高新区国税局下辖的大企业的税收管理工作提出以下对策建议。

(一)加强税收宣传,提高个性化纳税服务水平

税务机关应致力于营造良好的从税环境,应大力加强税收宣传,特别是针对大企业纳税遵从特点的个性化、差别化、专业化的税收宣传。

首先,应讲求宣传形式的多样性,将个性定制和普惠宣传相结合,既要开展税收基本规章的宣传普及,也要针对性地进行特殊行业、特殊群体的宣传,潜移默化地影响企业遵从意识。

其次,在宣传对象上应注意类别区分,建立多维度的分类管理模式,切合企业需求,讲求实际效果。结合问卷调研的结果,应对集团企业多开展转让定价方面的政策宣传,对民营企业多开展收入确认、成本列支等问题的解读。关注特定行业的风险,梳理行业常见的风险问题,定期推送给相关大企业。针对不同成立时间的大企业,采取分级分类管理的方式,加强对成立初期企业的业务指导,强化对成熟企业的异常变化监控。

最后,要尊重纳税人的权利,传统的征纳关系过分依赖纳税人义务,偏向于执法管理,比如讲求纳税人应该按时申报纳税、接受税务检查等,而对纳税人的权利体现较少。经调研发现,大企业普遍的需求就是加强与税务机关的友好沟通,税务机关应该在税收宣传、纳税服务的过程中强调民主对话、沟通协商机制,畅通公民利益表达的渠道,建立纳税人的合作遵从体系。如建立健全大企业纳税遵从评价体系,对纳税遵从高评价的企业实施更多激励措施,使之成为基层税务机关的一项常规业务,一方面督促企业对自身的纳税遵从情况加强了解,另一方面为税务机关进行大企业的税收管理提供依据。

(二)完善风险管理平台,优化税收执法资源配置

目前,江苏省风险管理平台以强大的数据库支撑,在风险识别领域较为先进,但仍待完善。一些大企业因其税源贡献、业务复杂性和行业特殊性经常被识别为高风险,造成基层风险应对工作效率低下。由于风险管理平台中风险

识别模式较为单一,数据指标的设定并没有很好地与行业特点和企业特点相结合,导致有的企业因为单个特殊指标异常,长期被选中调查,然而该"异常"事实上并非高风险。目前的企业风险管理平台并未做到真正的信息管税,因此,需要从以下方面努力改善这一状况。

首先,应完善税收管理软件,考虑税务系统与大企业内部财务软件系统的对接,全面采集各类大企业的经营数据和财务报表信息,以保证数据的完整性、准确性、真实性。

其次,推动企业集团的风险"画像"工作,将企业集团层层剖析,理清成员结构及其投资情况,结合外部信息及时获取集团层面的信息变化,关注企业组织机构、生产经营、关联交易等方面的内容,建立大企业集团资料库,并将行业信息等外部相关数据补充到每户大企业的信息库中,逐步形成大企业全景式的分析系统。

最后,税务机关应尝试建立大企业税收风险预警机制,以行业模型为基础,配合大企业全景分析数据库建立单户企业的个性化税收风险预警模型,并配备定点联系人定期维护预警模型,随着行业信息的变化和企业基础信息的变更实时更新完善。

(三)夯实团队建设,实现大企业专业化管理

笔者经对税务专家的访谈了解到:目前,大企业还未真正实现专业化管理,其原因是征管环节中不能匹配相应的人力和物力资源,以及在管理过程中缺乏科学规范。经调研发现,大企业税源管理的专业化人才及其专业能力对大企业纳税遵从影响较为广泛,因此组建人才团队,加强专业化管理,是大企业税收管理的重点之一。

首先,要加强税务机关方面的人才培养与团队建设。一方面,基层税务机关应加强内部培养,在培养大企业专业人才上予以税务人力资源的倾斜,补充执法队伍人员的数量和质量。另一方面,应尝试人才引进和外部合作机制,加强与行业协会和事务所的交流学习,畅通专家人才进入和退出税务部门的渠道,形成培养、调配、引进为一体的人才库。

其次,加强团队建设和人才培养还需从培养综合能力入手,税务人员不仅要学习税收业务知识,还应强化关于管理、经济、法律等领域的知识。特别值得一提的是,在目前大企业普遍电算化程度高的背景下,应需提高对税务人员在电子账册环境中查账的能力。目前大企业都是采用 **ERP** 财务软件,电子环

境下的数据处理和分析能力就变得尤为重要。

再次,还需加强国际税收人才的培养。目前大企业的典型纳税不遵从问题集中在跨国业务中的对外支付、关联交易、利润分配、协定优惠备案等领域,这部分业务的相关政策复杂度高、交易隐蔽、查账难度大,一直是重点风险领域。防范国际税收中的税收风险,需要建立一支高度专业化的人才队伍,需要精通国际税制和国内税制,培养国际化复合型人才。

最后,实现大企业专业化管理离不开基层税务机关的规范管理和高效实施,基层税务机关应着力大企业日常税收管理规范,运用计算机技术简化大企业不必要的涉税事项,降低其遵从成本,真正实现大企业精细化、专业化、个性化管理。

[论文指导老师:张　平]

海关旅检中进出境旅客规则遵从研究
——以拱北口岸为例

江 霞*

【内容摘要】 在海关旅检工作中,进出境旅客的守法状况和规则遵从意识直接关系到口岸通关监管的整体效果。本文以拱北口岸为例,以进出境旅客为研究对象,研究重点是海关旅检中影响旅客遵从行为的主要因素,以及促进旅客规则遵从的策略。本文基于制度分析与发展(IAD)框架,对旅客行为特征进行分析,提出海关旅检旅客遵从行为的分析框架,并从行动者、应用规则、共同体属性三个方面设计了遵从因素调查问卷,通过数据分析,揭示影响旅客遵从海关通关规则的主要因素及其内在原因。最后,基于 IAD 框架,从引入新的通关规则、对现有通关规则进行修改和完善的角度,提出遵从促进策略以构建海关旅检诚信通关监管制度体系。

【关键词】 海关旅检;规则遵从;IAD 框架

一、问题提出与文献回顾

旅检是国家的进出境监督管理机关——海关对进出境旅客的行李物品监管的简称。随着出境游的升温和对外文化交流的发展,进出境旅客数量持续增长,不断挑战海关旅检工作的监管能力。海关非传统职能的拓展令旅检业务监管内涵更为复杂、执法要求更高。作为管理相对人,进出境旅客的守法状况和规则遵从意识直接影响口岸通关监管的效果。一方面,进出境通关制度没有很好地得到旅客遵守;另一方面,海关主动执法时常陷入困境。如何有效改善执法效果、促进旅客主动遵从是困扰海关旅检的一个难题。进出境旅客主动申报、纳税、遵守管制、配合查验等行为的遵从意识如何?如何有效促进

---

* 江霞,2019 届 MPA 毕业生,就职于拱北海关。

旅客的自主遵从行为,提高海关公共管理水平?

基于对以上问题的思考,笔者在拱北海关关区选取旅检业务的样本,研究进出境旅客规则遵从行为。拱北海关位于广东省,毗邻港澳,旅检业务量大,其监管的拱北口岸进出境旅客每日验放量达35万人次,规模约相当于一个小型城市的人口在移动;年进出境旅客达1.2亿人次,是全国最大的陆路旅客进出境口岸。本文拟以拱北海关关区内的拱北口岸为例,对海关旅检中进出境旅客规则遵从问题进行研究。通过对进出境旅客行为的观察,分析旅客规则遵从的现状、行为特征,研究其影响因素,再从海关管理者的角度,从海关通关制度的规则设计、规则管理、规则实施等方面找到改进策略。希望对进出境旅客的行为研究,促进遵从行为,为破解海关旅检中"通关快"与"管得住"的执法难题提供一个新的观察视角和解决方案。

规则遵从是指人们对共同形成或制定的行为规范、法律制度等进行认知、判断,并做出与规范制度要求相一致的行为或态度,是在对规则适用情境的认知下做出的一种积极的行为选择。它起源于西方哲学学者对"公民不服从"的讨论,并逐渐从道德伦理视域研究向行为心理、行为经济、法社会学等方向延伸。公共治理领域对规则遵从的研究集中体现在法律遵从、政策遵从、管理遵从等方面。海关旅检规则遵从可理解为进出境旅客对海关的旅客通关制度的遵从问题。研究对象是进出境旅客的遵从行为。

二、进出境旅客规则遵从行为的研究模式

本文将采用埃莉诺·奥斯特罗姆的制度分析与发展(IAD)框架,对海关旅检中进出境旅客的规则遵从行为进行分析。

制度分析与发展(IAD)框架是一个帮助人们在制度分析中辨识其内在与外在的影响因素及相互关系的元理论结构。作为一个结构分析框架,它帮助人们将目标行为分解为若干互相关联、相互作用的组成部分,既可从微观上对具体问题进行解剖分析,又可以从宏观上将各种情况联系起来综合考虑。在海关旅检中,在进出境口岸海关监管区的特定情境下,可以较好地运用IAD框架对旅客主体、情境特征、通关规则、行为选择等多元素进行系统的分析,找出其中的逻辑关联和影响,从而有的放矢地寻求激励策略。

以IAD框架为基础,本文导入旅客遵从行为的各层次变量,构建海关旅检

中进出境旅客规则遵从的研究框架(也即行为研究模式),如图1所示。旅客遵从行为结果受到两个层次的影响:一是以通关情境和旅客个体为中心的行动舞台的影响;另一个是以口岸自然物质条件、共同体属性和通关规则等为内容的外生变量的影响。

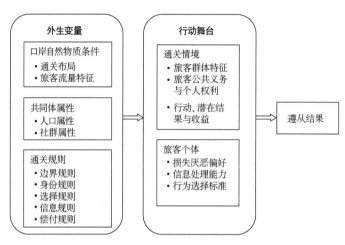

图1 海关旅检进出境旅客规则遵从研究框架

(一)行动舞台

在制度分析过程中,框架中的二层变量并不一定全部存在,例如,应用规则项下的七个维度不一定全部适用于所有情况,应结合实际进行分析。因此,依据行为的特征,本框架对行动情境、行动者和外生变量进行梳理和整合,剔除个别在本情境中影响甚微的变量,分析影响行动的关键变量。

在通关情境方面,参与者集合和信息两个变量集合为"旅客群体特征",参与者身份可延伸为旅客作为管理相对人和社会公民所分别享有的"公共义务和个人权利",行动、潜在结果、转换函数和收益关系可以集合为"行动、潜在结果与收益"。行动者为旅客个体,其关键的内在影响变量为损失厌恶偏好、信息处理能力和选择标准。

(二)外生变量

外生变量主要包括口岸自然物质条件、共同体属性和通关规则。口岸的自然物质条件可具化为拱北口岸的通关布局现状及旅客流量特征。共同体属性具化为旅客的人口属性和社群属性。通关规则是海关对进出境旅客实施监管的各项法律法规等制度的总和,包括边界规则、身份规则、信息规则、选择规则和偿付规则。

本文采取的研究方法主要是深度访谈和问卷调查。深度访谈是研究的基础工作,为下一步的问卷设计和后续的成因分析提供参考。深度访谈的对象为海关关员,具体而言是负责旅检工作不同层级和领域的海关人员。访谈方式包括面对面访谈、电话访谈和书面访谈。问卷调查旨在了解影响进出境旅客对海关旅检规则遵从的主要因素。问卷结构基于IAD分析框架,提取相关变量,构建相应维度。在遵从行为影响因素调查这一维度的结构设计中,基于IAD框架的分析思路,将IAD中的行动情境、行动者及外生变量的概念解构并整合为个人因素、制度因素和社会因素三个维度(如图2所示)。

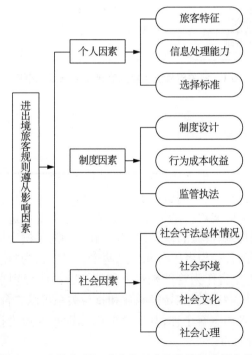

图2　进出境旅客规则遵从影响因素的概念操作化

个人因素即行动者因素,调查的是行动舞台中通关情境及旅客个体的相关因素。一是旅客的特征,包括性别、年龄、受教育程度、经济收入水平、工作性质等。二是旅客对信息的处理能力,包括对通关政策信息的了解程度、获取渠道及影响因素。三是旅客的偏好、选择标准,通过申报、纳税、管制、查验四个微观的情景设计,了解旅客的行为与潜在结果。

制度因素即通关规则,调查的是外生变量中应用规则对旅客的行为选择发生最主要影响的因素。首先,设置了书面申报、免税额度、旅客分类管理三个有代表性的制度规则场景,考察旅客的选择及态度。其次,从制度设计、行为成本、监管执法的角度,对影响旅客遵从行为的主要因素进行调查。

社会因素即共同体属性,旨在调查社群属性。首先,了解旅客对社会守法遵从整体水平的共识度。其次,从社会环境、社会心理、社会文化三个角度考察对旅客遵从行为影响最主要的因素。

三、海关旅检旅客规则遵从行为的 IAD 诠释

基于进出境旅客遵从行为的 IAD 框架,围绕行动情境、行动者和外生变量三个主要方面展开实际情境分析,以期了解旅客遵从的行为逻辑,为下一步设计调查问卷及数据分析提供理论支持和参考。

(一)通关情境

IAD 框架分析首先要确定的是行为发生的行动舞台,即在特定的约束条件下分析、预测并解释行为与结果的范围或场域。进出境旅客的通关是在特定的场景下进行的,对旅客遵从行为研究选取的行为舞台为拱北口岸进出境通关现场海关监管区。行动情境和行动者共同构成行动舞台。行动情境是关于对参与者的行为发生影响的相关因素或变量。奥斯特罗姆对行动情境的阐述为:"参与者在自己的位置上必须按照其拥有的信息在各种行动之间做出选择,而且,这些行动连接着潜在结果以及与行动和结果相关的成本与收益。"[①]结合海关旅检通关特点,下文对通关情境的四个要素进行分析阐述。

1. 参与者集合:旅客群体特征

海关旅检的监管现场具化为拱北口岸进出境通关现场海关监管区,遵从行为的参与者为从拱北口岸进出内地与澳门、接受海关监管的进出境旅客。因此,参与者集合为旅客群体,其中符合海关规定应向海关办理申报、纳税及

禁限管理的旅客为主要对象。

2. 参与者的身份：旅客公共义务与个人权利

参与者的身份即奥斯特罗姆所提到的"位置"。旅客以管理相对人的身份进行行为选择。一方面，作为管理相对人，旅客承担接受海关监管、办理海关手续的义务；另一方面，旅客享有海关为其提供安全畅顺的进出境通关服务的公共权利，此外，还有权对海关是否按照法定程序和法定标准有效履行公共责任进行监督。作为社会公民，旅客还具有相应的个人权益，包括个人隐私、知情权、委托代理、经济利益等权益。

3. 行动、潜在结果与收益关系

行动、潜在结果与收益关系相互关联，因此，在分析时可以将它们作为一个整体考量。旅客的行动选择对后果有决定性的影响，而行为策略和潜在结果又共同构成了成本收益关系，反过来影响旅客的行动。

（二）行动者

行动者是指采取行动的"参与者"。对旅客群体而言，没有携带应向海关申报物品的旅客，其默认的行为是无需向海关申报的，可直接通关；行动者在这里则特指携带有应向海关申报物品的旅客。根据旅检情境的特点，对行动者的研究应侧重以下几个变量。

1. 行动者的损失厌恶偏好

IAD 框架对行动者的假设也是有限理性的假设。个人的偏好特点表现为：个人在面对高概率的收益获得情境时，偏向于风险厌恶，而在面对高概率的损失情境时，偏向于风险追逐；个人对损失比对获得更敏感。基于海关旅检的行动情境，旅客不遵从被查获的概率与不被查获的概率相差较大，在不被查获的概率可能更大而处罚乏力的情况下，个人更偏好风险厌恶，因而在行动上趋向于选择不遵从。

2. 行动者的信息处理能力

基于个体有限理性的前提，旅客在旅检情境中对信息的收集是不完全的，处理信息的能力也是有限的。信息处理能力受到以下影响：一是旅检规则自身的系统性、简便性；二是获取规则信息的便利性；三是对过往资讯和经验的评估；四是对现场通关状况的判断；五是旅客自身的公共素养。

3. 行动者的行为选择标准

不同的行为动机影响旅客行为决策的选择标准。工具性动机的旅客将成本与收益的估量放在首位,遵从会带来怎样的激励和耗费多大的成本,不遵从是否会受到惩罚和面临怎样的惩罚。关注个人与其他旅客之间分配正义的比较,海关执法中使用了怎样的程序,程序是否公正。

规范性动机的旅客认为遵守监管规定是进出境旅客应当承担的一项义务,愿意主动配合海关完成通关监管的过程。旅客较为看重自己在社会关系中的身份认同,作为社会公民所应承担的义务和共同维护进出境秩序和国家利益的公共责任。关注关员执法的动机是否公平公正,执法态度是否善意和礼貌,有无关心和尊重他们的个人权利,保护个人信息和物品隐私,自己的权益表达是否受到海关的倾听和重视等。

(三) 外生变量

外生变量是影响行动情景的外在因素,IAD 框架将其归纳为三项:自然物质条件、共同体属性、应用规则。结合旅检实际,相应解读如下。

1. 拱北口岸的自然物质条件

拱北口岸是于 1999 年建成的陆路旅客进出境口岸,建设之初按照每日 15 万人次的客流量进行设计布局。目前,拱北口岸日验放量最高达到 41 万人次。面对海量的客流,口岸空间已难以满足旅客通关和海关监管的要求。而海关监管区域布局基本维持建设初期的状况,随着海关通关作业的改革,与之相配套的监管区域功能设置的优化无法施展。由于场地有限,旅客通道的拓展、科技设备的装置、申报台的位置及布局也因缺少足够的场地而难以改善。拱北口岸毗邻澳门,是"一国两制"的交汇点。特殊的地理位置使得口岸的政治保卫、文化安全等监管职责凸显。

2. 拱北口岸的共同体属性

共同体属性体现的是场景所在社群的属性,即以行动者为构成基础的社会群体的共同属性。在拱北口岸旅客遵从的行动情境下,其共同体属性主要体现为人口属性和社群属性。口岸旅客群体的构成主要包括港澳同胞、内地赴澳旅客探亲的居民、赴澳的内地劳工、驻澳工作的公务人员以及少量的外国游客。海关根据不同的监管要求对旅客类型进行多种划分:如 15 日内首次进境旅客、15 日多次往返旅客、当天多次往返旅客;居民旅客、非居民旅客等。

本文通过考察拱北口岸的旅客群体组成了解到,口岸旅客以中国籍旅客为主,主要为出入内地与澳门的游客,外国籍旅客较少。因而社群属性具有较强的中国地域文化背景,国际化特征不明显。国民的整体素质、文化习俗、社会认同等对旅客行为会产生潜移默化的影响。

3. 拱北口岸的通关规则

（1）边界规则。在申报、查验和验放三个海关监管环节中，申报是旅客遵从行为的起点。现行申报制度下，只有当旅客携带有需向海关申报的物品时才需要填写申报单并向海关申报。因而旅客遵从行为的边界规则之一是界定无申报旅客和需申报旅客携带行李物品的标准和范围。在实际的通关过程中，申报的边界规则免除了大部分进出境旅客的申报义务，导致进出境旅客申报后再通关的意识弱化。由此带来的影响是，旅客多认为申报是个人的自愿行为，而非法定义务。

物品的征税范围和标准也是边界规则的重要内容。征税范围包括按规定应予征税的物品和超出免税限量的自用合理数量的物品，其中前者是指海关总署规定的20种不予免税的商品。征税的标准根据进境物品归类的物品类别，对应不同的税率和完税价格进行征税，税率分为15%、30%和60%三档。

（2）身份规则。不同的身份规则指向的是需承担的不同义务。通过对旅客群体的人口属性分析，可以看到，海关对旅客身份划分了多种类型。一方面，旅客类型的划分，有利于海关进行风险研判，突出监管重点，对旅客进行分类管理。另一方面，旅客类型的多样导致相应的验放标准不尽相同，同一旅客因进出境的频次和时间不同，会产生不同的身份，如"15日内首次进出境""15日内多次往返""当天多次往返"等，携带的行李物品验放标准也截然不同，因而对旅客而言，规则复杂，不便于遵循。

（3）选择规则。选择规则规定的是行动者被允许的行为集合，包括旅客必须做什么，可以做什么，禁止做什么。旅客的选择规则具体为纳税遵从和管制遵从的行为集合，与前述的"行动者的选择标准"相对应。因物品的性质不同，海关对于两类遵从行为的处置策略也有所区别。管制遵从涉及的是禁止和限制进出境的物品，有明确的国家法律规定，因而标准明确、处置清晰；对于纳税遵从行为，海关关员于"自用合理数量"内享有一定的自由裁量权，以弥补法律规定的有限性，提高执法效率。

（4）信息规则。信息规则规定的是作为行动者的旅客可以获知哪些信息，以及通过何种渠道获取信息。在通关的具体操作层面，海关应提供多种渠道向旅客宣传告知监管规定及法规政策的政策环境，加强政务公开力度，旅客可便利地了解通关要求，在通关中对海关的监管有相应的预期。特别是与旅客经济利益紧密相关的物品完税价格的变动，应及时根据市场价格进行调整，并建立旅客可查询的渠道，以便在携带进境时理性购买选择。在后续管理层面,旅客良好的或违规的通关记录信息应纳入个人征信系统,作为信用评价的参考,促进形成诚信守法、失信惩戒的信用导向。

(5)偿付规则。偿付规则是旅客的行为选择产生的结果带来的回报与制裁。与行为结果相适应的制裁措施是形成自觉遵从的外生动力。从前述的关于成本收益分析可以看出,目前海关对旅客的不遵从行为缺乏有效的制裁机制,执法的威慑力不大。海关旅检制度的偿付规则对于申报和纳税的遵从与违背的结果处理区别不大,对不遵从行为的处罚力度不强。

综上,旅客的行为选择既受到通关情境和行动者损失厌恶偏好、信息处理能力、行为选择标准等内在因素的微观层次的影响,又受到口岸自然物质条件、共同体属性、通关规则等外生变量的宏观层次的影响。

四、拱北口岸旅客规则遵从的主要影响因素

基于以上旅客规则遵从行为的 IAD 框架分析,调查问卷从行动者、通关规则、共同体属性三个方面对应设计了遵从因素调查的三个维度——个人因素、制度因素、社会因素,以下结合问卷调查结果展开分析,揭示影响旅客遵从海关通关规则的主要因素及其内在原因。

(一)行动者——旅客遵从的个人因素分析

1. 调查对象特征

调查问卷以拱北口岸的进出境旅客为对象。参与调查的 545 人中,男性占 44%,女性占 56%。年龄集中在 26—55 岁,占整个样本的 86%。具有专科或本科学历的占七成以上,其次为硕士研究生及以上,最后为高中、中专及以下。经拱北口岸进出境的旅客多以旅游为主,小部分为工作、学习、探亲。

2. 旅客得到的信息及信息处理的能力

绝大部分旅客在通关过程中对于海关通关规则的信息掌握能力不佳,由于宣传渠道、宣传力度及政策本身的复杂性和专业性,导致旅客一方掌握的行动信息往往是不完全的,这对于其行为的决策将产生一定的影响。

3. 旅客个人的偏好、选择标准

关于主动申报的行为选择标准,从旅客的角度思考,将程序和时间作为申

报的主要考量,将申报会不会有经济损失、不申报的查获概率等作为次要考虑的问题。关于主动纳税的行为选择标准,与申报的情况相反,耗费的时间对旅客的影响最小,旅客关注与征税相关的经济支出及逃税的惩戒力度。这一情况充分说明旅客作为有限理性个体的主体特征,对损失的厌恶偏好在纳税环节上突出表现出来。

公民的自主纳税意识也是旅客行为选择的一个重要因素。旅客对管制遵从考量的不是经济收益,而是法律的社会规范力。这有利于国家安全、社会发展,并与国际通行规则的管制性要求相适应。可见,法律的强制性约束力是影响旅客遵从的重要因素。

旅客在积极配合海关检查的行为选择标准上,旅客整体较为认同海关的查验工作,并能理解和配合海关的检查。旅客对于查验的遵从,影响因素最大的是海关的执法态度和对旅客个人权益的尊重和保护,其次是检查效率和程序的合法性,影响最小的自主守法意识。

(二)通关规则——旅客遵从的制度因素分析

1. 对通关规则的认知态度

旅客对于申报的要求还是以简单快捷为主要诉求,从个人消费需求和经济利益出发,更希望能够根据消费和物价水平动态地提高免税额度。

2. 通关规则对遵从行为的影响

从制度设计的角度,对旅客而言,制度设计越简单越易于遵从,越易遵从则实际遵从度越高。这一调查结果与访谈中的情况相一致。

从行为成本收益的角度,旅客的行动选择以守法为首要目标。在选择守法遵从时,更关注遵从行为的成本支出,遵守通关规则所需的时间成本、经济成本、程序成本等。其次,旅客考虑的是不守法可能产生的违法成本。

从监管执法的角度,执法效率是否快捷高效排在首位。这反映出旅客对海关执法的要求最强烈的为执法效率。此外,执法尺度是否统一公平、执法程序是否公开透明也是旅客着重考虑的因素。

(三)共同体属性——旅客遵从的社会因素分析

从旅客的统计调查可以看出,社会整体守法意识较好,大多数人对知法守法有一定的共识,有良好的社会整体氛围。

在社会环境因素方面,最能影响旅客遵从行为的影响因素是公众对海关执法的认同度和社会的守法氛围,海关执法能否得到公众认同,认同度有多高,这些都直接影响到旅客在通关中的行为选择。对海关执法的认同度的影响力甚至超过社会的守法氛围,这充分说明在海关旅检领域,遵从行为的社会环境因素具有一定的特殊性,海关执法在获取公众的共识上还存在差距。

在社会文化因素方面,影响力的程度大小依次为法治、诚信、公正、责任。以自由平等、公平正义为核心的法治精神是最为深入人心的社会文化共识,诚实守信作为中国的道德文化传统,也成为影响人们行为的一种文化力量。

在社会心理因素方面,在旅客对海关通关规则遵从的行为选择上,侥幸和从众心理是主要的心理影响因素。一方面,海关重点抽查模式和旅客自主申报要求使旅检执法的刚性有所减弱,旅客过关时会产生相机抉择的心理;另一方面,海关对违反规则的行为惩戒力度不足,也使旅客存在侥幸心理。

综上,根据分析结果,可以得出个体因素、制度因素和社会因素三个方面对旅客遵从行为的影响。一个旅客的遵从行为离不开这三方面因素的共同作用,而三者之中,制度因素又是至关重要的。正如埃莉诺·奥斯特罗姆所说:"人们通常通过改变规则来改变情境结构。"① 进出境旅客的通关行为发生在特定情境下,因此而生的制度规则也应将旅客的个人因素和社会群体的共同因素纳入设计意图之中,因地制宜地制定与通关情境相适宜的制度规则。

五、海关旅检旅客规则遵从的促进策略

奥斯特罗姆在大量案例分析的基础上对规则应用总结出两点:一是对于一个没有或缺少规则的自主治理体系,引入规则可以极大改善治理情况;二是对于已经存在一系列规则的自主治理体系,修改和完善规则会让治理更加有效。② 因而,针对本研究的分析结果,基于 IAD 框架,本文从引入新规则和修改完善现有规则的角度,对提高旅客遵从行为提出促进策略,以期为构建海关旅检诚信通关监管制度体系稍尽绵薄。

---

① [美]埃莉诺·奥斯特罗姆:《规则、博弈与公共池塘资源》,王巧玲、任睿译,陕西人民出版社 2011 年版,第 39 页。
② 转引自王群:《奥斯特罗姆制度分析与发展框架评介》,《经济学动态》2010 年第 4 期。

（一）简化边界规则，促进旅客易于遵从

1. 简化申报制度

首先，简化申报内容。从适应社会发展和满足公民需求的角度，审视和调整不合时宜的申报内容，对申报的内容进行简化，不仅便于旅客理解和执行，也可解决海关管得太多太细，导致制度难以落实的困境。其次，改革申报方式。以书面申报作为唯一的法定申报方式，在实际执行中面临较多的难题，在监管效能上较为低效和落后，难以适应信息化发展的趋势和通关全面提速的要求。对申报方式进行改革，丰富申报的形式和途径，实行电子申报，旅客可在客户端利用手机进入微信平台、扫描二维码或登录海关 App、官方网站及时填写电子申报单，将电子信息实时发送至海关。这样既能方便旅客，又能让电子信息直接与海关通关系统对接，减轻海关录入的操作压力，释放监管人力资源。

2. 简化税制

对个人自用物品适用相应简化的征税制度符合世界各国的海关惯例，也是提高通关效率的必然选择。在旅检工作中，海关与旅客执法矛盾最大的莫过于征免税物品的种类及免税额度，如 5 000 元免税标准、20 种不予免税的物品。同时，因免税标准低、达到应征税额度的旅客面广，海关有限的执法力量难以实际监管到位。因此，考虑当前经济发展水平以及进出境物品个人自用的性质，可以提高进出境物品的免税限额，统一适用征免税限额标准，方便旅客理解、遵从。

（二）改进选择规则，促进旅客乐于遵从

借鉴货运监管模式和跨境电商的实践经验，自报自缴申报纳税模式可在旅检中推广。2016 年，海关在货运监管中实施"自报自缴"纳税模式，企业自主录入进出口货物信息，在通关系统中选择"自报自缴"，系统自动检查税款计算，企业完成缴税，通过系统送交海关受理后办理货物放行，海关对全过程进行抽查审核。该过程将海关的税收复核管理从事中转到事后，企业如实合规申报、及时足额纳税的责任也得到了强化。随着跨境电商和网上直购的风靡，缴纳物品进口税渐渐为国内消费者所接受。消费者在跨境电商平台选购进口商品时，商品价格中会清楚列明进口税费，可以在网上进行价格对比后，再选

择是否购买,对将缴纳的进口税有明确的预期。

由此可借鉴在海关旅检中推动行李物品进口税由旅客"自报自缴"。旅客在通关信息系统中提前试录入拟购买携带入境的物品品名、类型和数量,系统会自动扣减免税额度,并核算超出免税限量的物品的完税价格和适用税率,得出应缴纳的税款。旅客对税款的多少有明确的掌握和预期,在充分比对境外购物价格略低于国内购物价格后,理性决定是否购买并携带入境。在可接受的税款缴纳范围,旅客自主报税缴税,既有纳税的光荣感,又有经济上的获得感。海关对旅客自报自缴的物品实行抽查和复核,减少面对面收税的剥夺感,改善旅客通关体验。通过自报自缴,也有利于培养旅客自觉知法守法的意识,有利于旅客快速通关,减少现场执法矛盾。

(三) 强化偿付规则,促进旅客慎于遵从

1. 引入信用管理,倡导诚信通关

首先,可将旅客通关系统和边检、银行、金融、外汇、文物管理部门等数据进行共享,加强各部门之间的协调配合,共享旅客进出境资料、守法情况等,形成监管合力,共同打击进出境违法行为,提高监管效能。在对进出境旅客通关信息采集的基础上,形成全国范围的旅客征信系统,将被海关责令补税视为旅客的信用污点之一,对失信旅客实施重点查验,对诚信旅客实施信任放行。

其次,海关与相关部门进行协调,将旅客进出境违规情况与申报情况属实与否纳入旅客个人征信系统,海关将查获的未如实申报纳税的行为纳入个人诚信记录,记录在征信系统信息库内,实施失信联合惩戒。

2. 运用智能化风险分析,实施信任通关下的精准查缉

信任式通关给予旅客充分的自主权,信任旅客自觉配合海关监管,这种信任须建立在海关实际监管的控制力和威慑力的基础上。海关应当能够以高效的监管手段和方式,确保及时准确发现违法行为,或以及时准确发现违法行为的可能性相威慑,令旅客将自觉主动遵从作为其行动必需的选择。以信用管理为基础,海关将监管重点放在高风险旅客群体上,运用智能化手段进行风险分析研判,准确甄别和控制,以较低的查验率实现较高的查获率。

3. 积极开展普法宣传,营造诚信守法的社会氛围

要建立旅客诚信通关管理体系,除了在制度规则上进行有效的设计和强制、在技术手段上运用智能设备精准查缉外,还需要营造社会整体诚信守法的软环境。加强普法宣传,通过网站、微博、微信公众号等媒介,多渠道多方式播

放海关旅检法规文本、图片、视频,以喜闻乐见的形式宣传通关法规。在海关通关现场,加大政务公开,加入典型案例宣传,以案说法,主动接受旅客问询和投诉。同时,加强海关的执法宣传,提高旅客对海关执法的认同度。此外,还要加强诚信通关的宣传,向旅客传递诚信守法便利、失信违法惩戒的执法信号,鼓励倡导旅客自主守法诚信通关。

[论文指导老师:李春成]

# 行为篇

目次

海关归类执法中羁束行政行为统一性研究

——基于羁束行政行为的内在裁量空间

王　紫*

【内容摘要】　行政行为根据受法律规范约束的强弱程度,可简单划分为羁束行政行为和裁量行政行为。传统观念下,只有裁量行政行为才具有自由裁量空间和统一性研究价值,并存在进行统一性研究的需要。事实上,备受忽视的羁束行政行为也存在结果的不统一,并具有裁量空间。随着中国行政法体系的不断健全与完善,越来越多的执法领域中执法者主导的裁量行政行为逐渐变成受到法律规范强约束的羁束行政行为,这种趋势不可逆转,也意味着羁束行政行为的统一性研究具有时代意义。海关归类执法是受到法律规范和协调制度(HS)技术标准强约束的典型羁束行政行为,几乎所有进出口均需要使用编码归类,其结果对相对人权利和义务有重大影响,具有极高统一性研究价值。本文在经典史密斯政策执行模型的框架下,通过海关归类专家访谈、内外部对冲式问卷调查、典型案例分析等方法,分析海关归类执法统一性的现状和影响因素,探索解决之道,提出政策建议,旨在提升归类执法的统一性水平,以及为类似羁束行政行为的统一性提升提供思路。

【关键词】　羁束行政行为；执法统一；海关归类

一、问　题　提　出

（一）羁束与裁量

行政行为根据受法律规范的约束程度,可简单划分为羁束行政行为(下文简称"羁束行为")和自由裁量行政行为(下文简称"裁量行为"),传统观念下

---

*　王紫,2019届MPA毕业生,就职于宁波海关。

只有裁量行为才具有裁量空间并具有统一性的研究价值。当我们观察诸多典型羁束行为在实践中的结果时,越来越多的案例显示部分羁束行政行为也具有"裁量空间"。

近年来,随着我国的法治化程度不断提高,中国的法律体系也在逐渐完善,从以往"法"的不完善需要"人"来补位,"法"仅提供原则性约束,个人意志、主观认知在执法过程中比重过大的局面逐渐改变,形成裁量行为向羁束行为过渡的趋势。海关作为中央垂管、以执行为主、执法领域面向全国的国家行政机关,其统一性研究可为类似机构、执法领域提供具有高外部适用性的借鉴。

(二) 重要概念

1. 羁束行政行为

羁束行政行为(羁束行为)是本文的研究主体,是行政主体在特定行政过程中,受到来自法律、法规、部门规定等一系列强约束的行政行为。它有别于裁量行为:一是行政主体本身能够行使的裁量权相对较小;二是行政行为的结果相对固定和明确。

2. 羁束裁量权

就学理而言,只有裁量行为才具有自由裁量权,而羁束行为是没有任何裁量权的,理论上其行为结果也应当统一。但在实践中,羁束行为的结果存在普遍的不统一,究其原因,尽管羁束行为受到一系列制度上的强约束,但仍然存在裁量空间,本文称之为羁束裁量权。

3. 海关归类执法

本文所称的"归类执法"指海关作为政策执行主体在一系列法律法规和技术规范的强约束下开展进出口商品归类执法,包含实体和程序两方面内容。

(三) 归类执法不统一的现状

近年来,海关因归类不一致导致的执法不统一问题引起了社会各界特别是广大进出口企业的广泛关注。归类不一致导致执法不统一的主要表现是:相同商品适用的关税税率不一致;贸易管制或管理条件存在差异;同种商品因归入的商品编码不同导致出口退税率存在差别。这种执法不统一问题具体有以下四种情况:一是相同商品在不同直属海关或不同区域海关之间归类不一致;二是相同商品在同一直属海关辖区内不同口岸通关归类不一致;三是少数相同商品在不同时期存在归入不同税号的情况;四是直属海关之间做出的归类指导意见或预归类决定存在不统一。①

（四）研究框架

本文借鉴史密斯政策执行模型,参考史密斯模型对影响因素的划分:海关作为执行主体;进出口企业和代理企业作为目标群体;归类执法依据和协调制度作为政策本体;并引入政策环境。本文研究框架如图1所示。

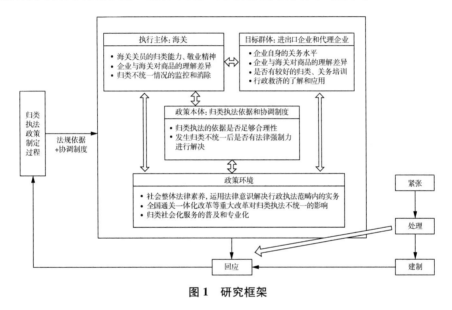

图 1　研究框架

二、归类不统一的表象成因:以浴室柜归类不统一为例

（一）案例陈述

浴室柜归类不统一是近年来极具典型性的案例之一,归类争议涉及范围

---

① 蒋小竹:《关于加强和提高归类执法统一性的思考》,内部资料。

较其他争议商品更为广泛,影响范围基本为整个浴室柜相关行业。事件初始,大量申报品名为"浴室柜"的商品在出口时接受查验,结果出现了多个不同海关认定的税号,涉及不同退税率,对整个行业造成影响和冲击。海关协同家具协会共同深入调研,最终由大连海关、广州海关、杭州海关、宁波海关四家海关共同上报 2015 年度归类技术委员会讨论决定。

经过多个海关协同调研,最终上报商品的描述为:商品由陶瓷面盆与密度板制柜体组合在一起构成,可以直接放在卫生间内,柜体内部有多个空间,可能存在抽屉、隔板,用以按需置物。主要功能:盥洗、储物(洗护用品、化妆品、生活用品、毛巾、浴袍等)、美化整体浴室空间。

上报的归类意见经过整合,汇总为两个。意见一:浴室柜由陶瓷台盆和底柜组成,参照"柜式组合盥洗面盆"归类决定 D-1-0000-2009-0240①,该商品应归入税号 6910.1000。意见二:浴室柜由陶瓷台盆和底柜组成,该商品由单一的盥洗功能发展为兼具盥洗、储物与装饰等功能,该底柜具有一定的储物功能,不仅仅起到包裹管道的美观作用,根据归类总规则三(三)②,该商品应归入税目 94.03 项下。

2015 年度归类技术委员会发布最终审议结果,并没有将两类商品合并统一归类,而是认为所述"浴室柜"是组合物。与归类决定 D-1-0000-2009-0240 所述"柜式组合盥洗面盆"相比较,"浴室柜"种类、用途变化较大,但按照基本特征归类的原则是符合归类总规则规定的,原 D-1-0000-2009-0240"柜式组合盥洗面盆"的归类结论不需要修改。至此,浴室柜出口较为混乱的局面得到了大致统一,也对行业布局形成了一定影响。

大多数情况下,归类执法矛盾各方之间的张力有限,不足以推动问题解

---

① D-1-0000-2009-0240 为海关总署做出并对外公布具有法律效力的归类决定,该决定内容大致为:品名为柜式组合盥洗面盆的商品,由瓷制面盆与防水密度板制柜体组合在一起构成,可以直接放在卫生间内,连接上下水管道后即可使用。审议人员认为:该商品的主要功能是用于盥洗,其柜门起到包裹管道的美观作用,不是主要功能。根据《税则》归类总规则一,将其归入税则号列 6910.1000。

② 归类总规则三:当货品按规则二(二)或由于其他原因看起来可归入两个或两个以上品目时,应按以下规则归类:(一)列名比较具体的品目,优先于列名一般的品目。但是,如果两个或两个以上品目都仅述及混合或组合货品所含的某部分材料或物质,或零售的成套货品中的部分货品,即使其中某个品目对该货品描述得更为全面、详细,这些货品在有关品目的列名应视为同样具体。(二)混合物、不同材料构成或不同部件组成的组合物以及零售的成套货品,如果不能按照规则三(一)归类时,在本款可适用的条件下,应按构成货品基本特征的材料或部件归类。(三)货品不能按照规则三(一)或(二)归类时,应按号列顺序归入其可归入的最末一个品目。

决,但张力足够强也意味着分歧强烈以及利益影响较大。在这种情况下,将有可能打开"政策窗口",进入正式解决通道。

(二) 浴室柜归类不统一的成因分析

1. 归类技术的提高无法消除主观性分歧

所有最终上报到归类技术委员会讨论的问题,都是经过各关数名归类专家反复会商后发现无法认定才最终上报的。尽管《商品名称及编码协调制度》(以下简称"协调制度")已尽可能详尽,但仍然留下了太多主观判断的空间,而这些空间的统一,很多时候已与归类技术无关,实际需要的只是统一。

2. 归类不统一是否成为执法矛盾是一个随机事件

在执法实践中,像台盆、淋浴房这样的商品归类不统一案例极多,最终一部分不统一被接受,一部分引起矛盾和张力,矛盾最为突出的形成问题并进入官方解决议程。如何进入议程并不是一个定数,而是取决于不统一的结果是否对企业的权利义务带来较大的改变和影响以及这些改变和影响的程度。

3. 狭小的作业时空对归类执法形成巨大挑战

即使非常有经验的一线关员,其进行归类的基础也是对商品信息的全面掌握。有些商品通过申报、查验即可全面掌握,有些商品(如化工品、机械电气设备等)还需要更为复杂的信息提供、化验、逻辑推理、行业调研等。在全国海关通关大提速的前提下,留给海关与企业在事中有效沟通、确定商品的归类极为有限。

三、史密斯模型视角下归类不统一的影响因素分析

运用史密斯模型,要求尽可能完整、准确地理清各个因素(执行主体、目标群体、政策本身和政策环境)及其关联。通过一定样本量下的问卷和访谈,收集一手翔实资料,还原归类执法各变量的全貌。

(一)访谈、问卷设计思路

1. 访谈设计思路

本文是基于史密斯执行模型的实证研究,将史密斯模型中的理想化政策、执行的主体、目标群体和环境因素四个维度融入访谈提纲。本文选择的访谈对象是从事归类执法的专家,能够全面、客观地从主要方面审视归类不统一。

2. 问卷设计思路

本研究共设计两套调查问卷,分别面向海关内部和进口企业与代理报关企业,总体的问卷结构相同,在具体的题项上根据实际区别有所区分,部分子维度在问卷的多个部分有交叉和对冲,详见表1。

表1 归类不统一问卷维度及题项设计表

维度	子维度	涉及政策执行因素	具体题项	问卷面向群体
概念认知	对归类权威的认知	目标群体	对归类权威机构和制度的了解	企业
	归类是否申报即接受	执行机构/目标群体	对海关何种情形下接受申报归类的认知	海关+企业
	归类不统一彻底可能性	执行机构/目标群体	对归类不统一情况是否可以彻底解决的认知	海关+企业
归类执法的社会环境	社会环境是否有利于提高归类执法统一性水平	环境因素	社会环境是否有利于营造归类执法统一性提升	海关+企业
目标群体影响因素	报关企业归类水平	目标群体	报关代理企业归类能力评价	海关+企业
	报关企业归类能力提升意愿	目标群体	报关代理企业是否注重提升自身归类能力	海关+企业
	主观性不统一	目标群体	由于本维度过于敏感,难以获得有效的调查结果,不做分析	/
	其他综合影响因素	目标群体	由企业造成的归类不统一影响因素开放式调查	海关+企业

续　表

维度	子维度	涉及政策执行因素	具体题项	问卷面向群体
执行机构影响因素	归类执法存在的问题	执行机构	海关目前归类执法中普遍存在的问题调查	海关+企业
	提供归类服务种类	执行机构	目前海关提供归类服务的种类	海关+企业
	归类服务存在的问题	执行机构	目前提供归类服务的有效性和问题调查	海关+企业
	归类不统一的处置的问题	执行机构	目前海关处置归类不统一存在的问题调查	海关+企业
	提升归类不统一的关注途径	执行机构	海关何种情形下能够提高对归类不统一的处置力度	海关+企业
	其他综合影响因素	执行机构	由海关造成的归类不统一影响因素开放式调查	海关+企业
理想化政策	重大改革的影响	理想化政策	全国通关一体化改革、归类预测等制度的有效性预测调查	海关+企业
	行政救济有效性	执行机构	行政救济的有效性评价	海关+企业
政策建议	解决路径	执行机构/目标群体/理想化政策/环境因素	归类执法统一性水平提升的路径开放式调查	海关+企业

（二）问卷、访谈内容和数据情况

1. 专家访谈：现状与结构性问题

2017年10月至2018年4月，共完成了7位海关专家的访谈，包括1次集体访谈和5次单独访谈。访谈的受访者为海关归类执法系统最直接相关的职能部门和外贸进出口发达地区海关基层执法归类专家和领导。

2. 问卷数据收集总体情况

本问卷调查借助线上问卷调查平台，定向发往海关内部专业从事归类相关业务领域的关税、通关、审单等部门的专家、关员，以及长期在各大口岸从事进出口业务、代理报关业务的企业人员。2018年3月5日至3月17日,共收集135份海关内部调查问卷和375份企业外部调查问卷。由于采用无记名的方式进行线上作答,有利于消除体制内被调查者的顾虑并使其尽可能真实地完成题项。

(三) 目前归类执法统一性状况与关键节点

通过内部访谈和定向问卷,本文首先对目前的归类执法统一性水平和趋势进行分析并得出结论。

1. 归类执法的总体状况

从整体上看,"归类执法不统一"已成为普遍现象,无论是海关内部数据还是企业外部数据,其接触商品变化频率、被调查者从业年限、企业申报规模均与遭遇"归类执法不统一"的频率呈正相关。

2. 归类不统一的总体趋势和关键节点

"海关审单环节""查验环节""验估"是出现归类不统一最为集中的三个环节。从商品税号章节分布来看,电气、机械设备为归类执法不统一最为集中的税号章节,贱金属及制品、杂项、塑料橡胶和化工产品次之。

3. 官方归类渠道复杂耗时

2017年12月,海关总署公布《中华人民共和国海关预裁定管理暂行办法》(海关总署令第236号),预示着海关对外提供的归类服务进入了新时期,但从管理规定来看,预裁定相比之前的预归类根本性改变不多,仍然不能满足企业的业务需求。

4. 庞大复杂的归类技术与晦涩的《协调制度》条款

税则体系庞大,难以掌握。以2017年版税则为例,其中包含8 500余个税则号列(8位),涉及税号就数以万计,而归类适用的法律依据除税则外还有税则注释、本国子目注释等,且结构复杂、条款纷乱。与此同时,作为归类依据的重要组成部分的归类总规则在编译后仍晦涩难懂,不利于理解、记忆。

(四) 海关——执法主体视角分析

海关为中央直属的政府机构,主要承担政策执行的职能,鲜有政策决策的部分。在海关的执法体系中,层级倒置的现象较为明显,大量的基础业务依靠基层关员自主完成。

1. 业务岗位属性是执法不统一的主因

对于与归类执法高度相关岗位来说,工作年限更长的关员接触商品变化频率越高,而接触商品的频率越高,遇到归类执法不统一的频率也相应越高。

2. 归类执法过程中的重点问题

如图2、图3所示,海关对商品属性掌握不全或与企业在对商品的认识上存在差异,该问题深刻影响归类执法统一性,并已成为海关与企业的共识。"各海关坚持各自归类结果"则体现出制度层面的协作问题。

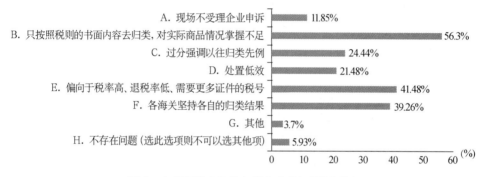

图2 内部问卷中海关归类存在的问题(多选)

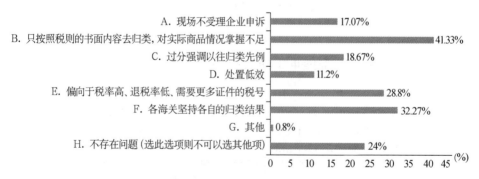

图3 外部问卷中海关归类存在的问题(多选)

3. 对归类执法不统一的处置倾向

在现场海关归类专家看来,相同品名归类不统一的情况普遍存在,在解决的发起上有企业提出的,也有海关主动更正的。在实际执法中,抛开品名把握本质是优先考虑的问题,海关在最后认定中更倾向于遵循归类先例、尊重权威认定、慎重自我裁定。

4. 执法主体的系统培训难以保证

大部分海关内部工作人员仅在入关培训时对税则归类有过相对系统的基础性培训,在实际工作中,受日常分工的影响,他们即使接触归类所遇到的商品也难以覆盖全面的章节。相对系统全面的总署级归类培训一般效果显著,但因参与人员数量有限、岗位交流频繁等因素,导致这类培训难以有效提升总体归类水平。

如图4、图5所示,"海关关员归类水平存在差异""海关关员对商品了解存在主观性差异"显然能被多数受访者所感知。此外,"海关关员对归类不统一的解决有限""海关关员对归类执法不够严谨"等问题在海关内部工作人员中也有较为清晰的感知。

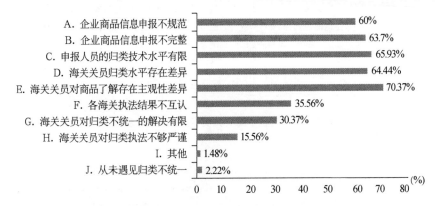

图4 内部问卷中归类执法不统一主要因素调查(多选)

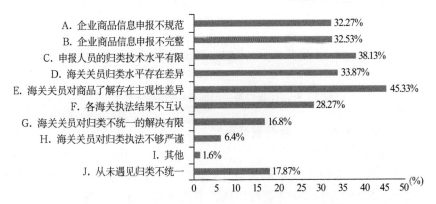

图5 外部问卷中归类执法不统一主要因素调查(多选)

(五)企业——目标群体视角分析

在现实情况中,进出口企业往往并不比海关掌握更多商品信息,这种信息不对称已从技术上扩展到商品信息上。

1. 申报种类、规模与从业年限是遭遇归类执法不统一的主因

对于企业而言,申报商品种类越单一,发生归类执法不统一的概率相应会越低;而随着申报商品变化频率的提升,遭遇归类不统一的频率也在显著上升;进而,随着申报规模、从业年限的增长,遭遇归类执法不统一的频率也在显著增长。

2. 面对归类执法不统一的反应倾向

如图6、图7所示,总体而言,面对归类执法不统一现象,尤其是在影响企业自身利益的情况下,部分目标群体偏向于尝试沟通,很少会进行强硬申辩。进出口企业选择"进行申辩"的比例显著高于代理报关企业,这一调查结果符合"归类不统一情形下,对进出口企业/工厂的利益影响远大于报关代理"的预期。

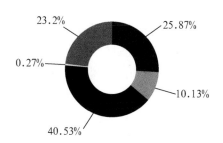

- ■A. 不申辩,以海关后面的归类为准统一申报
- ■B. 不申辩,之后按两个海关要求分别申报归类
- ■C. 进行申辩,希望海关能够确定正确的归类
- ■D. 态度强硬,要求海关必须明确归类
- ■E. 从未遇见归类执法不统一

图6 外部问卷中发生归类不统一时企业倾向行为调查

3. 目标群体自身因素

商品信息上报的完整、客观、规范是影响归类执法统一性的至关重要的因素。如图4、图5所示,内外部受访者均认为"企业商品信息申报不规范""企业商品信息申报不完整"是影响归类执法统一性的重要因素。

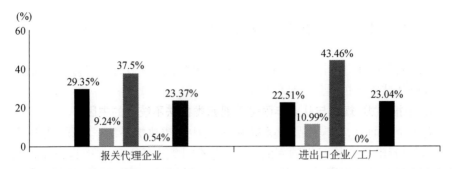

图7　外部问卷中不同类型企业在遇到归类不统一时的行为倾向

（六）政策实施环境

1. 海关对归类不统一问题关注度的影响因素

如图8、图9所示，当归类执法不统一已经发生，"归类变动所引起的税额变动特别巨大""可能涉及移交缉私、企业降类或其他行政处罚"成为内外部受访者的共识，即归类变动引起的实质性变动越大，海关予以的关注就越多。从内部成员角度来看，领导关注、投诉与激烈表达两种途径更能够推动问题解决，说明企业的激烈表达也是提升归类不统一问题受关注的影响因素。

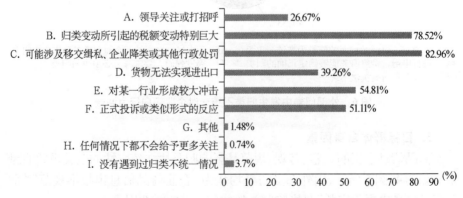

图8　内部问卷中对归类不统一问题的关注度影响因素调查（多选）

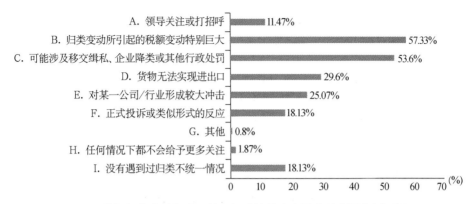

图9 外部问卷中对归类不统一问题的关注度影响因素调查(多选)

2. 迅速发展的新商品对《协调制度》形成的冲击

就外部环境而言,随着新商品的不断开发,其归类问题也一直困扰着归类人员。例如前几年兴起的自拍杆,可以用于手机、相机等,如何对其归类一直争议不断,直到2017税则新设置税号9620才解决该问题。然而,并不是所有的新商品都可以通过新增子目、税号的形式来实现归类不一致问题的解决。

四、结论与对策

如图10、图11所示,"加强培训,进一步提高外贸从业人员的归类水平""海关定期汇总归类疑难向社会公布""社会化专业关务咨询公司提供预归类

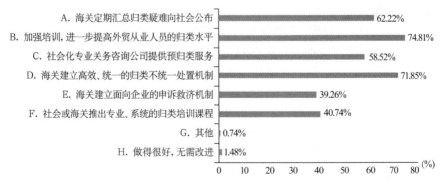

图10 内部问卷中归类执法统一性水平解决的路径调查(多选)

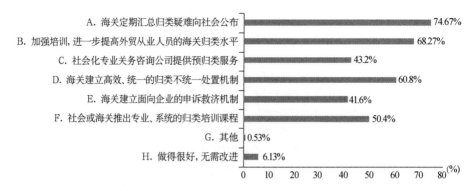

图11 外部问卷中归类执法统一性水平解决的路径调查(多选)

服务""海关建立高效、统一的归类不统一处置机制""社会或海关推出专业、系统的归类培训课程""海关建立面向企业的申诉救济机制"六点预设建议选项均获得了内外部的广泛认同。通过上述结果,可以归总以下建议。

(一)问卷与访谈中对提升统一性建议归总

在内部专家访谈中,海关专家对提升统一性的建议汇总为以下四个方面。

第一,运用大数据技术,建立更加权威、规范的归类查询数据库,并在企业申报系统中加强归类申报提示。目前海关归类数据庞杂,同时,归类信息系统与海关的通关系统、企业的申报系统也未能有机结合。通过内部统一的梳理,在大数据的支持下,有效地将系统嵌套应用,提升海关的归类信息透明性。

第二,在协调制度商品归类技术委员会的基础上,完善各关区间的协调联系机制,及时发现和解决问题。要解决由于关区之间阻隔所造成的不统一问题,需要在海关总署层面针对该情况出台并细化协调解决机制,以及可供落地执行的成文规程,并根据实际执行情况进行不断修正和监督。

第三,总署层面要提高对现有归类决定、归类指导意见中存在明显的不统一进行清理,并加强后续签发结果的审查。目前海关归类信息系统中,大量存在的不统一应由总署层面集中开展二次认定,对于明显错误、商品信息存在缺失或不符合归类需求的,予以吊销和清理。

第四,加强海关内部的归类培训和归类岗位的管理,加强企业的归类水平提升,提高整体的归类基础掌握普及度。在"前松后紧"的海关监管新模式下,企业维持原有模式将难以适应新的关务要求。客观上,企业难以在市场上找到系统、全面的培训课程,也缺乏水平较高的社会化预归类服务。从目前掌握的情况来看,广州、上海、苏州等地已经出现了一些相对成熟的预归类服务公司,但绝大部分口岸仍然存在空缺。未来归类执法统一依赖于关务、归类培训以及预归类市场的形成,进而带动整体进出口企业相应水平的提升。

(二) 羁束行为的裁量空间

本文研究核心内容之一的"羁束行为内在裁量空间"是根据对羁束行为的研究提出的观点,其创新之处在于:打破之前所认为的仅有裁量行为具有裁量空间的观念,提出羁束行为也具有不同性质的裁量空间。

在对裁量-羁束行为进行区分的文献研究中,有研究也提及羁束行为的界定只有一类,那就是法律规范中以确定语意进行表述的执法行为,如"应当""必须"。① 通过本文研究认为,"应当""必须"等确定性表述不构成判断羁束与裁量的必要条件,而在确定要做什么或不做什么的规定中,是具有裁度范围还是唯一标准往往才是一般意义上理解的裁量空间。例如,"应当处以200至1 000元处罚"显然是一种裁量行为,与此同时"应当处以罚款"的表述也就成为一种裁量行为。由此可见,在法律规范的条款予以明确但具有范围或原则性明确的行政行为均可被看作裁量行为,并具有普遍意义上的裁量空间,其表现形式主要可以分为两类:一是依据翔实、结果确定,但因执法主体存在主观理解空间;二是存在规定缺失导致需要"法外执行"。

综上,本文突破了理论上羁束行为不具有裁量空间的固有认知,提出羁束行为同样存在内在裁量空间,这使得尽管法律规范具有强约束,但一些技术类等执法主体理解差异和既有规定缺失,仍然会导致各执法主体不同的处理方式,最终形成相同执法要件和不同执法结果的情况。

(三) 基于研究结论的统一性提升政策建议

归类执法中存在不统一问题的解决方向应当旨在提高统一性,而非杜绝此类现象。本文根据上文得出的有效影响因素和张力特征,提出五方面的政策建议,旨在逐步提升海关归类执法统一性水平,同时也希望为其他政策执行领域的羁束行为统一性研究提供参照。

---

① 吴坚、章厚知:《浅析药品行政监管中的羁束行为和自由裁量行为》,《中国药业》2007年第22期,第9—10页。

1. 进一步优化羁束行为的依据，缩小羁束裁量空间

尽管归类执法已受法律规范和技术标准双重约束，但是通过本研究发现要件中存在规定缺失和主观性表述依然形成了归类执法的羁束裁量空间。从统一性角度出发，应缩小裁量空间，明确归类不统一的认定标准和处置流程，将归类不统一的处置从依赖于个体的主观能动性到依赖于政策法条约束，在羁束化的进程中解决关键问题、形成建制。

2. 做好数据整合与公开，以云查询取代技术普及

归类数据及技术的现状是：一是海关内部的归类认定不对外公开；二是海关内部的归类认定中存在大量重复、失效、瑕疵明显的数据；三是归类技术的学习需要时间、经验以及渠道。从实际情况来看，执法主体都难以保证一线关员足量的培训，面向社会的归类培训发展更加困难重重。有鉴于此，实行归类大数据整合，由归类职能部门对数据进行清理梳理后，进行归类数据的外网规范性公开，同时辅以政策法规对数据公开进行规定约束。在行政相对人难以有效提升自身归类水平认知的背景下，通过商品比对查询快速获得归类提示更符合实际需求。

3. 强化尊重事实、重视流程的处置意识

由于商品种类繁多，海关与企业之间就商品信息存在天然、无法避免的信息不对称。这是所有参与者必须面对的现实。而相对人对归类技术不熟悉，习惯性按行业思维进行归类推导也是无法规避的问题。作为在整个归类执法中起主导地位的海关关员应当正确看待商品信息不对称和海关与企业对商品属性理解的分歧两大问题，在执法过程中创造条件获取客观信息，切勿以偏概全、草率认定。

4. 提升官方归类服务体验，大力发展社会化预归类

官方的归类由于涉及法定效力，因此其流程长、执法主体出具极为谨慎无可厚非，但造成的结果是与实际相对人的需求脱节。社会化预归类是官方归类服务极好的补充，通过市场竞争的方式，提高社会化预归类的准确性、时效性，完善法律保证。据了解，有些大口岸（如上海、深圳、江苏）的社会化预归类市场已初具效应，未来需要进一步提升社会化预归类的服务能力。

[论文指导老师：扶松茂]

协作治理视角下对口支援新疆研究

张 楠*

【内容摘要】 至2017年,最新模式的对口支援新疆工作已开展七年。本文以协作治理理论的视角探讨:对口支援新疆能否纳入协作治理框架?在该视角下,对口支援新疆存在哪些问题?这些问题的成因是什么?解决方案是什么?经研究,本文认为对口支援新疆可在协作治理的范畴内加以分析,但它同时具备中央政府协调推动这一特征,因此也具备一定的特殊性,可被视为一种特殊的协作治理模式。对口支援新疆的这一特点使其既面临协作惰性客观存在、受援地方政府成为协作双方中的强势行动者这样的协作治理局限性问题,也存在一种独特的委托代理现象。对此,本文在分析问题的表现和成因后的建议是:强化法律支持,建立更优的博弈均衡来应对道德风险,降低协作惰性并提升协作优势,设置更加平衡的权力分配。

【关键词】 协作治理;对口支援模式;援疆

一、研 究 综 述

对口支援新疆政策历经多年发展,但相关研究并不十分丰富。当前研究对口支援新疆政策的文献多以科技、教育等某一领域为研究对象展开研究,或者以某一地区为例展开研究。本文从协作治理视角,分析截至2017年对口支援新疆政策的治理模式,寻找问题并分析原因,或可为以后的研究贡献智慧,对促进新疆的经济社会发展和稳定具有一定的积极作用。

关于对口支援模式的研究大多层次较高,从制度构建的高度分析对口支援模式的框架。本文主要参考复旦大学李瑞昌教授的专著《中国特点的对口支援制度研究——政府间网络视角》以及与对口支援和汶川地震灾后重建模

---

* 张楠,2018届毕业生,就职于中国银行保险监督管理委员会塔城监管分局。

式相关的主题文章及论文。在分析视角上,本文借鉴了秦长江的博士学位论文《协作性公共管理:理念、结构与过程》中的观点:"协作性公共管理强调横向、纵向和跨部门三个维度上的协作,包括政府组织内部的纵向协作,政府内部以及不同部门之间的横向协作,以及政府部门、私人部门和第三部门及公民之间的跨部门跨组织协作。"①

二、对口支援新疆模式的发展与解析

(一)对口支援模式及对口支援新疆政策的发展

对口支援成型于20世纪70年代末。在这之前,对口支援经历了从新中国建立后的萌芽状态逐渐发展到雏形,直至最终成熟定型的过程。在2008年5月汶川地震后,为加快地震灾区灾后恢复重建并使各地的对口支援工作有序开展,国务院办公厅于2008年6月印发了《汶川地震灾后恢复重建对口支援方案》。该方案制定后,对口支援政策已基本成熟定型,在一年后被应用于对口支援新疆政策之中。对口支援新疆政策整合了前期其他主要领域的对口支援,将原有的对口援疆和其他对口支援项目结合起来,成为全面全方位的对口支援新疆政策。

(二)对口支援新疆模式的解析

对口支援新疆以东部发达省份(包括副省级的深圳市)"一省支援一地"为一般性特点,直辖市、经济发达省份合力支援最困难的新疆南部地区"三地州",除乌鲁木齐市和克拉玛依市无对口安排外,所有地州县一级的受援单位均被覆盖,同时也不存在多个地区共援一个县的情况,并且充分考虑了各个地区的特殊性,以拥有同类治理经验的省市对口支援相似受援地区。最典型的是深圳市作为最成功的经济特区对口支援同为经济特区的喀什地区喀什市。

---

① 秦长江:《协作性公共管理:理念、结构与过程》,上海交通大学管理科学与工程(区域与战略管理)专业博士学位论文,2012年,第I—II页。

从宏观结构上来看,对口支援新疆工作展现出两个特点,一个是全国范围的统一协调,一个是参与主体的相对独立,显现出一定的网络化特点。

1. 统一协调

各省市的对口支援新疆工作由各省市的政府自行开展。参与支援的19省市都成立了对口支援新疆工作协调领导小组,下设对口支援新疆工作协调领导小组办公室(一般简称"援疆办"),在受援地州设立对口支援新疆工作前方指挥部。新疆同样成立了对口支援新疆工作协调领导小组,也设立了援疆办作为政府的常设机构。

(1)对口支援新疆工作协调领导小组。为做好对口支援新疆的各项工作,从中央到19省(市)及新疆都设立了该项工作的领导小组,代表当地政府统筹协调所有援疆事项的相关工作。从组成上看,各级领导小组基本包含了当地所有政府组成部门,反映出本次对口支援新疆的全面性。在中央一级,由领导小组总揽,由各成员部委制定各自条线内的支援方案,再由其下级单位层层传达部署实施。例如,发改委组织实施产业援疆,教育部组织实施教育援疆,中共中组部及人社部组织实施干部人才援疆,这些部门下各组成部门、分支机构和派出机构将任务传达至所在地区领导小组后再统一协调开展。

(2)对口支援新疆工作协调领导小组办公室。援疆办的职能主要在于协调对接。其中的流程可以表述为"支援地区政府(援疆领导小组)—支援地区援疆办—前方指挥部—受援地区援疆办—受援地区政府(援疆领导小组)"。在这一组成关系中,支援地区援疆办相当于前方指挥部的后方,负责传达领导小组的各项指令和政策并反馈前方指挥部的工作情况。受援地区援疆办的作用类似,只是在其中传递信息的内容不同。

(3)对口支援新疆工作前方指挥部。前方指挥部是对口支援新疆过程中最直接参与的部门,负责各项政策的落实,并不同程度地参与受援地区政府的治理过程。前方指挥部是在援疆项目、人员、资金安排上有直接决定权的部门,统筹管理各项相关工作。在工作关系上,由受援地区援疆办向前方指挥部报送申请和需求,前方指挥部书面同意后拨付。

2. 相对独立

各省市的对口支援新疆工作在中央的统一协调下开展,中央提出纲领后各部委按职能制定相应的方案。具体的操作实施则由各支援地区自行组织安排。支援地区政府拥有很大的自主性,相互之间彼此独立。

（三）微观权力安排

19个省（市）与受援地区在前方指挥部的权力安排大致相同。支援地区政府、前方指挥部、受援地区政府分别具有不同的权力。

支援地区政府有权确定援疆干部人选，受援地区无权干涉援疆干部的人员选派。虽然各省市选派的援疆干部需由中组部和人社部审批，但支援地区政府无疑在人员选派上具有实质性的主导作用。支援地区政府有权确定对口支援方案及各类援疆项目、资金、人员、设备的支援计划。

前方指挥部有权管理各类援疆项目、资金、人员、设备，并审批它们的使用申请，在拨付援疆物资方面具有决定性权力。此外，支援地区政府确定的对口支援方案一般是由前方指挥部和受援地区政府协商形成的。前方指挥部的负责人同时进入受援地区政府的领导层，不同程度地参与受援地区的治理。

援疆干部的管理权限一般在受援地区政府，援疆干部在疆期间视同受援地区本地干部。

三、对口支援新疆的协作治理分析

（一）协作治理的范畴与适用性

学术界关于协作治理的界定有多种表述，虽然暂时未形成统一的概念，但各种表述彼此近似，只是在涵盖范围上略有不同。

直接套用国内外多数学者所称的协作治理来分析对口支援新疆政策显然是不合适的。因为在这类研究中都有一个隐含的假设：以所研究行政区域为一个整体，协作治理发生在其内部的公共部门与非公共部门之间，即不存在辖外参与者的介入。对口支援新疆并不具备这样的特征，这种范畴下的协作治理显然无法适用于对口支援新疆政策的研究。

在引入府际关系后，可将本辖区不具有行政权力的利益相关者的范围更加一般化，因此也包含辖外的公共部门。由于行政辖区的因素，辖外公共部门的行政权力不会干涉辖内的行政运行，可视作在本辖区无行政权力。

这也可以补充说明秦长江所说的政府与政府间开展的协作治理的逻辑关系。具体到本文便是内地支援省市以参与新疆受援地(州)地方治理的方式开展的对口支援新疆工作。鉴于协作治理理论的研究现状，笔者认为这一突破是有积极意义的，对本文也是必要的。

（二）协作治理在对口支援新疆政策中的体现

1. 支援省(市)作为第三方参与受援地区治理

如前文所述，各支援省(市)作为域外的组织，参与了受援地的地方治理。参与的形式是设立前方指挥部。前方指挥部具有双重特性，它既参与当地政府的管理行为，又不完全充当当地政府的组成部分。它虽然接受当地政府的管理，但在组织上归根到底仍然是第三方的身份。

可以说，以前方指挥部来参与对口支援新疆的方式，是一种第三方参与治理的形式。这属于政府间的协作模式，还符合多元第三方的特点。因此，前方指挥部的对口支援模式带有明显的协作治理特点。

2. 对口支援以中央的行政指令推动开展

如前文所述，对口支援新疆工作在各支援省(市)之上还有中央政府的推动协调。这虽然与部分学者强调的协作治理中多元主体的参与的自发性与非政府性不同，但在本文框架中，仍可将其视作"按照协作各方的权力流向，可以分为上下级别之间的政府部门和政府机构之间的纵向协作"[1]。

3. 协作治理在对口支援新疆上的微观表现

在微观上，协作治理体现在前方指挥部负责人参与受援地的地方治理。前方指挥部负责人代表支援政府参与受援地区的公共事务管理，实现为当地提供更好的公共服务的目标。在受援地区政府的决策圈中，因为援疆干部和其援疆物资处置权力的加入，原有的地方政府这唯一的权力中心开始分散到第三方。同时，因为在对口支援新疆中，支援省(市)还带来了项目、资金、人员、设备，"共享公共权力与资源，将各个主体的力量整合起来，共同为实现公共利益努力"[2]。

---

[1] 秦长江：《协作性公共管理：理念、结构与过程》，上海交通大学管理科学与工程(区域与战略管理)专业博士学位论文，2012年，第75页。
[2] 颜佳华、吕炜：《协商治理、协作治理、协同治理与合作治理概念及其关系辨析》，《湘潭大学学报》(哲学社会科学版)2015年第2期，第17页。

（三）结论：对口支援新疆是一种特殊的协作治理模式

对口支援新疆是一种特殊的协作治理模式。它属于协作治理的范畴，但它具备中央政府协调推动这一特性，因此也具备一定的特殊性。

1. 一般性特征

对口支援新疆属于协作治理的原因在于符合协作治理的本质属性，符合协作治理的价值理念，符合协作治理的组织形态。参与对口支援新疆政策制定了规范各方行为和关系的规则，"创造组织结构，通过共享的权力安排，在协作行为和目标上达到一致同意。这些观念位于协作的核心，其中还包括谈判和承诺过程、参与性决策、共享的权力安排以及问题的解决等"[①]。对口支援新疆是一个管理工具，调解新疆一地的利益和全国的整体利益，为对口双方建立互惠关系。

2. 特殊性特征

对口支援新疆政策作为协作治理的一个模式，也具有特殊性。首先，这种特殊性在于存在一个超越支援受援各方的协调组织，由该组织确定并推动各方的协作。这与许多协作治理的经典观点有很大不同，仍然带有很强的科层制特征。尽管有观点认为"在协作性管理中施行自上而下或者整合性方法不容易产生好的效果"[②]，但结合到我国各地之间巨大的经济、地理、人口差异，完全抹除科层制是不可能也是不科学的。其次，中央政府在下达方向和开启指令后，各项工作始终以支援地的地方政府为支援主体，支援政府的角色相对独立，中央政府也未就援疆的具体事宜干涉各支援省（市）。

四、协作治理在对口支援新疆中的问题及其成因

（一）协作治理理论框架下的问题推导

在对口支援新疆的协作治理属性得到验证之后，本文将进一步通过协作

---

① 秦长江：《协作性公共管理：理念、结构与过程》，上海交通大学管理科学与工程（区域与战略管理）专业博士学位论文，2012 年，第 58 页。

② 同上文，第 108 页。

治理理论的框架来分析对口支援新疆实践中存在的问题。经过调查发现:强势行动者和协作惰性的问题存在于对口支援新疆工作中;有协作冲突的可能但未能得出肯定结论;暂无明确的调查证据表明其他问题的存在。调查发现的框架之外的问题(对口支援新疆在协作治理框架下的特殊性必然产生的问题)为委托代理中的道德风险。此外,根据已有文献,法律制度不健全是各类文献普遍指出的问题,本文有所涉及但不赘述。

(二)基于调查基础上发现的问题及其成因

1. 法律为对口支援过程中的协作提供的支持相对不足

从协作治理的视角来看,第三方的介入必然会影响原有的行政权力分配,也必然会在行政过程中遇到纠纷和冲突。当前的法律体系尚不能明确规定分配的思路和方式,也未就解决纠纷和冲突制定明确路径,未能促成各项具体机制的建设。

2. 存在道德风险

道德风险普遍出现在公共政策的执行过程中,由事后的信息不对称和利益歧化造成政策执行情况偏离政策设计的初衷。

对口支援新疆的道德风险主要表现在两个方面:一个是在权力行使上与组织利益不符;一个是干部个人出现消极懈怠情绪。前者是理性博弈的结果,后者是精神情绪的表现。这一问题主要是通过访谈发现的。

在访谈中,受访者均承认了第二种倾向,但未承认第一种倾向。

一般来说,一项工作开展多年后,参与者的热情开始消退,理性应对逐步出现。对口支援新疆中的道德风险便是理性应对的产物。对于下级来说,只要上级不掌握实情,无论自己努力与否,其收益是不变的,所以理性选择是不努力。

各省为鼓励干部参与援疆,提供两项优惠政策,一是工资补贴,二是升迁。一般补贴是定额的,也是可稳定预期的。但各省(市)在升迁问题上的做法有所不同,差异在于是否存在对升迁的允诺,具体做法为援疆前升迁和援疆后升迁。其中,援疆前升迁为可预见的允诺升迁;援疆后升迁因为考核的作用而成为有风险的非允诺升迁。后一种鼓励方式有更复杂的道德风险。

以下通过博弈矩阵来说明前述问题。

在支援省份选派援疆干部时,要面临是否允诺援疆干部升迁的问题。援疆干部随之产生不同的效用,进而产生对应的选择。这一博弈会分两次发生,一般由支援省份先做出选择。在此,可预见的容易升迁被看作允诺升迁,可预见的艰难升迁被看作非允诺升迁。

在表1中,A和a为待选援疆干部的效用,A>0。一般来说,援疆工作非常辛苦而且长期离家,在非允诺升迁情境下,升迁还存在一定风险,因此a<0。由此可以推导出A>a。b为支援省份获得援疆干部支援带来的效用,b>0。第一次博弈发生时,如果支援省份选择允诺升迁,干部的选择是"去",因为A>0。如果支援省份选择不允诺,干部的选择是"不去",因为a<0。在"允诺,去"和"不允诺,不去"这两者间,支援省份的效用分别是b和0,那么支援省份显然会选择"允诺",均衡解为"允诺,去"。

表1 第一次博弈表

待选援疆干部的选择	支援省份的选择	
	允诺	不允诺
去	A, b	a, b
不去	0, 0	0, 0

在表2中,C、c、e、f为待选援疆干部的效用,C>c>0,同样的原因,e<0。D、d为支援省份的效用,D>d>0。第二次博弈发生时,支援省份已选择允诺升迁,干部的选择是"不努力",因为C>c。如果支援省份改变选择为"不允诺",干部选择"努力"还是"不努力"取决于事后升迁的预期,也就是对f赋值的判断。若是预见升迁艰难,这里0>e>f,援疆干部仍将选择"不努力"。若是支援省份提高f的值,让升迁变得足够容易,援疆干部将选择"努力"。但不管支援省份如何提高f的值,当支援省份选择"不允诺"时,其他干部在第一次博弈中都将选择"不去"。这里的问题就是,只有允诺了升迁才会有人去援疆,但允诺了升迁后便会出现道德风险,即不再努力。即便这一道德风险不被支援省份在意,它却会对中央政策和受援地区的利益造成损害。

表2 第二次博弈表

待选援疆干部的选择	支援省份的选择	
	允诺	不允诺
努力	c, D	f, D
不努力	C, d	e, d

3. 协作惰性客观存在

这里的协作惰性是指:"第一,来自不同机构的人员依靠不同的技术。在协作体制内工作，需要对这些人员进行新技术的培训，要花费时间和金钱。第二，文化挑战会产生来自个人的抵触。由于害怕因为协作而失去原来的工作，会产生对协作的抵制。第三，害怕变革是人们的思维惯性，这对协作也是一个阻力。第四，协作的复杂性。比如任务的高度不确定、参与人员较多、多元化、目标和议程的不一致等。"[1]本研究的调查结果证实了协作惰性的存在，原因主要表现在协作的难度，以及文化差异和工作环境的压力。

（1）协作的难度。这里所说的协作的难度类似《协作性公共管理：理念、结构与过程》一文中提及的协作的复杂性。根据与援疆干部的访谈结果，这一复杂性主要来自受援地区干部技术技能的低下。对于援疆干部而言，让当地干部掌握新的技能并调动他们的工作热情，是一件非常劳神的事情。面对这样的情况，援疆干部一般都会产生畏难情绪，进而产生协作惰性。

对于支援地区的政府而言，协作复杂性带来的问题会更大。它会降低支援地区的热情与兴趣，使得对口支援新疆工作从规划上就产生协作惰性。例如，在六轮援疆过后，南疆部分县（市）的对口支援已演化出新的模式，这些模式从管理上来说可能是经济的，但从效益上来说已背离了对口支援的初衷而成为一种退变。笔者了解到两种模式：一种是出钱不出力的模式；一种是封闭作业"交钥匙"的模式。

前一种模式中，支援地区政府按照受援需求提供所需资金、设备、人员和项目，但未积极参与受援地方政府的治理。这部分地含有后文中力量失衡的因素，还有与当地干部交流失败的因素。在经过交流挫折后，部分支援地区便失去了积极性，仅以要什么给什么的方式对口支援，但没有真正参与进去。

后一种模式中，支援地区不再与受援地区展开深入协作，而是浅化协作。支援地区政府仍然正常接受支援需求，但自己承包了全流程的工作。究其原因，支援地政府将受援地政府的参与看作累赘，认为受援地政府无力参与协作，只能妨碍援疆工作的正常开展。

这两种退变模式都是消极协作的结果，其原因都在于协作的难度驱使协作双方的态度向更"经济"的均衡点转变。而这种"经济"的做法，出于自利的理性考量。当深化协作带来的难度明显更大时，他们将选择最低投入，也就是最低限度的协作。出钱不出力、"交钥匙"即为实际中选择最低限度协作的表现。

（2）文化差异和工作环境的压力。援疆干部在和少数民族交流时，因为

---

[1] 秦长江：《协作性公共管理：理念、结构与过程》，上海交通大学管理科学与工程（区域与战略管理）专业博士学位论文，2012年，第177页。

语言的障碍,很难有效沟通双方的观点。即便是和当地汉族干部交流时也有较大障碍。这一障碍不是语言,而是思维方式。当地的部分干部因为眼界的限制,有时难以理解一些先进地区的做法,与援疆干部沟通不畅。文化差异在客观上会产生协作惰性。笔者开展的问卷调查和访谈也证明了这一点。

接受访谈的援疆干部均表示语言、风俗、文化,以及日常生活和工作的思维差异使得与当地干部的沟通和协作变得困难。在语言、风俗和文化上,南疆的援疆干部感受到更大的困难,思维差异则与地区发展程度相关。

工作环境的压力是另一个阻碍援疆干部工作热情的协作惰性。因远离家庭、高强度的工作压力,援疆干部普遍精神难以放松。与当地干部的差异则与这种精神压力共同演变成一种孤独,使得这些援疆干部并不像期望的那样与群众打成一片。与此同时,当地干部也与援疆干部保持距离。

这些因素都在协作治理的最微观的人的方面发挥作用。作为基本单元的人的问题得不到解决,整个工作都会因此受到影响,最直接的后果就是增加协作的难度、造成协作惰性。

4. 受援地方政府成为协作双方中的强势行动者

虽然前方指挥部管理援疆项目和物资人力,但在实际操作中仍然会出现多元权力的失衡。访谈证明了这一现象的存在且在不同层级都有呈现。这种实质强势由人数、职级和分工造成。地方政府成为实质上的强势行动者。强势行动者的出现破坏了协作的平等,处于弱势的援疆干部不得不在各项权力上让步,或者因此感到协作难度而放弃深入协作,造成协作惰性。

五、对 策 建 议

(一) 强化法律支持

作为国策,对口支援制度需要宏观层面的法律支撑,用以解决协调与其他政治经济活动的矛盾。在具体落实政策的层面需要切实可行的法律来规范各方行为、保障各方权益。完善宏观法律构架,加强支持对口支援政策这一国策的法律地位。一方面,可考虑为相关条文赋予更高的法律地位,或单独制定行政法规;另一方面,应理顺其他法律之间的关系,避免法律体系内部冲突、造成对口支援在实践中政出多门。

（二）建立更优的博弈均衡机制来应对道德风险

委托代理关系中的道德风险,在援疆中表现为欺瞒组织、上有政策下有对策、表面上积极实际上消极。为应对道德风险,本文认为可从改变博弈变量、加强博弈控制和削弱信息不对称三个方面来采取措施。

1. 改变博弈变量

前文分析已指出,两次博弈的关键在于支援省份是否允诺升迁。这里可以参考两个方案。

（1）将工资补贴作为主要控制变量。一般情况下,援疆的工资补贴是稳定可预见的,而两次博弈的主要变量是升迁。工资补贴作为控制变量的优势在于易于量化分割,即,通过考核等次来确定工资补贴的金额。奖优罚劣,提高对努力的援疆干部的激励,同时加重对不努力援疆干部的处罚力度。这在第二次博弈中会更加有效。

（2）有条件的省份可采取两次升迁的做法。保留第一次博弈"允诺,去"的均衡解,将省份的"允诺-不允诺"选择与第二次博弈分割开,增加一条"援疆期间符合考核条件即可在结束后再获一次升迁"的规则,将双方的博弈降为援疆干部"努力——考核合格获得再度升迁""不努力——考核不合格不得再度升迁"的单方选择。通过将奖励标的变为两次,改变博弈规则,从而分别引导援疆干部的两次选择。

2. 加强博弈控制

加强博弈控制的具体途径有:改善援疆的工作条件、建立更科学的激励机制和更完善的奖惩制度。要针对工作生活环境差、长期远离家人、工作压力大这几个援疆干部最关心的问题来想办法。如前文一样,可通过美化办公场所、购置娱乐设施来改善工作生活环境,通过试行 AB 岗季度互轮解决长期离家的问题,通过适当增休或增派人员来缓解工作压力,使表1、表2中的 a、e、f 的效用值增大,从而改变博弈结果。

（1）建立更科学的激励机制。一是可以改善援疆人员的工作环境,二是可以以此为手段来激发援疆人员的工作热情。根据马斯洛的需求层次理论,理想的援疆人员激励机制应包括如下内容:①持续满足生理需求和安全需求,保障人员的衣食住行和合理收入,消除人员对新疆不稳定因素的无端恐惧;②满足人员的社交需求,丰富人员的业余活动,适当增加人员回家探亲的频率或长度,探索邀请家属探望的方式,探索多人轮岗的援疆组模式(组内人员共轮一岗,每人的援疆总时长不变,但分解为多次轮换执行,单次时长缩短);③保障人员的人格尊严,合理提高人员在受援部门的地位,满足尊重需求;④以自我实现的需求来激励援疆人员,激发他们的工作热情,这需要前四层需求已被满足,给予援疆人员足够的空间,让援疆人员在其优势领域充分发挥自己所长,将援疆人员的个人实现融入援疆事业中。

(2)完善奖惩制度。完善援疆人员的奖惩制度,可以与科学激励相互作用。考核和奖惩制度的进一步完善,可以加强对援疆人员的管理,从行为上和精神上战胜道德风险的消极后果。

3. 加强过程监督以削弱信息不对称

在解决委托代理关系中的逆向选择和道德风险时,最根本的方法是削弱其存在的根基,即信息不对称。在对口支援新疆工作中,可以加强对援疆政策落实过程的监督,及时掌握前方指挥部动态,以及援疆干部的行为偏离和思想变化。信息充裕可增强组织的管理能力,援疆人员的行为也会在博弈下得到修正。具体的方式包括中央或新疆当地政府开展督查、各援疆单位之间互查、科学高效及时地信息交流等。

(三)降低协作惰性并提升协作优势

根据关于协作惰性的描述,我们可知协作惰性与协作优势互为协作悖论的两个方面,即协作中的"两难"。其中协作优势是肯定协作的因素,协作惰性是否定协作的因素。只有当协作优势超过协作惰性时,协作才能正常奏效。

1. 克服协作惰性

(1)端正对口支援新疆的政策理念。在援疆干部中加强理想信念教育,捋顺对口支援新疆工作中人才技术的交流相对于器材资金的次序,端正对口支援新疆的初心。遏制出钱不出力、"交钥匙"式的低层次协作,鼓励对口支援中的"帮""教",减少"代""给",克服援疆干部主观生出的协作惰性。

(2)探索更高效的协作机制。在协作的过程中探索更高效的协作机制,一是避免政策的变质,二是降低协作治理的复杂性。例如,在援疆干部更擅长的领域,应以援疆干部为主导,当地干部以观摩学习为主,减少对援疆干部的不当干涉。在专项事项上,减少低相关人员的参与,使事项的目标和议程更能集中在专业官僚之中,降低议事办事的复杂性,降低协作的难度。

(3)加强与当地干部群众的技术与文化交流。以降低协作难度为目标,加强和受援地区干部的技术交流,将发达地区的先进管理理论与经验传授给受援地区干部,不断提升他们的管理技术。同时要多听当地干部对当地实际情况的讲解,做到实事求是,避免生搬硬套。还要与当地群众多交流,适当开展文化交流活动,互相学习礼仪和艺术,在互相尊重的基础上不断增进了解,化除心头隔阂,从而降低日后协作交流时的难度。

2. 提升协作优势

(1) 改变资源的单向输出为双向共享。对于参与协作的双方而言,除了在对口支援新疆中让受援地区受益外,还应当扩大协作双方的交流,找出利益的双向流通渠道。这样,支援地区从中得到利益,其对口积极性会得到提升。例如,支援地区可优惠享受受援地区的天然资源和特产,还可在开拓市场方面享受优惠,对于促进支援地区的经济发展很有帮助。

(2) 提升援疆干部的生活质量。为援疆干部提供"一站式"无缝隙化服务,让援疆干部能够拎入住前方指挥部,轻松做好援疆工作。提高援疆干部的待遇和受益,改善援疆干部的工作生活环境,对于克服个人层面的协作惰性很有帮助。例如,安排更多的探亲假,探索更灵活的援疆期限。这样有利于援疆干部调整自己的情绪和心态,在工作生活中积累的压力可以得到释放。此外,还可探索力度更大的参与援疆与个人利益挂钩的手段,让援疆干部收获更多的利益,提升其积极性。

(四) 设置更加平衡的权力分配

为应对强势行动者破坏协作平等,应寻找更加合理安排援疆人才与受援单位的权力分配的方案来重新平衡。

1. 确立援疆干部专业权威

可以通过制度规定确立援疆人才在专业领域的话语权,树立并保障援疆人才在专业领域的权威,不再让援疆人才的意见被忽视。具体的实施形式多种多样,如成立专业评审会、由援疆专业人才任负责人等。

2. 追加资源

通过扩大援疆人才掌握的资源,增强援疆人员在协商时的谈判实力。这里的资源主要是指援疆项目、资金、人力和设备。对于受援地区来说,最重要的东西莫过于支援省份的支援项目和相关资金。当给援疆人员追加上述资源后,援疆人员的权威也由此得到提升。

3. 强化援疆干部的行政权力

将专业领域的援疆人才设置在行政事务必经环节(如复核环节或者初审

环节,甚至是考评工作中的评分环节)中,以此来发挥援疆干部的技能。与扩大援疆人才掌握的资源相同,强化援疆干部权力的途径便是增强援疆人才的议价能力和谈判能力。

4. 削弱地方对援疆干部的管理权

削弱受援地地方政府对援疆干部的管理权可从如下几点切入:削弱受援地地方政府对援疆组织和干部的管理权力;减少援疆干部受到的控制;解放援疆干部的工作能力;避免援疆人才被不当使用。其中最重要的是考核和工作安排,让支援方在这两个事项中发挥更重要的作用是一种途径。

[论文指导老师:顾丽梅]

县级税务机关征管效率影响因素研究
——以 Q 区为例

娄剑翔*

【内容摘要】 本文聚焦县级税务机关税收征管中征纳双方的关系,探索影响税收征管效率的主要因素。本文在文献综述分析的基础上,首先,采用当事人访谈和调查问卷等方法分析影响因素的具体内容,选取明确严密的税制、稳定的税法、公平的税负、税务公务员素质、公共产品提供情况、税负痛感、稽查力度、纳税中介、纳税服务、税收的社会环境10个影响因素变量。其次,借助因子分析方法,对10个影响因素进行分类归因,结果是:县级税务机关税收征管效率的影响因素可以分为税收前置影响因子、税收辅助影响因子和税收后置影响因子三类。再次,研究分析这三类影响因子的现实意义和理论回归情况。最后,从三类影响因子角度对提高县级税务机关的税收征管效率提出建议。

【关键词】 县级税务机关;税收征管效率;影响因素

一、文献综述和理论基础

(一)文献综述

英国的阿弗雷德·马歇尔(Alfred Marshall)率先对现代意义上的税收征管效率进行研究,通过区分总效用和边际效用,建立了税收征管效率理论。① 随后,又有不少学者探究了税收征管效率的影响因素。沃尔夫冈·埃格特(Wolfgang Eggert)等认为,要尽可能降低税务行政成本和纳税

---

* 娄剑翔,2019届MPA毕业生,就职于中共绍兴市柯桥区委组织部。
① [英]阿弗雷德·马歇尔:《经济学原理》(下册),陈良璧译,商务印书馆1965年版。

人的纳税成本。①

国内部分学者从税收征管实践出发,从数据中总结出税收征管效率的影响因素。曾光辉认为,税收征管效率涉及四个影响因素,分别是经济因素、管理因素、人员因素和环境因素,同时提出了当前税收征管质量和效率方面的不足和制约因素。② 龚志坚认为,信息化的征纳系统、扁平化的组织结构、精细化的税务流程有利于降低征纳交易费用。③ 李晓姣从纳税服务的角度出发,研究服务对税收征管效率的影响,并提出政策建议。④ 刘畅通过对调查问卷的分析认为,税务部门的态度、纳税人所感知到的稽查环境、媒体舆论的信息导向及税收显著性对税收遵从程度有重要影响。⑤

通过总结分析上述国内外研究的现状,笔者发现目前尚存一些有待充实的领域:一是对县级税务机关税收征管效率的研究比较缺乏。特别是"营改增"以后,目前县级税务机关承载着大部分的流转税税收任务,而且基层单位是税收的一线执行单位,其征管效率的高低直接影响整个国家税收征管效率的高低。二是利用当事人访谈、问卷调查等手段,对税收征管效率进行定性定量实证分析的文章不多。

(二) 县级税务机关税收征管效率影响因素的理论分析

影响税收征管效率的因素有很多,现有文献主要包括三个方面。

一是税收法规及制度,包括税法制度、税种设置、征管模式等涉及实体税收法律和程序法的相关规定以及具体执行的行政法规与部门规章,对于税收法规及制度具体的要求为简洁、明确、稳定、公平和严密。

二是税收征管模式,由组织结构、征管方法、纳税服务和税收稽查四个维度组成。税收征管效率自然受这四个维度的影响。

三是征纳双方人员素质,双方指的是税收征管部门与纳税人及其代理。

---

① Wolfgang Eggert and Peter Birch Sørensen, "The effects of tax competition when politicians create rents to buy political support", Journal of Public Economics, 2008, 92(6), pp.1142-1163.
② 曾光辉:《关于提高税收征管质量与效率的理性分析》,《东华理工大学学报》(社会科学版)2008年第2期,第111—118页。
③ 龚志坚:《我国税收征纳交易费用的制度分析》,《江西财经大学学报》2008年第6期,第14—17页。
④ 李晓姣:《纳税服务对税收征管效率影响现状及对策研究》,《辽宁经济》2016年第10期,第13—17页。
⑤ 刘畅:《"可得性启发式"理论对个人所得税税收遵从的影响研究——基于问卷调查的分析》,《税收经济研究》2017年第4期,第73—80页。

二、基于税务工作人员深度访谈的影响因素分析

在县级税务机关工作的税务工作人员对县级税务机关的税收征管效率有至关重要的影响。因此,本文采用深度访谈法,了解税务工作人员对税收征管效率影响因素的看法,并对其结果进行分析。

(一)对象选取

本文选用半开放式深度访谈的方式,了解县级税务机关工作人员对税收征管效率的感受,并探索他们形成这种感受的具体原因和深层次因素。

根据相关统计抽样原理,本研究在选取税务工作人员时遵循以下原则。
(1)从税务工作人员的角色来讲,要覆盖涉及税收征管的所有角色。
(2)从税务工作人员的经历来讲,要尽可能扩大被访谈干部的年龄跨度和从事税务工作的时间跨度。
(3)从税务工作人员的基本信息来讲,要考虑性别等因素的多样性。
(4)从服务对象来讲,要考虑对内对外都要覆盖。
本研究遵循以上四条原则,选取8位访谈对象。

(二)数据采集

笔者设计了7个访谈问题进行深入访谈,访谈问题主要涉及四项内容。
(1)被访谈人的岗位及从税经历。
(2)被访谈人对当前县级税务机关税收征管效率的感受。
(3)被访谈人对当前县级税务机关税收征管效率影响因素的看法。
(4)被访谈人对提升当前县级税务机关税收征管效率的意见和建议。
为了验证访谈问题的可靠性,本研究事先与两名资深税务工作人员进行了一次试访谈,并对访谈问题进行了部分修订。

(三)数据分析

访谈的结果整理成文字版本以后,本研究采用 **NVivo 11** 软件对文字版访

谈结果进行定性分析。访谈结果分析如表1所示。

表1 访谈结果分析表

指标内容	描述	合计	Y1	Y2	Y3	N1	N2	Z1	F1	J1
目前税收征管效率	高	4		1		1	1		1	
	较高	3	1		1					1
	较低	1					1			
税收征管效率的影响因素	明确严密的税制	5		1					3	1
	稳定的税法	7	1		1	1	1	1	2	
	公平的税负	4	1					2		1
	税务公务员的素质	4		1		2	1			
	公共产品提供情况	2						1	1	
	税负痛感	4				1		2	1	
	稽查力度	9	2	1	1			2		3
	纳税中介	4	1			1	2			
	纳税服务	5	1	1		1	1		1	
	税收的社会环境	3	1		1	1				
提升税收征管效率的建议	对政府的建议	税收法律稳定明确	10	1	1	1	2	1	1	2	1
		持续优化税收环境	3		1		1	1			
		财政收支透明公开	2	1				1			
	对上级国税部门的建议	合并部分税种	5		1		1		1	2	
		减少税率档次	3	1			1			1	
		简化费用扣除方式	8	1	1	1	1	1	1		2
		提高征管的信息化水平	9	1	2	2			3		1
		逐步取消复杂而小量的税费	2						1	1	
		加强与其他部门的合作	8	1	2	1	1		1	1	1
	对本级国税部门的建议	扩宽税基	1							1	
		强化税源监控	5	1	1			1	1		1
		强化纳税评估	3		1				1		1
		强化税收稽查	9	1		1	1		2		3
		强化纳税服务	2				1	1			
		推进税收征管社会化	4	1		1	1		1		

（四）研究结果

通过对8位税务工作人员的访谈,本研究将影响税收征管效率的因素归纳为:从法律层面讲,明确稳定的税收法律给企业以可预期的收益;从原则层面讲,合理的税负、公平的税收、优良的社会环境以及有效的公共产品是影响企业税收获得感的基础;从操作层面讲,高素质的税务工作人员、合理的偷逃税查处力度和适当的中介服务,是企业便于缴纳税款的保障。

三、基于纳税人深度访谈的影响因素分析

受税务机关管辖的纳税人对县级税务机关的税收征管效率也有较为重要的影响。因此,本文采用深度访谈法,按照地区行业占比抽选9位来自不同行业的财务人员,了解他们的看法,进而对县级税务机关税收征管效率的影响因素进行实证分析。

（一）对象选取

本研究选用半开放式深度访谈的方式,了解纳税人对税收征管效率的感受,并探索他们形成这种感受的具体原因和深层次因素。

根据相关统计抽样原理,本研究在选取纳税人时遵循以下原则。

（1）从纳税人行业来讲,要挑选在本地区经济占比相对较高的行业。

（2）从纳税人构成比例来讲,要尽可能贴合本地区经济构成。

（3）从纳税人基本信息来讲,要考虑性别等因素的多样性。

本研究通过遵循以上三条原则,选取9位访谈对象。

（二）数据采集

笔者设计了7个访谈问题进行深入访谈,访谈问题主要涉及四项内容。

（1）被访谈人的岗位及从业经历。
（2）被访谈人对当前县级税务机关税收征管效率的感受。
（3）被访谈人对当前县级税务机关税收征管效率影响因素的看法。
（4）被访谈人对提升当前县级税务机关税收征管效率的意见建议。

为了验证访谈问题的可靠性，本研究事先与两名纳税人分别进行一次试访谈，并对访谈问题进行了部分修订。

（三）数据分析

访谈的结果整理成文字版本以后，本研究采用 NVivo 11 软件对文字版访谈结果进行定性分析。访谈结果分析如表 2 所示。

表 2　纳税人访谈结果分析表

指标内容		描述	合计	NL1	NL2	NL3	NL4	NZ1	NZ2	NF1	NF2	NJ1
目前税收征管效率		高	5	1	1		1		1		1	1
		较高	3			1		1		1		
		较低	1							1		
税收征管效率的影响因素		稳定的税法	5	1	1			1			1	1
		公平的税负	2						2			
		税务公务员的素质	3							1	2	
		税负痛感	8	1	2	1			1	1	1	1
		稽查力度	7	2			2		1			
		纳税中介	5		2	1				1		
		纳税服务	6	1		2		1			1	1
		税收的社会环境	3				1		1			1
提升税收征管效率的建议	对政府的建议	税收法律稳定明确	10		2		1	2	1	1	1	2
		持续优化税收环境	4		1	1				1	1	
		财政收支透明公开	3	1				1		1		

续 表

指标内容		描述	合计	NL1	NL2	NL3	NL4	NZ1	NZ2	NF1	NF2	NJ1
提升税收征管效率的建议	对上级税务部门的建议	合并部分税种	6	2	1	1		1		1		
		减少税率档次	4		1	1			1			1
		简化费用扣除方式	9	1	1	2	1			1	1	1
		提高征管的信息化水平	9	1	1			2	1		1	2
		逐步取消复杂而小量的税费	3							1		2
		加强与其他部门的合作	3			1						2
	对本级税务部门的建议	扩宽税基	5		1	1			1			2
		强化纳税服务	9	1	1	1		1	2		2	1

（四）研究结果

通过对9位纳税人的访谈,本文从纳税人立场归纳出影响税收征管效率的因素。归结来讲,重点是对企业的影响:从法律层面讲,稳定的税法便于企业明确地计算收益得失;从原则层面讲,公平、合理的税负和优良的社会税收环境会影响企业缴纳税款的积极性;从操作层面讲,税务公务员的素质、稽查力度、纳税中介、纳税服务是企业便于缴纳税款的保障。

四、基于纳税人问卷调查的影响因素分析

本调查问卷基于对县级税务机关税收征管效率影响因素的理论分析以及对县级税务机关工作人员和纳税人深度访谈的结果设计。在正式问卷发放前,笔者发放10份调查问卷测试并修正问卷问题。

（一）描述统计

本次调查共发放问卷 100 份,回收问卷 98 份,其中无效问卷 1 份,有效问卷 97 份,回收率 97%。从直观的角度看,问卷涉及的 10 个影响因素的重要性都得到了被调查人的认可,其中明确严密的税制、稳定的税法、公平的税负、税务公务员的素质、税负痛感、稽查力度被认为是这些因素中更为重要的因素,详见表 3。

表 3　税收征管效率影响因素的重要性程度评价情况表

税收征管效率影响因素	重要性程度				
	非常重要	重要	一般重要	不重要	非常不重要
明确严密的税制	79	16	2	0	0
稳定的税法	80	11	6	0	0
公平的税负	77	18	2	0	0
税务公务员的素质	78	16	3	0	0
公共产品提供情况	70	19	8	0	0
税负痛感	79	16	2	0	0
稽查力度	81	12	4	0	0
纳税中介	67	20	8	2	0
纳税服务	71	17	9	0	0
税收的社会环境	71	20	6	0	0

被调查人对目前国家与县级税务机关提升税收征管效率的工作开展情况与目标的相符程度的看法,详见表 4。

表 4　影响因素与目标相符评价情况表

税收征管效率影响因素	实际工作与目标的相符程度			
	非常相符	比较相符	比较不相符	非常不相符
企业税收政策很严密明确	79	18	0	0
企业税收政策很简明	62	33	2	0
企业税收政策稳定	77	20	0	0
企业税收制度与相关政策很公平	73	24	0	0

续 表

税收征管效率影响因素	实际工作与目标的相符程度			
	非常相符	比较相符	比较不相符	非常不相符
税务机关机构设置合理有效	74	23	0	0
在税务机关办理涉税业务简明便捷	70	25	2	0
税务机关服务态度良好	81	14	2	0
合理的税负	75	18	4	0
税务机关工作人员的职业素质良好	77	18	2	0

注:本表展示的内容为调查问卷中纳税人对税务机关直接税收征管行为的认可程度,所以缺少"税收的社会环境"这一变量。

结果显示,大部分被调查人对国家与县级税务机关提升税收征管效率的工作开展情况表示满意,但认为在简明的企业税收政策、公平的企业税收制度与相关政策、合理有效的税务机关机构设置、简明便捷的涉税业务以及合理的企业税负等方面仍有不足。

(二) 因子分析

1. 因子分析过程

因子分析适应性检验:在对原始数据表进行因子分析前,需要检验这些数据是否符合进行因子分析的要求,即被检验的各项变量之间是否存在进行因子分析的假设条件。在 SPSS 20.0 软件中,选择"KMO 和 Bartlett 的检验"选项以进行适应性检验。

KMO(Kaiser-Meyer-Olkin)检验统计量的意义在于比较变量间简单相关系数和偏相关系数。本次调查数据的 KMO 检验统计量为 0.808,按照 Kaiser 给出的度量标准,KMO 值>0.8,适宜进行因子分析。从 Bartlett 球形度检验来看,其近似卡方值为 1 180.266,其对应的显著性概率为 0.000,达到统计的显著性水平,这说明参与此次因子分析的 10 个因素并不是独立的,而是具有高度相关性、存在共同或相似的因素,即此次取得的原始数据适合进行因子分析。

在因子提取过程中,即数据中包含的信息从变量的形式转变为因子的形式,在转变的过程中无法避免信息的损失,因此在因子提取过程中需要注意数据信息的损失情况,需要尽可能多地保留信息。从表 5 来看,本次研究在提取因子时,各项因子对方差的贡献度都超过了 0.75,更有 5 项因子贡献度超过了 0.9。这表明,在此次因子提取过程中,因子保留了绝大部分的数据信息,因此,此次因子提取过程是有效的。

表 5　公因子方差

影响因素	初始	提取
明确严密的税制	1.000	0.933
稳定的税法	1.000	0.911
公平的税负	1.000	0.837
税务公务员的素质	1.000	0.757
公共产品提供情况	1.000	0.858
税负痛感	1.000	0.817
稽查力度	1.000	0.949
纳税中介	1.000	0.765
纳税服务	1.000	0.924
税收的社会环境	1.000	0.951

注:提取方法为主成分分析。

提取了公因子后,通过查看解释的总方差可以看出各项公因子对原始变量的解释程度。在进行因子分析时,特征值大于 1 的公因子只有一个,是一个单因子的数据结构,但是解释贡献率只有 71.196%。为了进一步提高因子解释贡献率,本研究采用固定因子数量进行研究,当取到三个公因子时,数据解释累计贡献率达到 87.005%,超过了 85%。因此,虽然有两个公因子的特征值略小于 1,但本研究为达到较高的累计贡献率,以三个公因子为研究对象。整个分析数据详见表 6。

表 6　解释的总方差

成分	初始特征值			提取平方和载入			旋转平方和载入		
	合计	方差的%	累积%	合计	方差的%	累积%	合计	方差的%	累积%
1	7.120	71.196	71.196	7.120	71.196	71.196	3.407	34.069	34.069
2	0.916	9.163	80.359	0.916	9.163	80.359	3.162	31.618	65.688
3	0.665	6.646	87.005	0.665	6.646	87.005	2.132	21.317	87.005
4	0.485	4.850	91.855						
5	0.338	3.379	95.233						

续 表

成分	初始特征值			提取平方和载入			旋转平方和载入		
	合计	方差的%	累积%	合计	方差的%	累积%	合计	方差的%	累积%
6	0.174	1.742	96.976						
7	0.112	1.124	98.100						
8	0.105	1.049	99.149						
9	0.047	0.467	99.615						
10	0.038	0.385	100.000						

注：提取方法为主成分分析。

从表6可以看出，本研究共提取三个公因子，它们的累计贡献率达到了87.005%，即这些公因子可以解释原始数据87.005%的信息。其中，各个因子的方差贡献率分别为34.069%、31.618%、21.317%。因此本研究认为这三个因子可以解释原始数据表的总变异。

采用最大方差法对因子载荷矩阵进行旋转以后，得到表7，得到原始数据表中10个变量在新的三个因子上的因子载荷。

表7 旋转成分矩阵

变理	成分		
	1	2	3
稳定的税法	0.866	0.400	0.035
明确严密的税制	0.824	0.167	0.476
公平的税负	0.736	0.386	0.383
税负痛感	0.629	0.462	0.456
税务公务员的素质	0.607	0.581	0.227
纳税服务	0.308	0.771	0.485
纳税中介	0.378	0.763	0.197
税收的社会环境	0.198	0.731	0.614
公共产品提供情况	0.583	0.714	0.088
稽查力度	0.239	0.232	0.916

注：提取方法为主成分旋转法，即具有Kaiser标准化的正交旋转法；旋转在11次迭代后收敛。

从表7可以看出，三个因子解释的各项原始变量的有效载荷系数都大于0.600，这一结果说明在相当大的程度上，这三个因子可以反映原始数据的10个变量中包含的信息，从而使得将这简化后的三个因素作为影响县级税务机关部门税收征管效率的因素具有一定的合理性。因为每个因子都代表几个原始数据变量,因此要结合这些原始数据变量,给新的三个因子命名,以利于后续研究。

X1 由稳定的税法、明确严密的税制、公平的税负、税负痛感和税务公务员的素质五个变量构成。这些变量都与税务部门征税的前置条件有关,因此本研究将 X1 命名为税收前置影响因子。

X2 由纳税服务、纳税中介、税收的社会环境和公共产品提供情况四个变量构成。这些变量由于与税款征收的辅助环境有关,因此本研究将 X2 命名为税收辅助影响因子。

X3 由稽查力度一个变量构成。稽查是税收的后置兜底查处功能,因此本研究将 X3 命名为税收后置影响因子。

2. 因子分析结果

在得到三个新的因子后,结合原始数据的重要性评价均值,可以得出县级税务机关税收征管效率影响因素的因子分析结果,具体如表 8 所示。

表 8 县级税务机关税收征管效率影响因素的因子分析结果表

因子命名	各组成因素	旋转后矩阵因素载荷系数	因素重要性评分均值	重要性评分排序	方差贡献率(%)	累积贡献率(%)	特征值
税收前置影响因素(X1)	稳定的税法	0.866	4.763	6	34.069	34.069	7.120
	明确严密的税制	0.824	4.793	3			
	公平的税负	0.736	4.773	4			
	税负痛感	0.629	4.794	1			
	税务公务员的素质	0.607	4.773	5			
税收辅助影响因素(X2)	纳税服务	0.771	4.639	9	31.618	65.688	0.916
	纳税中介	0.763	4.567	10			
	税收的社会环境	0.731	4.67	7			
	公共产品提供情况	0.714	4.639	8			
税收后置影响因子(X3)	稽查力度	0.916	4.793	2	21.317	87.005	0.665

从各项因素的重要性排名来看,税负痛感、稽查力度、明确严密的税制、公平的税负和税务公务员的素质排在前五位,这五个变量中有四个变量归属于税收前置因子,有一个变量归属于税收后置因子。因子分析的结果较好地总结了县级税务机关税收征管效率的影响因素,可以通过税收前置、后置、辅助

因子三个方面来描述各项影响因素在影响税收征管效率的作用。

3. 因子分析结果的现实意义

税收前置影响因子包括稳定的税法、明确严密的税制、公平的税负、税负痛感、税务公务员的素质。其重要性评分排序又以税负痛感、明确严密的税制、公平的税负三个因素排在该因子的前三位。从现实意义来看,税负痛感是影响纳税人按时缴纳税款的关键因素,在保证政府财政能力的同时,要尽量减轻纳税人的税负痛感。同时明确严密的税制、公平的税负是从横向的角度,体现了横向税负公平。

税收辅助影响因子包括纳税服务、纳税中介、税收的社会环境、公共产品提供情况。这些因素都是在税收征收过程或税收外围环境发生作用的部分。其重要性评分排序以税收的社会环境排在最前面,说明纳税人很看重自己所处的营商环境,良好的纳税氛围不仅可以促使纳税人按时纳税,降低征税成本,还可以造就公平的市场环境。

税收后置影响因子主要指稽查力度。稽查是在正常的税收征管过程之后开展的查漏补缺的工作,是对税收征管的一种补充。稽查力度直接影响纳税人出现税收违法行为以后会受到惩罚的概率,影响纳税人的纳税损失预期,对税收征管效率有重要影响。

4. 分析结果的理论回归

通过对纳税人与税收工作人员的访谈,得出结果的差异性从一个侧面证明了信息的不对称性。因为双方掌握的信息是不一样的,所以关心的因素也是不一样的。税务工作人员更关心税法稳定、税收稽查等方面的问题,而纳税人更关心纳税简便与税负痛感方面的事情。

最优税制理论的研究路径是将公平与效率按一定权重转化为社会福利,其实质可以说是在兼顾公平与效率基础上,使社会福利最大化的税收。从本样本的数据分析结果可以看出,纳税人第一关心的是税负痛感。税负痛感从社会的角度来看就是因为"税收楔子"的存在导致效率损失,纳税人感受到的税负痛感具体化就是其因为缴纳税金而失去的部分利益,由此可见,纳税人看重的是税收对效率的影响。后续的第2—4位因素分别是稽查力度、明确严密的税制、公平的税负。这些都是税收公平的体现。稽查力度是对偷逃税行为的防范和打击力度,严厉的稽查会减少纳税人偷逃税款的预期收益,使得他们更加积极主动地缴纳税款,同时,因为严厉稽查的存在,使得每个企业都需要按时足额地缴纳税款,进而营造一个公平的市场环境。明确严密的税制会减少税法中企业可以利用的偷、漏税的漏洞,消减因税收在纳税人之间造成不公平竞争。公平的税负是从税制设计的角度对公平提出的要求。诚如最优税制理论阐述的,在现实的税收征管操作中,虽有种种多样的特殊情况,但是透过现象看本质,最优税收是对公平与效率的兼顾。

由此看来,对最优税制理论的研究可以更进一步伸展,比如效率与公平孰轻孰重在不同社会的不同发展阶段可能是不同的,可以提出一个税收社会福利损失的概念。社会福利损失的计算可以是效率与公平乘以相应权重系数的基础上再加上相应的影响因素,而它们的权重系数与经济社会发展进度、社会文化状况、纳税人心理等因素存在哪些关系,这些问题都值得进一步研究。

五、建议与对策

综上所述,对于提升县级税务机关税收征管效率,可以从税收前置、辅助、后置影响因子三个方面做尝试。对于税收前置影响因子,改善的措施主要如下。

一是完善税法制定,尽快以法律的形式稳定税收制度,提高税收法律体系的稳定性,给企业以更明确的心理预期。

二是严密税收制度,完善税法体系以提高税收征管效率,合并征收部分税种、减少税率档次、逐步取消复杂而小量的税费、简化费用扣除方式。

三是形成公平的税收环境,主要是努力扩大税基覆盖,实现应收尽收,征税部门需统一执法标准,同时要更好地树立税收职能导向。

四是缓解税负痛感,提升纳税人的获得感,主要是税收优惠要应享尽享,努力挖掘隐藏的税源,合理开展税收减负。

对于税收辅助影响因子,改善的措施主要如下。

一是优化纳税服务,主要是和谐征纳关系,提高税收征管的信息化水平,畅通各部门工作协同。

二是提升涉税中介服务,努力提高涉税中介工作的独立性与合规性。

三是优化社会税收环境。

对于税收后置影响因子,税务部门可适度加强税收稽查。根据不同的经济社会环境,综合分析税收稽查需求。在形成有效社会威慑力的同时,控制稽查成本投入,尽可能提高稽查投入的经济效益和社会效益。

[论文指导老师:赵剑治]

谁是第一个提名者

——干部选拔任用初始提名的案例研究

张　峥*

【内容摘要】 干部选拔任用工作是政党建设的重要组成部分,历来备受关注。意向性人选是如何被提名的,是由谁提名的,谁又是第一个提名者,更是其中的焦点。本文以案例研究入手,对 Z 县 2017—2018 年的三批人事方案进行系统分析,同时访谈参与制定人事方案的相关人员,详细了解方案中每名人选产生的缘由、提名主体和考量因素等,分析组织部门和其他初始提名主体在推荐提名人选上的异同,以及各主体在提名人选上的影响力。通过研究发现:(1)在初始提名过程中,判断谁是第一个提名者是困难的,因为存在初始提名的多主体现象,存在同时提名且难辨其先后的情况;(2)初始提名过程中存在"显性"主体和"隐性"主体;(3)找出"谁是第一个提名者"是较困难的,但找到初始提名的若干主体是有迹可循的。针对初始提名在制度等方面的问题,本研究针对性地提出时间追溯、制度化和公开化等对策建议。

【关键词】 干部选拔任用;初始提名;组织人事

一、引　言

人事方案(以下简称"方案")是干部选拔任用工作的核心。制定人事方案,关键在于提出人选。这个过程的具体形式、内容、程序等并不为大多数人知晓,或者部分人只是大致知道它由组织部门具体操作,并最终由党委(党组)研究决定。然而,具体到方案中的每一个人是如何进入"组织视野",以及具体到是由谁、基于怎样的考量提名的,相关研究较少。这和初始提名这一过程的非公开化特点不无关系。非公开化的原因有二:一是在于

---

* 张峥,2019 届 MPA 毕业生,就职于浙江省嘉善县纪委县监委。

人事信息的敏感性;二是在于提名方式方法的特殊性。同时,《党政领导干部选拔任用工作条例》(以下简称"《干部任用条例》")明确了"十个不准",要求参与此项工作的人员必须遵守相应的工作纪律。因此,旁观者通常只能以分析推断或是揣测猜想,来看待人事方案过程中的初始提名。这就造成初始提名的"神秘化"倾向,也容易让人产生"暗箱操作"的猜疑。本研究旨在通过对具体人事方案中如何开展初始提名的案例研究,来祛除罩在初始提名头上的神秘面纱,为进一步完善初始提名制度和程序、健全干部选拔任用制度提供一些有益参考。

二、文 献 综 述

在中共中央组织部(简称"中组部")的调研中,初始提名被认为是提高干部选拔任用工作中民主质量的一个组成部分。① 现有文献中对初始提名的研究主要集中在以下几方面。

(一) 对国外政党选拔候选人的提名研究

高永中等通过对国外一些主要政党选拔任用官员的研究发现,在西方选举制度下,候选人提名是选拔政党骨干的重要环节,大多数议员的当选都是在政党的支持和帮助下实现的。② 桑玉成等也关注了西方国家的人事提名经验,指出西方国家在党内人事提名和政府人事提名上的区别——党内相对公开,而政府相对集中;同时,西方国家的政府首脑尽管对提名阁僚具有垄断权,但相对应的是内阁集体责任制,较好地实现了"权责对等,失责必究"。③ 从整体的提名方式、提名标准来看,西方政党的借鉴意义不是很大。

---

① 中共中央组织部党建研究所课题组编著:《中国特色干部选拔任用制度改革拓展研究》,党建读物出版社 2011 年版,第 17 页。
② 同上书,第 47 页。
③ 桑玉成、黄杰:《领导干部选拔任用初始提名责任制初探》,《中共浙江省委党校学报》2014 年第 4 期,第 63 页。

（二）对中国古代官员选拔的提名研究

学者对中国古代官吏制度进行了系统梳理,列举了西周时期就已建立并一直延续到明清时期的荐举制度。他们从史实记载中列举了中国古代对于荐举制度的运用,指出荐举优秀人才有奖、荐举不当受罚、荐贤为公等做法对当今干部选人工作的启示。[①] 中国古代对于官员的举荐制度,以及对举荐成败的奖罚,对于现今干部选拔任用提名中的权责对等问题具有借鉴价值。

（三）对当代中国干部选拔任用中的提名研究

高玲慧等在对中国特色干部选拔任用制度改革的价值目标和总体框架进行研究的过程中,提出规范提名推荐程序的建议,也提到分类提名中的权重问题。[②] 桑玉成比较明确地提出初始提名中的责任制问题,指出初始提名作为一种权力,应当设置对应的责任,即要依据"有权必有责,权责须对等"原则,建立一套公开透明、责任明确的提名问责制度;同时,他也指出初始提名应有提名主体范围,以及不同主体的提名权重问题,但这种权重的大小要和责任大小相对应。[③]

总的来看,上述研究都有助于人们对选人用人中提名这一环节的认识,并且关注到提名问题中"初始提名"环节的关键性。然而,深入细致的案例研究仍然偏少,特别是具体到个案的初始提名者和被提名者的研究分析。

三、初始提名的案例分析

案例重点选择了 Z 县 2017 年年底至 2018 年 5 月期间的三批人事方案。2017 年 11 月的方案涉及 114 人,2018 年 3 月的方案涉及 56 人,2018 年 5 月的方案涉及 33 人,共计 203 人,有 4 人先后在 2 批方案中出现,故总计应为

[①] 中共中央组织部党建研究所课题组编著:《中国特色干部选拔任用制度改革拓展研究》,党建读物出版社 2011 年版,第 226 页。

[②] 同上书,第 142 页。

[③] 桑玉成:《干部选任:关键环节及其关键问题》,《探索与争鸣》2017 年第 2 期,第 81 页。

203人次,实际涉及人数为199人。

(一) 职务结构

整体来看,拟任职务中提前退出领导岗位的有3人,提任使用的(包括提任到正科级、副科级、进班子的)有60人,转任重要职务的有3人,跨单位调动、本单位职务变化的(包括交流、回避)有56人,试用期满的有45人,兼任职务的有13人,选派挂职的(包括上级下挂挂职,外派挂职和下基层挂职)有16人,军转干部任职的有2人,下派干部有3人,其他2人(免去班子成员职务,调出本地区)。

从初始提名的最终结果来看提任使用(或转任重要职务)占比最高,接近1/3;其次是跨单位调动、本单位职务变化,占比为27.59%;第三是试用期满正式任职的干部,占比为22.17%。这三类是初始提名结果的主要组成部分,其他还包括提前退出领导岗位、兼任职务、选派挂职等六种情形。可见,初始提名的结果是多元化的,而不仅仅是提拔使用。

(二) 初始提名的主体分析

组织部门要制定人事方案,需要将意向性人选纳入其中,自然而然就成为直接的提名主体,但这并不意味着某一人选是由组织部门第一个提出来的。在实际工作中,组织部门的初始提名是多向的,存在三种情况。第一种情况:组织部门首先提出人选,同时在提出人选的过程中兼顾考虑其他主体的提名建议,这样的话,从先后顺序上来讲,组织部门是真正的初始提名者。第二种情况:组织部门首先考虑其他主体的初始提名建议,在此基础上再提出人选,在这种情形下,其他主体才是真正的初始提名者,组织部门更多地像"转述者"。第三种情况:组织部门根据日常考察和分析研判掌握的情况,与其他提名主体的建议"不谋而合",在制定方案过程中,"水到渠成"地提出某个人选,这就难以界定究竟是谁首先提出这一人选,就会出现一对或几个并列的初始提名主体。

在以上三种情况中,组织部门都扮演双重角色:既是初始提名者的发起者,又是初始提名建议的汇集地。有时候,组织部门直接开展初始提名;有时候,组织部门需要对各方信息进行综合比较,通盘考虑之后提出意向性人选。根据研究设计,笔者对组织部门相关人员进行访谈,对203个案例逐一进行解析,指出每个案例的初始提名主体,以及提名的先后排序。

1. 各主体初始提名的数量和意义

经统计,各主体初始提名的数量如表1所示。

表1 各初始提名主体在203个案例中出现的次数

提名类型	排位"1"(人次)	排位"2"(人次)	排位"3"(人次)	提名总人次
组织部提名	84	105	14	203
县领导提名	29	11	2	42
单位党组织提名	78	0	0	78
全县会议提名	3	2	0	4
全覆盖考察提名	79	1	0	80
中心工作考察	8	1	0	9
后备干部	11	0	0	11
个人意愿	9	13	0	22
其他因素	39			39

注:本表中"排位"的意思是指组织部门在酝酿人选的时候,会同时考虑几方面主体的因素(考虑一个或几个),包括表中所列的组织部门自身、县领导、单位党组织等,在对某一个人进行考量的时候,不同主体在组织部门心目中的排位是不一样的,比如,酝酿张三下一步提拔,则组织部首先考虑他有没有单位党组织提名(这个"首先"是排位"1"),然后考虑有没有县领导提名(这个"然后"是排位"2")。

(1)组织部提名203人次。排位"1"的有84人次。其中,有45人次属于试用期满后,经考核胜任现职的,正式任职。因此,如果未出现试用期不胜任问题,这批干部无须其他提名主体,组织部门直接将提名纳入人事方案。此外,案例中有7人次是为了整合农经局和农办的工作力量,每个人同时兼任农经局和农办领导职务,属于职务兼任,也由组织部门直接提名。剔除这两部分,组织部门实施提名时,实际排位为"1"的有33人次。此外,排位为"2"的有105人次,排位为"3"的有14人次。除去前述的试用期满等特殊情况,"2"和"3"相加次数占组织部门提名总次数的78.8%。由此可见,组织部门基于其他提名主体的建议,再综合考虑中心工作考察、后备干部等因素,然后提出人选,是其制定人事方案的主要方式。

(2)县领导(包括县主要领导和分管领导)提名42人次。其中,排位为"1"的有29人次:涉及正科级岗位的有16人次,在这16人次中提任到正科级岗位的6人次,县领导提名都排在"1";副科级岗位的13人次。排位为"2"的有 11 人次,涉及正科级岗位的 6 人次,涉及副科级岗位的 5 人次。排位为"3"的有 2 人次。

(3) 单位党组织提名 78 人次。全部排在"1"。这充分说明组织部门在制定人事方案中,对有关人选的考量,单位党组织的意见是至关重要的。

(4) 全县会议提名 4 人次。排位为"1"的有 3 人次;排位为"2"的有 2 人次。

(5) 全覆盖考察提名 80 人次。其中,排位为"1"的有 79 人次;排位为"2"的有 1 人次。全覆盖考察的谈话对象是领导班子成员、中层干部、部分村(社区)党组织书记,人数少的小单位扩大到全体干部。在这类考察中,一般会要求被谈话者根据职务层次推荐后备干部。因此,这类口头推荐是带有民主推荐性质的,集中了一个单位领导干部、中层干部、基层干部的提名建议,能够体现干部工作的民主化,也彰显被提名者的群众公认度。从初始提名的数据来看,组织部门较好地贯彻了这一工作要求。

(6) 中心工作考察 9 人次。其中,排位为"1"的有 8 人次;排位为"2"的有 1 人次。中心工作是锻炼培养和检验考察干部的重要载体。一名干部在中心工作中的表现,是组织部门在选拔使用干部过程中经常要考虑的因素。使用中心工作中"脱颖而出"的干部,是一种用干部的导向,有利于调动干部力量向一线集聚,更好地助推中心工作的开展和完成。因此,中心工作成了组织部门在考虑各方提名意见过程中的一个重要参考项目。

(7) 后备干部 11 人次。全部排在"1"。后备干部是领导干部的预备队,往往都经历了党委(党组)推荐、中青年干部培训、抽调中心工作等环节,是好中选优的结果。因此,在提名人选过程中,往往会放到首先位置,这也是数据中全都排在"1"的原因。

(8) 个人意愿 22 人次。其中,排位为"1"的有 9 人次,排位为"2"的有 13 人次,全部为选派挂职。干部使用虽然是一种组织安排,但也是一个双向选择的过程,个人意愿也是重要考量因素。了解个人意愿既是对干部本人的尊重,也能够更好地将组织意图和个人意愿结合起来,形成更加成熟、更能为大多数人认可的人事方案。特别是在提前退出现职领导岗位方面,个人意愿就显得尤为重要。把个人意愿排到"1"的占比有 40.91%,显示了干部选拔任用工作人性化的一面。从某种程度上来说,个人意愿的提出也是一次个人的初始提名。

(9) 其他因素 39 人次。其中兼任职务需要 4 人次;交流(比如在同一岗位工作满 10 年等)、回避等 9 人次;理顺工作机制需要 7 人次;选派挂职 16 人次(其中 1 人为挂职回来后转任重要职务);军转干部任职 2 人次;工作调动 1

人次。以上这些因素有的属于工作需要,有的属于国家政策,具有确定性,一经上级统一安排,或符合政策规定,就要首先考虑,所以都排在"1"。

分析以上数据可总结出 Z 县干部选拔任用初始提名的特征有二。首先,组织部门制定人事方案,采用的是"X+Y"双因素模式,X 即统筹若干个初始提名主体的建议因素,Y 即同时考虑若干个参考因素进行验证,综合分析之后,提出每个职位的意向性人选,形成人事方案初步建议。组织部门根据选拔任用的职位、条件、范围、方式、程序等要求,考虑县领导、单位党组织、全县会议、全覆盖考察、个人意愿五个方面的提名建议(即 X),同时考察中心工作表现、后备干部、交流、回避等其他因素(即 Y),形成一个岗位人选的初步建议。在这个过程中,组织部门是"显性"的初始提名主体,而县领导、单位党组织、参加全县会议推荐和全覆盖考察推荐的个人等,因未直接参与方案的制定,是"隐性"的初始提名主体。其次,根据 2014 年《干部任用条例》的指导思想,"动议"环节要强化党委(党组)、分管领导和组织部门的权重和责任,同时要注重群众的公认度。从上述各主体的提名次数来看,排名前四的是组织部门、全覆盖考察、单位党组织和县领导,符合《干部任用条例》的精神和要求。

2. 初始提名的多主体现象

在人事方案的 203 个案例中,有 68 个仅有一个初始提名主体,即组织部门。其中:45 个属于试用期满正式任职,如前所述,无须其他提名主体即可纳入方案;2 个属于军转干部,也由组织部门直接提名;2 个属于国企退休或即将退休人员,4 个属于兼任职务,10 个属于符合干部交流、回避等规定情形,7 个属于理顺工作机制需要,组织部门直接提出建议;5 个为外派、下挂等挂职需要,组织部门根据上级等要求,提名相关人选;1 个为挂职回来后转任重要职务;2 个为其他情形(单位由党组改设党委、工作需要等)。以上情形中有重叠的情况。

由此可见,组织部门要撇开其他提名主体,也不考虑其他因素,仅凭单一意志开展初始提名的空间是极其有限的。在实际操作中,只需组织部门一家来提名的案例,绝大多数是对干部选拔任用规定的贯彻执行(如试用期满、交流、回避等)。只有极个别情况,即在没有其他提名主体,而又确实存在工作需要的前提下,组织部门可以单独开展初始提名。除此以外,有两个或两个以上初始提名主体的案例有 135 个,其中双主体的有 61 个,三主体的有 55 个,四主体的有 17 个,五主体的有 2 个。因此,各主体在 203 个案例中的初始提名总数为 433 个,平均每个案例的初始提名主体数为 2.13 个。

综上,本研究认为,以单个人选的提出来看,似乎是由组织部门具体参与人事方案制定的人来提名的,但考察其背后的考量可以看到,其中既有组织提名和考察的因素，也有个人推荐和意愿的因素。因此，某一人选的提出是很难由单一主体来提名的。同时，由于主体的多元和"隐性"主体的存在，初始提名过程更像一个多方意见融合促成的过程。而要看清这个过程中组织因素和个人因素孰轻孰重、影响力孰大孰小、排名谁先谁后，是一件较为困难的事。

3. 职务层级与主体数量的关系

以提任使用和转任重要职务的 63 人为例，其中拟任正科级职务 6 人，转任重要职务 3 人，拟任副科级职务 34 人，进班子 20 人。各主体初始提名总数为 183 人次，平均每人被提名 2.90 次。

下文从初始提名主体数量来展开分析。2 人有五个主体提名，皆是由副科级职务提任正科级职务。12 人有四个主体提名，其中 3 人由副科级提任正科级，1 人由副科级转任重要职务，2 人由班子成员提任副科级，6 人由正股级提任副科级。28 人有三个主体提名，其中 1 人由副科级提任正科级，1 人由副科级转任重要职务，4 人由班子成员提任副科级，16 人由正股级提任副科级，6 人由正股级提任班子成员。20 人有两个主体提名，6 人由正股级提任副科级，14 人由正股级提任班子成员。1 人为单一主体，是从副科级转任重要职务。

从提名主体的个数来看，随着职务层级的提升，提名主体的平均数也相应提高，两者呈正相关。说明随着职务层级的提升，组织部门在酝酿人选的时候，考虑的因素也相应增加，会兼顾各个方面的意见建议，确保把人选准、选好。以正科级职务为例，其通常是一个单位的主要领导，既要担负起抓班子带队伍的责任，又要推进本单位各项工作，往往还要承担党委政府的中心工作，其重要性不言而喻。因此，组织部门除了要考虑单位党组织的提名建议，也要在日常全覆盖考察中，听取班子成员、中层干部或是基层党员、群众的提名建议，还要通过全县会议提名情况，看其在全县干部当中的认可度。同时，作为具体负责一方面工作的领导干部，必然也要听取县主要领导或分管领导的提名建议。所以，拟提任正科级职务的人选，其提名主体的平均数是最多的，提名副科级和进班子的主体数量是逐级递减的。

4. 各主体在初始提名中的影响力

所谓影响力，就是同一个人选有多个主体提名之时，哪个主体才是最重要的、权重最大的，从而是使得组织部门必须优先考虑的。影响力最直观的表现形式就是排位顺序。通过访谈，对组织部门提名某一人选时涉及的相关初始提名主体进行了排序。

大多数情况下，对同一个岗位人选，多个主体的排序都是"1"，即同等重要。正如访谈对象在交流中经常提到的一个词——"同时"。

> 我们同时考虑了日常考察中,单位对他的推荐……
>
> 对这个岗位人选,同时考察了他在中心工作中的表现……
>
> 部里提出人选的时候,同时要看他是不是后备干部,通常会优先考虑……

此外,以提任使用和转任重要职务的63人为例,观察各提名主体在每个岗位出现的次数,可以发现,组织部门提名63人次,是最多的,但大多数都排在第2的位置。因为如前所述,它是最直接的"显性"提名者,所以每个人选都要由它直接提出;同时,由于需要汇集各方意见来酝酿提出方案,绝大多数时候,组织部门不是第一个"发声者"。单位党组织提名60人次,位列第二,几乎提名了每个拟任人选,且全部排第1的位置;同时,单位党组织对进班子、副科级和正科级各层次的干部都有推荐提名。这体现了党组织在推荐干部中至关重要的作用。全覆盖考察提名41人次,位居第三。组织部门开展的考察,谈话对象既有领导干部,也有中层干部、一般干部,并在谈话中酝酿相应的推荐提名。因此,这是各类初始提名推荐主体中涉及提名人员最多的,能充分落实干部群众对干部选拔任用的参与权,契合干部选拔任用的民主原则。此外,县领导提名尽管只有16人次,但涉及所有拟任正科级职务的干部,且都并列排在第1,体现了县领导对选拔任用正职领导的权重和责任。

与此同时,考察初始提名主体的影响力存在一个难点,即无法对同一个岗位上的多个人选进行比较,以此来发现哪个初始提名主体是具有决定性力量的。原因在于:人事方案中的每个岗位只有一个人选,是非差额的。比如,同样是A岗位,有张三、李四两位适合人选,组织部门在考虑初始提名主体建议和其他因素的时候,是如何比较两人高低的呢?如果两人同样都得到了单位党组织的提名,而张三因为是后备干部最后被纳入方案,说明后备干部是重要的择优因素。事实上,这种差别是无法统计的,访谈对象表示:

> 在制定方案的时候,很少有岗位要提出两个人选进行比选。大多数时候,方案里只会放一个人选。

当然,组织部门在酝酿人选的时候,如果适合某一个岗位的人选较多,那一定是会进行比较的。然而,这样的比较并不多见且很难追溯。难追溯的原因是:这种比较基于主体的多少、参考因素的区别可能是瞬间完成的,并需要当时参与酝酿的人员进行回忆。

（三）初始提名的多元化现象

从全部案例的数据分析和访谈中可以发现,初始提名是多元化考量的过程。

首先,选拔任用干部的基本条件是多元的。初始提名主体根据干部选拔任用的实际需要,对被提名者的年龄、性别、工作时间、党派、编制身份、文化水平都有或多或少的考虑。

其次,职务身份是多元的。被提名者涵盖正科级、副科级、班子成员和正股级干部,但在干部选拔任用的数量上,副科级干部和正股级干部被提名数居前两位。因为在县乡一级的领导干部序列中,乡科级干部是主体,副科级干部占大多数,因而无论是提拔使用、转任重要职务,还是提拔为班子成员,这部分调配也最多。

再次,初始提名主体是多元的。大多数人选集合了多个主体的初始提名,多主体提名是干部选拔任用中的常态,也是酝酿人选的必要基础。没有这个基础,干部选拔的民主、公开、竞争、择优就无法体现。这里的民主就是干部群众对干部选拔任用的知情权、参与权和监督权。初始提名的过程就是知情、参与和监督的过程,是推动干部工作民主化的过程。这里的公开包括选拔干部的范围、职位、条件、程序、规则、结果等。就初始提名而言,公开是民主的基础。这里的竞争是指通过初始提名将各方提名的人选放在一起进行比选,好中选优。这里的择优就是初始提名的结果,在综合比较中权衡优劣,实现优中选强。

综上,多元化是初始提名的重要特点,它贯穿于整个初始提名的全过程。把握初始提名的规律,何为主体很重要,因为主体的提名建议是酝酿人事方案的基础,干部一旦被提名,就基本意味着要被推荐、考察甚至任用。[①] 因此,"初始提名"环节可谓牵一发而动全身。但不能因此就聚焦一个主体,多元化特点决定了初始提名过程的综合性和复杂性,不仅要考察个别主体、个别要素,也要考察其中的各个因素,并统合起来整体看待,而不是只盯着其中一个点或一个主体。这是研究和分析干部选拔任用初始提名现象需要留意的地方。

[①] 中共浙江省委党校:《浙江省干部工作"组合拳"的理论与实践》,党建读物出版社 2017 年版,第 63 页。

四、问题和建议

（一）实践中的问题

"初始提名"这一概念存在于实际的干部选拔任用工作中，但并未列入实际的干部选拔任用条例和规定中，没有可供遵循的规范和程序，在推进干部人事制度改革的过程中，仍是一个有待继续研究的领域，以期能在制度上实现突破。从实际运行情况和前述案例分析来看，存在如下问题。

1. 初始提名的主体泛化

在各个主体中，组织提名是非常重要的一个方面。从前述案例数据分析中可以发现，组织推荐在组织（人事）部门制定人事方案中是一个重要参考项。组织推荐要通过单位领导班子的沟通协商，通过民主集中制方式，共同推出人选。组织推荐或者说集体推荐的结果，就是责任难以界定。人选推荐的责任主体落在组织上，而不是个人，就难以界定人选最初是由谁提出来的。这里的"谁"就不是个人，而是组织，个体的责任变成集体的责任，从而使得初始提名的主体被泛化。由此又带来下面的问题。

2. 初始提名的责任虚化

主体泛化使得责任落在组织上，而组织责任的认定最终还是要回到人员身上的。所谓"第一责任人"就是这个道理。目前，对于安全生产、生态环境、党风廉政建设等方面，都有第一责任人的明确要求。在选人用人方面，《干部任用条例》明确了主体是"党委（党组）或者组织（人事）部门"，并且在启动干部选拔任用工作的主体界定中，明确提出了主体除了党委（党组）或者组织（人事）部门，也可以由党委（党组）主要负责同志提出，或者经党委（党组）主要领导同志同意后，由分管干部人事工作的领导同志提出。① 但在具体提出初步建议、酝酿形成工作方案过程中，尽管要求"应当注意听取选拔职位分管领导和所在单位主要负责同志的意见"，但在最后的讨论决定环节，最终还是由"会议决定"。② 这

---

① 中共中央组织部干部一局:《〈党政领导干部选拔任用工作条例〉学习辅导》，党建读物出版社2014年版，第114页。
② 同上书，第117页。

就使得初始提名的责任难以追溯,也就是所谓的责任虚化。

3. 初始提名的客体淡化

在干部选拔培养过程中,通常会讲"组织培养"和"个人努力"的关系:组织搭建平台、营造环境,让各方面的干部有脱颖而出的机会;每名干部则需立足岗位,努力做好本职工作,增长才干,以符合提拔使用的各方面要求;两者相辅相成,不能偏废。但是,在开展初始提名过程中,初始提名主体往往居于主动地位,被提名者往往处于被动地位,或者说主动性不足,这是由干部选拔任用工作的特性决定的。一方面,干部选拔任用工作的组织性很强,个人主动自荐并非初始提名的重要形式;另一方面,为避免"跑官要官"的嫌疑,个人也很难展示所谓的主动性。因此,在初始提名过程中,自上而下的组织行为较多,被提名者的个人能动性偏少。这是实践中的客体淡化问题。

此外,从研究角度来看,现有的关注点大多集中于初始提名的主体,而对被提名客体的关注不足。两者其实同等重要,没有被提名的对象,哪有所谓的初始提名主体。尽管本研究对大量客体进行了一系列定量分析,但在对每一个具体人员的深度分析上,仍然大有文章可做。这就涉及精英生涯分析①。

(二) 主要建议

初始提名是干部选拔任用工作中的关键环节,决定了干部选拔任用后续的一系列环节。规范初始提名权力、认识初始提名权利,是推动干部人事制度改革中的重要一环,事关干部队伍建设的整体质量,进而影响政党、国家和社会发展全局。基于本研究的案例分析和发现的初始提名过程中存在的问题,试提出如下建议。

1. 推动初始提名行为的可追溯

初始提名行为既有书面的,也有口头的。通常意义上的酝酿更多的是一种协商沟通。这种协商沟通如何来记录,如何来保存,目前尚没有规范起来。需要通过制度的规定,实现初始提名行为的痕迹化。程序性行为的痕迹化是简便的,干部选拔任用的各项会议记录即是痕迹,组织性行为和个人行为的痕

---

① 例如,冯军旗在他的博士学位论文《中县干部》中运用了精英生涯分析方法,但他的关注点在于不同群体的分类和分析,对于单一个体的生涯分析是不多的。因为对个人的分析要从其履历着手,这个分析量是巨大的。

迹化是需要研究和设计的。比如,在很多地方业已实行的署名推荐方式,大部分仍采用不记名方式,保障大多数人的初始提名权利,这种方式较适用于大范围的推荐提名;对于那些关键岗位的初始提名,可在一定范围内试行实名制,并通过一定的制度加以规范和保障。再如,对于每次"动议"过程中的提名,不管是人事方案的制定,还是一定范围的酝酿,都可以做时间上的记录,包括酝酿的对象、具体的意见等,实现酝酿过程的留痕。

2. 建立初始提名的规范化制度

既然初始提名是干部选拔任用工作中的实际环节,就应当在有关党内法规中进一步加以确立。首先,严格初始提名的界定,在坚持干部选拔任用各项原则前提下,明确初始提名的概念、适用环节、主体、客体、权责等内容,可以制定专门的初始提名制度。其次,推动初始提名的程序化,确立初始提名在干部选拔任用过程中的具体位置,比如,可以在《干部任用条例》"分析研判和动议"一章中增设初始提名的条款,明确其具体操作流程。

3. 推动初始提名结果的相对公开化

目前,初始提名行为处于一种相对公开的状态。比如,在每个单位的年底考核中,带有初始提名意义的民主推荐已成为一种常态,参加对象也都知道每年都能履行这一权利。但推荐提名后的结果,通常来讲是不公开的,而是经考核领导小组或领导班子研究之后,报送到组织(人事)部门备案的。事实上,可以尝试类似干部选拔任用实绩公示的方式,也在单位内部公示民主推荐的结果,扩大知晓率,增强透明度。干部选拔任用工作涉及个体的人,因此,公开化也需把握稳妥原则,以不损害个人隐私、不破坏团结为标准。作为政党建设的重要组成部分,也可以将初始提名工作纳入党务公开范畴,在公开什么、在什么范围公开、用什么方式公开、公开到什么程度上进行研究。公开化最终也会成为促进规范化的重要推动力。

[论文指导老师:陈明明]

党代会常任制下镇党代表履职现状研究

——以上海市 J 区为例

施亚军[*]

【内容摘要】 党代会常任制是发展党内民主、推动党代表履职尽责、提高党的执政能力的一项重要制度安排。近年来,全国各地围绕深化县(市、区)党代会常任制开展了一系列探索实践。上海市在 2012 年明确要求"乡镇普遍推行党代会常任制",经过多年实践,全市各区在推行乡镇党代会常任制、推动党代表发挥作用方面取得了一定的成效,但也存在党代表结构同质化、党代表履职不充分不平衡、党代表与人大代表角色重叠等问题。这些问题既制约党代表作用的充分发挥,又影响党代会常任制的运行效果。本文采用问卷调查、访谈等方法,从主体、组织和制度三个层面分析党代表履职现状中存在问题的背后原因,并据此提出相应的改进建议。

【关键词】 党代表;党代会常任制;履职

一、关于党代表履职的研究回顾

党的代表大会制度是中国共产党的基本组织制度,也是党内民主运行的重要保障体系。由党员选举产生的党代表是各级党代表大会的主体,其职责履行和作用发挥直接决定党代表大会制度的运行成效。在以往很长一段时间内,党代表的履职局限于党代会开会期间,即党代表仅在会议召开期间行使代表权利、发挥代表作用,以至于逐渐陷入"五年开次会、会期三五天、散会靠一边"的困境。这制约了党代表作用的发挥,影响了党内民主的发展。

根据中央要求,近十多年来,全国各地围绕试点和深化县(市、区)党代会常任制开展了一系列的探索实践。2012 年,上海市第十次党代会明确提出

---

[*] 施亚军,2020 届 MPA 毕业生,就职于中共上海市委组织部干部处。

"乡镇普遍推行党代表大会常任制",要求充分发挥党代表在任期内的作用,发挥代表参与决策、监督、评议等方面的作用。上海市各区结合自身实际,围绕推行乡镇党代会常任制、发挥党代表作用积极探索,取得了一定的成效。

早在20世纪80年代末,我国部分县级党代会就开始试行常任制,关于党代会常任制的研究随之陆续出现。但对于党代会常任制条件下党代表履职的研究,主要集中在中共十七大之后,特别是2008年全国各地全面实行党代表任期制后,党代表履职逐渐成为政治学和公共管理研究的一个热点。

在党代表职责权利的研究方面,主要集中在党代表职责权利的内容与范畴。尽管不同学者的表述存在差异,聚焦各有侧重,职权类型的划分方法也不尽相同,但总体看来,党代表的职责权利涉及知情权、参与权、决策权、监督权四个方面。高放把党代表的职责放在党代会召开前、党代会召开期间、党代会结束后三个阶段来观察:在会议召开前党代表应该密切联系党员、群众,倾听他们的意见,形成提案并在会议期间提交;在会议召开期间,党代表应围绕党代会报告、党的重要决策、重大方针政策等问题进行切实、自由的讨论;在会议结束后,党代表应第一时间向自己联系的党员反馈情况。①

在党代表履职困境的研究方面,主要基于对党代表履职的实践观察。有学者列举了党代表履职四方面的困境:一是思想认识困境,党代表对自己身份的转换缺乏清晰认知和准确定位,仍然习惯性地只是将党代表身份当作一种荣誉,不能承担与之伴生的责任与义务;二是能力素养困境,有的党代表思想政治水平不高,缺乏必要的参政议政能力的锻炼培养;三是有效行权困境,党代表、人大代表、政协委员权力行使过程中出现潜在冲突,党代表行权渠道相对狭窄、行权规则不规范;四是制度安排困境,党代表发挥作用的整体制度建设严重滞后于党代表任期制在实践中的推进进程,人治思维和人治模式仍然存在。②

在党代表履职保障的研究方面,主要考察党代表履职的外部影响因素。大部分学者认为,只有建立较为完善的保障机制,才能激发党代表的履职热情,增强党代表的日常行动力,助推党代表深入持久地履行职责、发挥作用。综合现有研究,党代表的履职保障一般涉及职责权利、教育培训、时间经费、组织机构等多个方面。四川省委组织部调研认为:"党代表活动必须有切实有效的保障,一是组织保障,二是权利保障,三是时间和经费保障。"③

---

① 高放:《中国政治体制改革的心声》,重庆出版社2006年版,第188页。
② 张书林:《基层一线党代表发挥作用的体系建构》,《桂海论丛》2013年第1期,第86—89页。
③ 四川省委组织部课题组:《健全党的代表大会制度的有效途径——党的代表大会常任制试点的调查与思考》,《求是》2003年第11期,第18—19、23页。

总体上看,关于党代会常任制下党代表履职的研究成果是较为丰富的。然而,现有的研究仍存在诸多方面的不足。比如,现有的研究多偏重理论探讨与分析,着重对党代会常任制、党代表任期制等制度及相应的运行机制进行阐释,而以党代表群体为样本、立足党代表履职现状的研究分析较少。又比如,关于党代表履职内容的研究总体上较为陈旧,最近几年特别是中共十九大以来,党代表履职的时空条件发生很大变化,履职的范畴有所拓展,关于这方面的研究目前较少。

二、上海市 J 区镇党代表的履职实践

J 区地处上海市近郊。截至 2018 年年底,常住人口约 160 万人,党员 66 375 人。2017 年是 J 区各镇党代会集中换届之年,换届后共有镇党代表 864 名。2019 年 5 月,笔者以随机抽样的方式,向 J 区镇党代表发放《党代表履职情况问卷》,最终回收有效问卷 198 份,约占 J 区镇党代表总数的四分之一。

(一) J 区镇党代表履职的基本途径及内容

党代表的履职一般可划分为按照以党代会为平台的履职途径和闭会期间的履职途径。

1. 党代会期间的履职途径

一是代表资格管理。党代表是党代会的主体,对党代表的资格管理是党代会发挥作用的一项基础性工作。J 区 2013 年起在 M 镇、J 镇试行出缺代表补选工作,如今已在各镇普遍开展。各镇在党代会年会召开前,梳理近一年因工作调动及党纪处分等原因导致代表出缺的情况,按照《党章》及基层组织选举工作的有关规定,经镇党委讨论研究决定选举方案后,补选出缺的镇党代表,并提交年会审查。

二是审议工作报告。从 J 区镇党代表的履职来看,党代表在年会期间参与决策主要是讨论并审议镇党委、镇纪委的年度工作报告和决议草案。为了更好地保障党代表的知情权和参与决策权,J 区部分镇还探索将"十三五"规划、"三年行动计划"等党委重要决策在出台前就让党代表先知先议,问计于代表、决议于年会,推动党代表更有效地参与决策。N 镇一位党代表在访谈中表示:

> 参加党代会,我觉得有两项事情最重要:一是选出一个好班子,这是五年一次的工作;另一个就是审议一份好报告,这是一年一次的任务。通过审议党委工作报告,我们可以知晓过去一年镇党委抓重点工作的情况,也清楚接下来一年的工作计划。我们党代表的日常履职,比如开展调研、提出提案也就有了方向,紧紧围绕镇的中心工作,不至于跑偏。①

三是提出代表提案。2013年起,J区各镇在党代会年会上全面开展代表提案工作,鼓励和引导党代表聚焦地区发展重点,集智纳言形成代表提案,并在下一次年会上通报上年度提案办理情况。2018年,J区各镇党代表共提出提案56件。其中,涉及党的建设19件,社会建设21件,经济建设12件,生态文明建设4件。一些提案经过调研和论证后被吸收进镇党委关于党的建设、干部管理、党员教育等方面的决策性文件中。

四是参与民主监督。在党代会年会上,J区各镇普遍开展评议党委干部选拔任用"一报告两评议"②工作。党代表还审议上年度党费收缴、使用和管理情况。此外,部分镇党代会还试行党代表询问制度,党代会上,党代表可以就本镇经济发展、社会管理、基层组织建设、干部作风建设等工作进行当场询问,由镇党委分管领导现场作答。

2. 闭会期间的履职途径

一是开展党代表接待。根据《J区党代表大会代表工作室建设指导意见》,J区各镇依托社区党建服务中心、村居党建服务站、党代表所在单位及其他基层组织活动场所,普遍建立党代表工作室(点),并明确"三有"标准:有公开代表形象、联络方式等必要信息,有配备专职的工作人员,有规范的工作制度。截至2018年年底,J区已建成镇级党代表工作室12个、村居级党代表工作点178个。全区1300多名市、区、镇级党代表被编排到12个镇级党代表工作室,定期接待党员、群众。从问卷数据来看,198名党代表中,有139名代表把街镇党建服务中心"党代表工作室"或所在单位"党代表工作室"作为联系接待的主要渠道,占比超过七成(如图1所示)。

二是开展视察与调研。J区各镇以代表组为单位,开展党代表学习参观、巡查调研等活动,以生动直观的形式让党代表及时了解掌握党委政府重点工作的推进情况。各镇均制定了《党代表大会代表开展调研工作暂行办法》,明

---

① 资料来源:对J区N镇党代表的访谈记录,2019年6月23日。
② "一报告两评议"指专题报告年度干部选拔任用工作情况,评议干部选拔任用工作,评议选拔出来的干部。

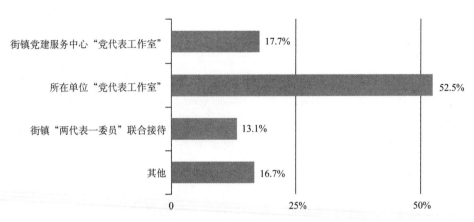

图 1　J 区镇党代表联系接待党员、群众的主要渠道

确规定:党代表大会闭会期间,镇党委根据实际需要,安排党代表对本镇重要工作进行视察,对涉及经济社会发展重大事项、党的建设以及群众普遍关心的热点难点问题进行调研。

三是列席党委有关会议。受邀列席会议党代表享有三方面权利:(1)知情权,列席会议的党代表可以参与会议全过程,听取全体参会人员的讨论和决策;(2)发言权,列席会议的党代表可以根据会议议题发表个人观点,提出意见建议,也可以根据平时联系党员、群众掌握的情况,如实反映基层党员、群众的声音;(3)监督权,列席会议的党代表可以在会后就会议精神的贯彻落实情况进行有效监督。

自 2017 年当选党代表以来,J 区 198 名党代表中有 112 人已受邀列席过同级党委重要会议,占比达 57%。一位镇党代会代表联络工作办公室负责人表示:

> 关于党代表受邀列席镇党委的一些重要会议,我们有一个基本的把握,就是五年一届党委会期间,每一名党代表至少列席一次镇党委会议。我们镇党委是 2017 年换届的,截至目前差不多一半的党代表已经受邀列席过了,还没有列席过的代表,今后两三年内原则上都会被邀请列席。①

四是提交代表提议。党代表提议与党代表提案相类似,不同的是,提案是

---

① 资料来源:对 J 区 N 镇党代会代表联络工作办公室负责人的访谈记录,2019 年 6 月 23 日。

在党代会年会召开期间由党代表提出,而提议则是在党代会闭会期间,由党代表向镇党委提出的书面意见和建议。根据J区各镇制定的《党代表提议工作暂行办法》,提议可由党代表个人或党代表联名、代表组提出,由代表组提出的提议,应由代表组半数以上党代表表决通过,领衔代表一般为代表组组长。一般来说,党代表提出提议后,由镇党代表联络工作办公室进行初审,判别可受理的,交承办单位(主要是各村、社区、企事业单位和镇机关各部门)办理;不受理的,须向提议人说明具体原因(如图2所示)。

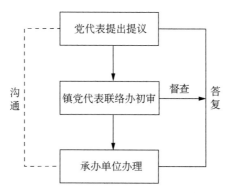

图2　J区各镇党代表提议的办理流程

五是开展述职评议。J区各镇要求每位党代表每年必须向所在的选举单位的党员至少进行一次述职。述职的内容主要包括参加代表组活动、联系党员和群众、参加接待、进行调研等党代表履行职责的情况。党代表在述职结束后,党员可以向党代表提出询问,由党代表当场答复。党员根据党代表的述职,以及党代表对询问的答复情况,开展测评工作。这种述职评议,既是党代表履职内容之一,也是督促党代表履职尽责的重要方式。H镇一名党代表在访谈中坦言:

> 岁末年初的代表述职,对党代表可谓是一种检视。对认真履职的代表来说,这是一次展现自己成绩的机会;而对那些平常履职不认真、参加活动不积极的代表来说,就比较难堪了,因为"晒不出成绩"。①

六是发挥政治引领作用。这是近几年J区镇党代表履职的新动向。十九大以来,中共坚持全面从严治党,提出把党的政治建设摆在首位,这成为统领

---

① 资料来源:对J区H镇党代表的访谈记录,2019年6月23日。

党的建设全局的根本性建设。在这一大背景下,J区各镇纷纷尝试探索党代表履职的新形式。比如,鼓励和引导党代表到社区党校给入党积极分子上党课;聘请党代表担任"领誓人",以开展宣誓活动加强基层党员的初心教育;聘请党代表担任"党建督导员",对基层党组织落实党建责任、开展党建工作情况进行过程监管、动态监控。具体情况如表1所示。

表1　J区镇党代表受聘担任领誓人、社区党校讲师情况统计

履职形式	试点镇(个)	党代表数(人)
受聘担任区、镇党建服务中心领誓人	6	14
受聘担任社区党校讲师	5	10

(二) J区镇党代表履职取得的成效

实行党代会任期制以来,J区各镇党代表的履职取得了一定的成效。

自上而下地看,党代表的履职密切了党群关系、干群关系。党代表的职责权利是党员通过选举赋予的,党代表理应向党员负责。这就促使党代表通过各种形式,经常性深入基层、深入党员和群众,听取意见和建议,履行好党员和群众的意见采集、利益表达等职责。在这一过程中,党代表不仅是普通党员的代表,他们还是吸纳民情民意的"收集器"、监测社会温度的"传感器"。在普通党员和群众眼中,党代表甚至是党组织的化身,是看得见、摸得着的具象存在。因此,正如有研究者指出的那样:"实际上党代表履行的是党员与党之间的桥梁角色,通过党代表有效表达普通党员和社会大众的诉求,并使公共性问题得到解决,从这一点上来说党代表的作用是显而易见的。"①J区各镇通过实行党代会常任制,推进党代表履职的经常化,发挥党员与党之间的"纽带"作用,避免了镇党代会、镇党委与党员、群众的脱节。从这个意义上说,党代表履职的一个重要作用就是密切了党与基层党员、群众的联系。

自下而上地看,党代表的履职推动了民主决策、科学决策。党内民主的本质在于尊重和保障党员的民主权利,实行自下而上的选举是实现党内权力正常授予、维护权力正常运行的必由之路。理性、健康的民主制度的表现之一就是普通大多数人的诉求有人可以代言,并有合理的机制保障这一代言。从J

---

① 顾丽梅:《多维视野下的浦东新区镇党代会常任制研究》,上海人民出版社2014年版,第39—40页。

区各镇的实践来看,党代表的履职从本质上说是一种政治参与,是代党员行使知情权、表达权、决策权、监督权。党代表通过履行党情收集、民意整合、利益传达和协调等职责,推动党代会、党委的决策更贴近党员和群众,更民主、更科学。换言之,党代表能否有效履职,将很大程度决定政治参与的质量,最终影响党的执政水平。

(三) J区镇党代表履职存在的问题

1. 党代表结构同质化问题

党代表结构包括身份结构、性别结构、年龄结构、领域结构等诸多方面。J区各镇党代表结构不合理的问题主要表现在"一高一低"现象。

一是"体制内"单位的党代表占比高。具体而言,在864名镇党代表中:来自机关事业单位的131人,国有企业31人,村居委会371人,上述三类基本都可归入所谓的"体制内"单位(即广义上的公共部门),人数合计533人,占比达61.7%;来自新经济组织、新社会组织等新兴领域的党代表仅166人,占比19.2%。

二是青年党代表占比低。具体而言,在864名镇党代表中:46岁及以上党代表达507人,占比近60%;而30岁以下党代表仅8人,占比不到1%。

据J区党代表联络工作办公室负责人介绍:

> 镇党代会代表的结构问题不同于区党代会,后者较多的是领导干部与基层一线代表的结构问题,即领导干部过多、基层一线代表较少。在镇一级党代会,除了镇党委、人大、政府三套班子成员算领导干部外,其余都属于基层一线代表的范畴。全区864名镇党代表中,处级及以上领导干部只有64人,占比约7%。但镇党代表所从事领域的结构问题、年龄结构问题比较明显,我们称之为"两个60%"现象(即体制内占60%、46岁以上占60%)。出现这种问题的一个重要原因,是各镇在制定党代表名额分配时,过于注重比例原则。一般来说,镇里面村居社区党员数量最多,所以分配到的党代表名额也相对较多。①

2. 党代表履职不充分问题

这一问题突出表现在党代表履职活动频次过低,各项职责权利行使不充分。以两项常见的履职内容——提交党代会提案、联系接待党员和群众为例,

---

① 资料来源:对J区党代表联络工作办公室负责人的访谈记录,2019年5月26日。

两者分别是党代会召开和闭会期间代表履职最基本、最常见的方式,"提案率""联系率"可以作为衡量党代表履职活跃度比较直观的视角。

在提交党代会提案方面,自 2017 年当选镇党代表以来,198 名党代表中 68 人从未提交过提案(包括闭会期间的提议),占比达 34.3%;51 人只提交过 1 次提案(提议),42 人提交过 2 次,仅 37 人提交过 3 次及以上(如图 3 所示)。

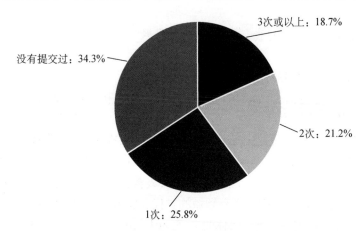

图 3　J 区镇党代表提交提案(提议)次数统计

在联系接待党员、群众方面,仅 71 人的联系接待频率达到"一个月一次",占比不到四成,47 人"一季度一次",24 人"半年一次",37 人"一年一次",剩余 19 人则从未开展过联系接待党员、群众的履职活动(如图 4 所示)。

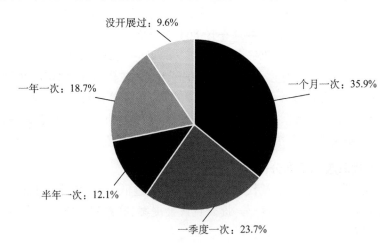

图 4　J 区镇党代表联系接待党员、群众频率统计

问卷数据还显示,62 名党代表(占比 31.3%)从未参加过重要干部的民主推荐,86 名党代表(占比 43.4%)从未列席过镇党委的重要会议,47 名党代表(占比 23.7%)从未参加过镇领导班子及其成员的民主测评。

3. 党代表履职不平衡的问题

这种不平衡主要表现在两个方面:其一,党代表各项权利之间行使不平衡;其二,不同党代表之间行使权利不平衡。

党代表的权利可以大致划分为知情权、建议权、监督权、参与决策权,现实中这四项权利行使得并不平衡。从问卷和访谈情况来看,J 区镇党代表在知情权、建议权方面行使得较为充分,在监督权和参与决策权方面则相对薄弱。在"您认为党代表最重要的职责是什么"问题中,大部分党代表都谈到"联系党员、群众,发挥桥梁作用""反映基层呼声""学习宣传贯彻党的决议""传递党的声音"等内容,较少人谈到"参与民主决策",几乎没有人提及"监督党组织运行"。

党代表履职的不平衡问题还体现在不同党代表之间的履职失衡。对问卷中"党代表提案(提议)次数"与"党代表视察调研次数"两项数据进行交叉分析,可得出一个颇有意思的结果:参加视察调研较多的党代表,同时也是提交提案(提议)较多的党代表,反之亦然(如图 5 所示)。这一方面说明到基层开展视察调研是提出提案、提议的重要基础;另一方面,也说明积极履职的总是一部分党代表。

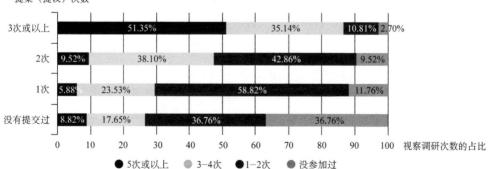

图 5　J 区镇党代表提案(提议)次数与视察调研次数的交叉分析

这在 Q 镇党代表联络工作办公室负责人那里得到印证:

我们镇党代表履职有点"冷热不均"的现象,就是活跃的党代表总是那么几个,通知他们开会、调研、视察,几乎不打回票,每次都来。而有些党代表可能本职工作比较繁忙,就很少参加镇里组织的活动。①

4. 党代表履职实效性问题

这一问题主要表现在党代表履职的实际效果并不尽如人意。问卷数据显示,影响党代表联系接待党员、群众的因素中,有 86 名党代表归因于"接待成效不明显",占比 43.4%;在影响党代表履职的因素中,有 51.5% 的党代表归因于"本职工作太繁忙";有 34.8% 的党代表认为"对党内重要情况知情不够"。此外,还有 30.3% 的党代表认为"自身能力有限,无法帮助党员、群众解决实际问题",有 17.2% 的党代表认为"对党委的决策影响不大",有 15.7% 的党代表认为"所提的意见建议或提议往往石沉大海,没有后文"。可见,党代表履职成效在一定程度上影响党代表履职的积极性,若处理不当,两者会陷入恶性循环之中。访谈中,J 区部分镇党代表联络工作办公室负责人和党员提到,一些党代表履职效果不佳,一些党代表是"被动履职",组织安排活动就参加,而主动联系群众、深入调研、收集党员诉求的积极性并不高。

5. 党代表与人大代表角色重叠问题

一方面,不少镇党代表本身就是人大代表。统计数据显示,J 区 864 名镇党代表中,同为镇人大代表的有 136 人,占比 15.7%。代表的双重身份这一现实状况导致履职过程中出现职责并存、交叉发挥作用的情况,不利于党代表和人大代表发挥各自应有的功能。另一方面,党代表与人大代表职责交叉重叠。比如,不少党代表感到,各镇普遍推行的党代表、人大代表联合接待制度,不利于区分两者的履职边界,不知道党代表和人大代表的区别在哪,什么可为,什么不可为。J 区 H 镇党委副书记在访谈中表示:

> 我们镇党代表和人大代表在履职过程中,有时的确会存在工作内容雷同的情况。以代表提案、提议为例,每年的党代会都会向党代表征集提案,人代会也会向人大代表征集提案,结果在选题上经常会出现相近甚至完全一样的情况。比如,有一年,党代表和人大代表都提交了关于加强"五违四必"区域生态环境治理的提案。当然,这确实是当年全镇正在抓的一项重点工作。此外,闭会期间代表们提交的一些调研报告、意见建议的内容有时也会"撞车"。所以,后来镇党代表联络工作办公室专门发了一份工作提示,建议党代表在撰写提案、提议时,更多从发挥党建引领作

---

① 资料来源:对 J 区 Q 镇党代表联络工作办公室负责人的访谈记录,2019 年 7 月 7 日。

用,发挥党组织、党员作用角度入手,突出党的元素,尽量与人大代表差异化调研、错位思考。①

三、党代会常任制下镇党代表履职问题原因分析

(一)主体层面:履职意识与履职能力存在短板

1. 党代表履职的思想误区

一种典型的误区是将党代表视作"荣誉代表",而非"责任代表"。部分党代表把自己当选党代表看成上级组织授予的一种荣誉,而忽视了党员通过选举赋予的沉甸甸的职责与权利,没有认识到党员制度化授权是党内权力的唯一合法源泉。问卷数据显示,33.3%的党代表(66人)将自己当选党代表最关键的因素归于"党组织的认可"。这种"组织本位"而非"党员本位"的理念容易造成党代表的履职偏好,因为"党代表对党员、群众诉求的传递经由自身的价值观有一个主观的判断和选择,这种判断和选择有的时候会遭遇到对于上级领导、领导机关偏好的认定"②。另一种典型的误区是,党代表被视作"权力代表",而非"党员代表"。认为党代表履职的前提是必须拥有权力资源,能够切实解决党员和群众的一些实际困难。这种思想误区在基层一线党代表中较为普遍。访谈中,J区部分镇党代表表示,不是不愿意多到基层联系接待党员和群众,而是因为自己不是领导干部,没有多少权力和资源,党员、群众反映的问题没能力解决,久而久之,党员、群众不满意,自己也没联系接待的积极性。

2. 党代表履职的能力短板

党代表履职能力是指胜任党代表角色必须具备的相应素质,如民情收集、民意整合、利益综合、利益表达和利益协调等。尽管近几届党代表的文化程度比以往有较大提升,但整体上仍不容乐观。具体而言,J区864名镇党代表中,高中及以下文化程度的代表有219人(占比25.3%),大专文化程度的代表有255人(占比29.5%),本科文化程度的代表有359人(占比41.6%),研究生及以上文化程度的代表有31人(占比3.6%)。有学者在研究教育与政治参与的

---

① 资料来源:对J区H镇党委副书记的访谈记录,2019年7月7日。
② 沈士光:《党的代表大会常任制研究》,天津人民出版社2014年版,第140页。

关系时指出,"国外关于政治参与的大量研究表明,人的受教育程度跟他参与政治的积极性和能力是成正比的,即公民受教育程度越高,政治参与的积极性就越高,能力就越强"①。

3. 党代表履职的内生动力不足

动力作为一个心理学概念,一般指行为是由强大的内部力量驱使或激发的。在政治参与理论中,政治参与不足表现为政治配合度低或者政治参与冷漠,公民对政治感到厌倦或是失望,他们往往认为,即使自己参与,也不会对结果有任何改变,因此对参与行为不抱希望。将"动力"概念运用到观察J区镇党代表的履职实践中可以发现,部分党代表履职的内生动力明显不足。一些镇党代表承认,除了参加镇里安排的一些活动、完成"规定动作"外,自己没有想过要与党员和群众联系,一些党代表甚至在当选后从没有走访过党员,也没有提交过提案或提议。

(二) 组织层面:顶层设计与运行机制存在缺陷

1. 党代会功能定位模糊不清

实行党代会常任制后,如何处理党代会、人代会两者的关系,就成为一个新的问题。从制度设计的初衷来看,党代会、人代会理应发挥各自的功能。党代会主要是针对国家和地方的政治、经济、文化发展以及党的自身建设的方针、政策和重大战略问题做出决策,发挥"举旗定向"的领导作用;而"人代会主要是通过法定的形式把党的路线、方针、政策和意志上升为国家意志,变成国家的法律、计划和人事方案"②。然而,从J区各镇的实际看,由于党代会常任制仍处于探索阶段,党代会的角色和功能定位仍然较为模糊,特别是在乡镇层面,工作融合度高,实际操作中很难将党代会与人代会的权力边界完全厘清。

2. 党代表工作室的错位运行

党代表工作室是党代表履行代表职责、联系党员和群众的工作平台。自2013年起,J区在各镇普遍建立党代表工作室(点),定位为各级党代表与基层党员和群众加强联系、面对面交流的工作平台,并明确规定"要求解决纯个人

---

① 敖带芽:《政治参与与公共治理》,广东经济出版社2017年版,第21—22页。
② 张书林:《我国政治体制改革的创新理论研究》,《理论建设》2015年第4期,第33页。

问题等以及其他不符合法律法规和政策规定的问题可以不予登记"[①]。然而,在实际运作过程中,J区各镇党代表工作室仍然面临党员和群众提出的大量个人诉求问题,以至于一些党代表感叹工作室成了第二个"信访部门"。问卷数据显示,在联系接待党员、群众的过程中,党代表遇到常见的问题主要涉及意见建议、政策咨询、个人诉求和信访举报四大类,其中个人诉求类占比达32.3%,信访举报类占比5.1%(如图6所示)。

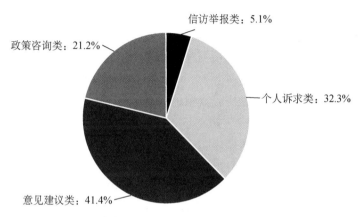

图6　J区镇党代表接待党员、群众常见问题类别统计

3. 代表组的"集体行动困境"

代表组是J区镇党代表在闭会期间开展履职的组织形式。代表组这一组织形式有点接近"组织场域"概念,在代表组这个场域中,每一名党代表肩负共同的职责与使命,也有共同的利益。然而,从实际运行情况来看,代表组的活动经常会陷入"集体行动困境"。所谓"集体行动困境",是由美国著名经济学家曼瑟尔·奥尔森(Mancur Olson)提出的,主要是指个人理性不是实现集体理性的充分条件,因为在集体行动中,每个人会出于自身的理性而存在"搭便车"的倾向。J区M镇一名党代表介绍了代表组开展一次专题调研的经过:

> 2017年根据镇党委的要求,我们每个代表组要围绕本镇各项建设领域中存在的一个问题开展专题调研,撰写调研文章。因为我们这里像酒店式公寓、公寓式办公楼等"商改住"现象比较多,当时市里正好出台一些

[①] 参见《J区党代表工作室工作制度》《J区党代表工作职责》。

政策整治这种类住宅。所以代表组经过商量,决定找一个社区作为样本,调研一下"在党建引领下的类住宅管理探索实践"。因为我是社区党总支副书记、副主任,对社区里的情况比较熟,所以实地调研的任务就由我来负责,最后文章的撰写基本上也是由我来执笔。①

(三) 制度层面:制度供给不足与执行存在偏差

1. 党代表选举制度有待完善

在代表名额分配上,J区各镇基本上遵循"比例原则"的操作路径,即先将全镇按地域或党组织隶属关系划分为若干个选举单位,再根据各选举单位拥有党员人数的多寡分配相应数量的党代表名额。这一原则同样体现在代表结构比例的设定上,比如,妇女代表的比例、少数民族代表的比例一般要求不低于本选举单位妇女党员比例和少数民族党员比例。这种被美国政治学家罗纳德·彭诺克(Roland Pennock)称为"比例代表制"(pro-portional representation)的目标是"力求一个如同数学那样精确的意见代表",防止"浪费选票",并借以"预防少数人没有代表者",是"一人一票"之理想的合理延伸。② 然而,这种名额分配方式的最大问题在于忽略了不同群体之间客观存在的差异性。联系J区各镇党代表的结构来看,完全遵循"比例代表制"的结果,是超过四成的党代表产生自村委会、居委会工作人员,造成党代表结构的同质化问题,而学历、议事能力、综合素质整体较高的白领党员、高知群体党员等难以脱颖而出,影响整个党代表队伍的履职活力和创新力。

2. 党代表履职考核机制缺失

建立一套有效的制度体系来规范和支撑党代表的活动,是党代表履行职责、发挥作用的保障。各地在党代会常任制试点中,结合各自实际,探索建立了一些具体的规范制度。以J区Q镇为例,制定了关于代表组活动、党代表列席会议、党代表阅文、党代表接待、党代表培训、党代表调研等10项配套制度。这套制度体系的建立对于推动党代表履职具有很大的正面意义。然而,缺陷也是存在的。其中,较为明显的问题是关于党代表履职考核评价制度的缺失,导致党代表履职优与劣缺少评判标准。

---

① 资料来源:对J区M镇党代表的访谈记录,2019年6月23日。
② 转引自应奇编:《代表理论与代议民主》,吉林出版集团有限责任公司2008年版,第109—110页。

四、党代会常任制下提升镇党代表履职效能的建议

主体、组织、制度是影响党代表履职的三方面基本因素,也是本文思考如何进一步推动党代表有效履职、发挥作用的逻辑起点。

(一)提升党代表参与意识与履职能力

1. 从源头把好党代表素质关

首先,要严把党代表的入口关。从严把好党代表的入口关,不能简单地看他的工作表现,还要考察其是否具备党代表履职的基本素质,特别是看其是否具有公共精神和参与意识。"公共精神要求个体超越一己私利的藩篱,以更加宽广的视野来对待公共事务,在谋取自身利益的同时,也不能忽视公共利益,这与那种狭隘的自私自利的观念是相对的。"①其次,要改善党代表的结构比例。针对现存的党代表结构问题,应有针对性地采取举措,进一步改善党代表的构成。比如,适当提高新经济组织、新社会组织等"两新"组织党代表和青年党代表的比例。这一群体的党员通常受过良好的高等教育,具备较为开阔的政治视野,具有较强的政治参与意愿和能力。

2. 加强对党代表的教育培训

有学者曾对党代表提案进行专门的研究,认为党代表提交一个高质量提案需要"内养"和"外化"的过程:"内养"是指厚植内隐性能力,包括培养和积累提案意识、提案素养、提案经验等;"外化"则是显性能力施展的一个过程,比如选好提案议题、深入基层调研、认真撰写提案等。② 笔者认为,加强党代表的教育和培训,首先要加强角色意识教育。所谓党代表的角色意识,是指党代表对自己身份和履职活动应有道德的价值觉察和服膺,深刻理解自身角色的实质和内涵,增强代表意识,强化代表责任感、使命感,自觉承担起相应的义务和职

---

① 唐斌:《社会资本视阈中的公共精神:缺失与培育》,《前沿》2010年第11期,第177页。
② 杨茜茜、李毅弘:《内养与外化:党代表提案能力要素及提升》,《哈尔滨市委党校学报》2016年第3期,第58页。

责。只有养成正确的角色意识,才能为党代表发挥作用提供最基本的内在动力。

(二)完善党代表履职的组织保障

1. 落实党代会常任制常设机构

党代会常设机构是党代表充分行使职权的组织载体。尽管目前关于党代会常任制常设机构的地位及其设置方式仍存争议,不同地区也存在不同的做法。较为普遍的一种做法是在党委组织部门设置"党代表联络办公室"。这种功能性机构一般负责党代会年会的组织工作,并负责党代会闭会期间组织、协调、保障党代表发挥作用。另一种是在党代会设立专门委员会机构,如决策咨询委员会、代表工作委员会、监督委员会等,分别行使决策咨询服务、代表管理和服务及日常监督等职能。笔者认为,不管采取哪种设置模式,最为关键的是要将常任制、常设机构相关建设落到实处,加强人员配备,建立一支稳定可靠、适应工作需要的专职队伍,并建立健全运行机制,切实发挥常设机构的功能和作用。

2. 规范党代表工作室的建设运行

党代表工作室是党代表履职的重要阵地。规范党代表工作室的建设运行可以从以下三方面入手。一是回归本位,守住工作室的建设目标。致力于打造党代表履行代表职责、联系党员和群众的工作平台,而不是解决党员和群众个人诉求的党委政府工作部门,更不能成为第二个信访、维稳部门。二是广泛覆盖,完善工作室建设布局。按照"便于党员和群众向党代表反映情况,有利于党代表发挥作用"原则,将工作室建在交通便捷、人口聚集、出入方便、方便党员和群众活动的地方,推动党代表工作室从区、街镇向居民区延伸,把更多的党代表工作室(点)建到各类基层组织场所。三是完善功能,推动党代表发挥作用。引导党代表经常性到工作室开展活动,强化工作室队伍保障,配备专门人员协助党代表做好整理汇总意见建议、向党员和群众反馈意见建议办理情况等工作。

3. 科学合理进行党代表编组

为改变目前代表组履职活动存在"搭便车"的现象,可以从两个方面改进党代表编组方式。一是改"编大组"为"编小组"。将现在一个组30—40名党代表的规模,缩小至每组10名左右。这样做的好处在于,一方面可以降低代表组活动的组织协调成本,另一方面有利于减少"搭便车"的现象。二是改"地缘编组"为"业缘编组""趣缘编组"。将从事工作领域或专业背景接近、兴趣相投的党代表编在同一组,这样有利于增进代表之间的共同语言,并集成专业优势,更好地开展履职活动。

(三) 健全党代表履职的制度体系

1. 完善党代表选举产生制度

要进一步激活党代表选举的竞争机制,不妨借鉴一下国外政党的做法和经验。国外一些主要政党在党代表的提名方式上,主要有选区党组织提名、党员投票提名、个人自荐、预选提名等几种方式。如英国工党对议员候选人的提名方式,"过去工党议员候选人的提名权一直掌握在选区组织手上,1993年后工党议员候选人改为一人一票制,每个党员都有投票权,因而现在工党议员候选人的提名权实际上掌握在所有普通党员的手上"①。这种增强竞争性的提名机制对于最终选出有能力、有意愿发挥作用的党代表大有裨益。

2. 健全党代表履职考核机制

一是合理设置考核指标。考核内容除了党代表的政治素质、综合素质、能力素质外,主要是对党代表履职情况的考核。可以对党代表在党代会召开和闭会期间的职责进行分类细化,形成科学的指标体系。二是有序采集信息数据。党代表履职情况的信息采集是考核评价的基础。要对信息采集方式、范围、内容、流程等进行深入研究,制定严谨、科学、合理的信息采集制度,以保证所采信息的客观、准确。三是注重考核结果的运用。建立奖惩激励约束机制,根据考核结果对党代表进行奖优惩劣,提升党代表履职的积极性和主动性。

[论文指导老师:顾丽梅]

---

① 刘金东、李鹏:《英国工党加强党员队伍建设的主要做法及其启示》,《求实》2006年第8期,第34—36页。

政府回应机制运行中的流程再造问题研究

——以 S 市 12365 质量热线为例

张淑颖*

【内容摘要】 政府回应能力是体现现代政府治理水平的关键因素。本文围绕提升政府部门回应效能这一主题,以政府回应和政府再造为理论基础,以 S 市 12365 质量热线为实证研究对象,对政府回应运行过程中的流程再造问题进行研究。通过研究发现,12365 质量热线在回应公众需求方面存在的问题,是目前普遍存在于我国政府部门治理过程中的共性问题。造成问题的原因,既与信息共享机制不健全、部门间职能界限不明确、内部办理流程不畅有关,也与考核监督力度不够、工作人员服务意识薄弱等因素有关。通过政府流程再造来提高政府回应的效能,归根到底是促进政府部门工作流程更加规范化、组织架构更加扁平化、资源利用更加高效化,以公共利益为导向转变政府职能,提高政府回应效能。为此,本文从进一步优化业务流程、完善后台系统、加快政府职能重塑、推进过程开放监督、加强人员管理与素质提升等角度,提出了具体的对策建议。

【关键词】 政府回应效能;政府回应机制;政府流程再造

一、问题提出与文献回顾

(一)研究的问题

目前,政府改革得到越来越多的学者的关注和研究,探究一个积极高效的政府治理模式是公共管理研究的重要课题。本文以政府回应和政府再造理论为基础,通过分析政府回应和再造的内涵,对如何重塑政府流程、完善政府回

---

* 张淑颖,2019 届 MPA 毕业生,就职于上海市发展和改革委员会。

应机制运行、提高政府回应效率等问题进行解答。

根据政府回应机制的建设,政府回应是这样运行的:公众通过一定的信息平台向政府表达自己的需求,政府及时对民意进行解答和回应,解决实际问题,从而实现良好的公共治理和公共服务目标。但在实际运行中,政府和公众在政治理念、利益价值等方面存在差异,且因政府回应流程设计不够科学,导致回应方式不合理、回应实际效率和效果不佳等问题。以问题为出发点,本文思考如何进一步提高政府回应性,提出流程再造的建议:优化业务工作流程,加快信息化建设,促进职能扁平化,加强过程监督,以及促进人员素质提升等。

(二) 文献回顾

1. 关于政府回应的文献回顾

从政府回应理论和机制研究的角度,戴维·奥斯本和特德·盖布勒的《改革政府:企业精神如何改革着公共部门》对政府回应进行了一定研究,提出要以顾客为导向。[1] 俞可平将政府回应作为体现政府"善治"的重要表现之一,政府回应能力越高,则善治的程度也就越高。[2] 近年来,各地政府在实践中不断充实完善政府回应理论,已有不少学者从公共管理学、政治学等角度进一步关注回应的内涵、意义、运行机制等。

从政治参与和政府决策的角度,韩平认为,出现政府工作被动、政府决策非科学性、过程易受控制等问题,要从广度、深度和宽度三个角度来衡量,政府是否能对网络政治参与进行及时有效的回应。[3] 李伟权将政府回应制度和政府公共决策结合起来,提出"互动决策"的理念。[4]

2. 关于政府再造的文献回顾

从研究对象来分类,国内外关于流程再造的研究有企业流程再造和政府流程再造两类。在企业流程再造方面,学者主要关注的是流程再造模式,迈克

---

[1] [美]戴维·奥斯本、[美]特德·盖布勒:《改革政府:企业家精神如何改革着公共部门》,周敦仁等译,上海译文出版社2006年版,第149页。
[2] 俞可平:《治理理论与中国行政改革(笔谈)——作为一种新政治分析框架的治理和善治理论》,《新视野》2001年第5期,第35—39页。
[3] 韩平:《网络政治参与和政府回应——网络时代中国政府治理范式研究》,复旦大学中共党史专业硕士学位论文,2010年。
[4] 李伟权:《政府回应论》,中国社会科学出版社2005版,第24页。

尔·哈默和詹姆斯·钱皮首次在《企业再造：企业革命的宣言书》一书中对企业流程再造下定义，约翰·尼森、伯克·利特文等提出了伯克·利特文模型、组织变革模型等。① 国内学者主要的代表性著作是梅绍祖的《流程再造：理论、方法和技术》等。在政府流程再造方面，学者主要关注的是组织变革和优化工作流程。拉塞尔·M.林登提出流程再造的步骤。② 将政府回应和政府流程再造结合进行研究的，一些学者已经有了探索。景云祥提出的构建和谐社会中要增强政府的回应性，并从拓展回应领域、更新回应方式、优化回应流程三个维度进行了深入探讨，其中就提出要对工作流程进行设计，并且从动态循环的角度不断更新，将流程环节前置。③

二、政府回应机制运行的现状分析：
以 S 市 12365 质量热线为例

本文以 S 市 12365 质量热线作为研究对象，通过剖析热线的主要业务工作及其具体回应的运行方式，特别是结合有关数据和典型案例，分析其在改革新形势下面临的问题，引发对回应机制运行的流程再造思考。

（一）S 市 12365 质量热线的基本情况

1. 业务工作情况

S 市 12365 质量热线受理中心于 2004 年 3 月成立，开通 4 个 12365 专线座席，并初步形成以市局 12365 申诉举报中心、各区局分中心"两级中心、两级网络"为基础的全市范围内的质量公共服务平台。市局 12365 申诉举报中心主要负责对用户和消费者以 12365 质量热线电话、来访、信函、传真和电子邮件等形式提出的申诉、举报和咨询进行登记，并对登记的产品质量申诉、举报和咨询予以分类，依据地域管辖、级别管辖、职权管辖的原则进行分送。

---

① 姜晓萍：《地方政府流程再造》，中国人民大学出版社 2012 版，第 14—24 页。
② [美]拉塞尔·M.林登：《无缝隙政府：公共部门再造指南》，汪大海等译，中国人民大学出版社 2002 版，第 66—83 页。
③ 景云祥：《和谐社会构建中政府回应机制建设的基本维度》，《云南行政学院学报》2008 年第 2 期，第 102—105 页。

各区局分中心主要负责受理本区域内的用户和消费者以来访、信函、传真、邮件等形式提出的申诉、举报和咨询,处理市局中心分送的产品质量申诉、举报和咨询业务并给予反馈。2013年,12365质量热线与该市12345市民服务热线正式并线运行,由12345市民服务热线负责接听、登记、咨询答复等工作,12365质量热线负责市民热线转办的有关质量技监业务的协调、分送处理工作。①

12365质量热线的主要业务是受理该市质量技术监督咨询、申投诉、举报,涉及民生较多。根据《S市质量状况白皮书》(2018年)的数据,12365质量热线受理的业务类型及数量为:咨询50 603件、申诉6 741件、举报5 671件、政风行风433件,一定程度上能反映出热线承接的业务工作量比较大。

2. 工作流程

根据对12365质量热线工作人员的访谈内容以及相关材料,笔者整理出12365质量热线的工作流程图(如图1所示)。具体而言,热线收到来电来访、局长信箱、12345转办等信息,由12365中心对接收的信息进行即时登记,并在3日内做出是否分送的决定;如果决定分送,应同步分送至各区分中心、市局直属执法单位驻12365岗位。登记、处理、结案全过程同步录入"金质工程"系统。经12345市民服务热线派发的工单信息需同时报送给12345市民服务热线,由热线对其派发的工单进行市民满意度回访,完成整个办理过程。

据访谈人员介绍,2016年发布了《S市质量技术监督申诉举报咨询工作管理办法》,12365质量热线对于业务处理有相应的办理时效规定:申诉应当自决定受理之日起30日内完成申诉处理并结案,对于复杂的申诉案件需要延长办理期限的,应当自受理之日起30日内办理延长期限手续,延长期限不超过30日;对于举报,自收到举报材料后,处理部门应在15日内组织核查,并决定是否立案,立案查处的,应当自立案之日起3个月内做出处理决定,因案情复杂不能按期做出处理决定的,可以延长30日;对于咨询,应当自受理之日起5日内答复咨询人。

访谈人员介绍,根据后台数据统计显示,2017年,12365质量热线处理申诉的平均时长为12.8天,处理举报的平均时长为10.1天,处理咨询的平均时长为3.9天。笔者通过梳理2015—2017年的处理时间数据发现,三类案件的处理时效总体上呈现逐年下降的趋势(如图2所示)。

---

① 资料来源:与S市12365申诉举报中心负责人的访谈内容摘录,2017年9月15日。

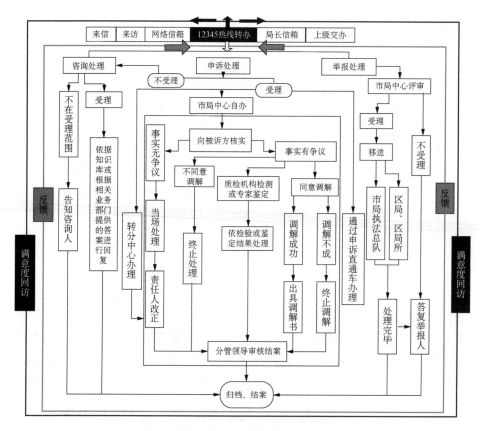

图 1　S 市 12365 质量热线工作流程图

资料来源:笔者根据 S 市 12365 质量热线资料及访谈记录制成本图。

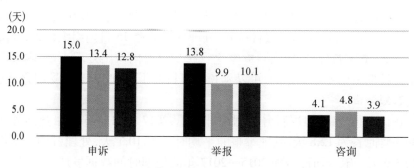

图 2　12365 质量热线申诉、举报、咨询处理时效

资料来源:笔者根据 S 市 12365 质量热线工作人员于 2018 年 3 月向作者提供的《2017 年度 S 市 12365 质量热线工作数据综合分析报告》及访谈记录整理制作。

为进一步研究处理时效对于12365质量热线回应过程的重要性,笔者对2015—2017年的业务通过"词云"(wordcloud)数据分析可知,"市民""咨询""解决""日内""部门""处理""回复"等词是申投诉和咨询工作重复频次最高、最被关注的关键词。其中,"及时""尽快""一日""10日""15日"等体现时间的词汇高频重复出现,可见市民对于热线是否能够即时办理完成业务时限的关注。

(二)实证分析:S市12365质量热线存在的问题

结合S市12365质量热线工作人员向作者提供的相关资料,通过运用数据和典型案例进一步分析,发现热线还存在一些不足。结合访谈中受访人员的反映,这些问题也是普遍存在于12365质量热线整个回应流程中的共性问题(详见表1)。

表1 受访人员认为S市12365质量热线回应机制存在的主要问题

问题类型	问题程度	受访人员认同人次(__人对应A/B/C%)	加权分值(分值=20%×A%+30%×B%+50%×C%)	程度排序
案件处理和回应效率不够高	★(20%)	1人(10%)	0.45	Ⅰ
	★★(30%)	1人(10%)		
	★★★(50%)	8人(80%)		
回应过程不够公开透明化	★(20%)	2人(20%)	0.42	Ⅱ
	★★(30%)	1人(10%)		
	★★★(50%)	7人(70%)		
回应结果满意度不够高	★(20%)	2人(20%)	0.4	Ⅲ
	★★(30%)	2人(20%)		
	★★★(50%)	6人(60%)		
案件承接过程不够顺畅	★(20%)	3人(30%)	0.33	Ⅳ
	★★(30%)	4人(40%)		
	★★★(50%)	3人(30%)		
问题解决率还不够高	★(20%)	4人(40%)	0.3	Ⅴ
	★★(30%)	4人(40%)		
	★★★(50%)	2人(20%)		

续 表

问题类型	问题程度	受访人员认同人次(__人对应A/B/C%)	加权分值(分值=20%×A%+30%×B%+50%×C%)	程度排序
热线服务渠道不够多样	★(20%)	6人(60%)	0.24	Ⅵ
	★★(30%)	4人(40%)		
	★★★(50%)	0人(0%)		

资料来源:笔者根据访谈和问卷调查结果整理自行研究制作。

注:(1)"★"越多,表示问题程度越突出,"20%""30%""50%"表示该选项在表征该类问题突出程度中所占权重。

(2)受访人员认同人次后的"__%"表示该选项人数在参与受访总人数中的占比。

(3)程度排序"Ⅰ""Ⅱ""Ⅲ"级表示问题严重程度和解决的优先排序逐级递减。

1. 案件处理和回应效率不够高

政府回应的主要特征之一就是重视时效性,而案件处理时间长短与回应效能的高低有直接的必然联系。从分析 12365 质量热线近年来的案件处理时效来看,单个案子的平均处理时长在逐年递减。不过,由于公众对于时间的要求越来越高,目前热线处理部分案件的反应时间还不能完全符合公众的期待。

例如,近几年,电梯占据特种设备举报的比重较大。基于 2017 年特种设备举报资料并运用 Python 语言、Wordij 软件和 Gephi 软件进行语义网①分析,可以发现电梯举报集中反映的问题是电梯经常发生故障、设备损坏、电梯关人、维修反应不及时、维修后故障频发、维保及合格证书过期等问题(详见图 3 至图 5)。

通过对资料的进一步分析,从图 4 中可以看出,电梯经常打不开、失灵或损坏,故障频繁在当天的上午、下午出现;图 5 显示,这些电梯举报中因故障频次高,运行中存在下坠、抖动等问题,导致市民乘坐电梯时被困,而响应速度慢,被困电梯 1 小时仍无人响应。

根据访谈中热线工作人员提供的材料,2017 年特种设备举报处理平均时长为 8.6 天,而且在案件跟进过程中出现 104 起市民重复催单的情况。进一步分析该年度热线重复催单或重复交办的案件,2017 年度咨询案件重复催单或交办案件为 95 件,申诉案件重复催单或交办案件为 828 件,举报案件重复催

---

① 语义网是词与词之间关系的社会网呈现形式。在语义网中,词的位置越中心,表示该词在文本中被提及的频次越高;词与词之间的连接线越粗,表示相互关联的频次越高。

政府回应机制运行中的流程再造问题研究

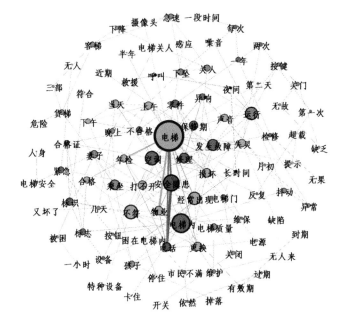

图 3 S 市 12365 质量热线 2017 年电梯举报案件中的语义网

资料来源:笔者根据 S 市 12365 质量热线工作人员于 2018 年 3 月向作者提供的 2017 年 12365 质量热线特种设备举报案件记录的资料制作。

图 4 S 市 12365 质量热线 2017 年电梯举报案件中的语义子网 I

资料来源:同图 3。

图 5　S 市 12365 质量热线 2017 年电梯举报案件中的语义子网 Ⅱ

资料来源:同图 3。

单或交办案件为 283 件。① 可见,12365 质量热线目前的部分案件回应时间长的问题,是普遍存在于整个回应流程中的共性问题,影响了热线的回应效率。

2. 回应过程公开透明化程度欠缺

在整个回应机制运行中,是如何进行处理、如何产生最终回复结果的,这些都是市民关心的问题。但是在热线实际工作中,不少市民向中心反映,自己的案件被分派给相应的承办部门处理,但是承办部门并没有与其进行实时的沟通,也并未将处理的过程向其公开。在 2017 年的统计数据中,咨询、申诉、举报案件的催单共 1 206 件,其中 11 件最终在回访市民测评满意度时的结果为"不满意"。② 图 6 显示的就是 2017 年举报案件中的催单情况。在 2017 年 10 月的 18 件"测评不满意"回访案件中,关于案件处理过程不公开、未处理即收到办理完成短信等问题的反映就有 6 件,比例达到 33.3%。这不仅影响了案件本身的处理质量,也极大地影响了热线回应的效果以及政府的公信力。

3. 回应结果同市民预期有差距

政府回应的最终目的是让公众满意,而衡量公众是否满意的主要评估指标就是公众对案件承办单位的回访测评满意度。根据 2016—2017 年的数据,测评结果不满意数量相对持平,略有波动,不满意比例未明显下降(如图 7 所

---

① 数据来源:S 市 12365 质量热线热线工作人员于 2018 年 3 月向作者提供的资料——《2017 年度 S 市 12365 质量热线申诉、申投诉、举报业务工单数据》,2018 年 1 月。

② 资料来源:与 S 市 12365 申诉举报中心工作人员的访谈内容摘录,2018 年 3 月 6 日。

政府回应机制运行中的流程再造问题研究

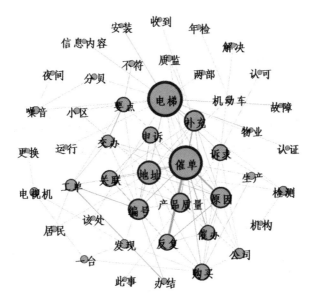

图 6　2017 年 S 市 12365 质量热线催单案件中的语义网

资料来源：笔者根据 S 市 12365 质量热线工作人员于 2018 年 3 月向作者提供的 2017 年 12365 质量热线举报案件记录的资料制作。

示），可见案件的办理质量与市民的预期之间还有一定差距，办理结果的回复上也存在一定问题。

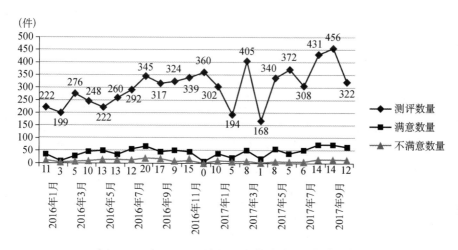

图 7　2016—2017 年 S 市 12365 质量热线测评不满意案件数量

资料来源：笔者根据 S 市 12365 质量热线工作人员于 2018 年 3 月向作者提供的 2016—2017 年 12365 质量热线测评不满意案件记录等资料制作。

工作人员反映,在不满意回访案件中,对于"回复方式"不满意的案件每年都有一定的数量。在热线的回应效能中,回复效果是一个重要的考量指标,只有不断降低案件的"不满意"数量,才是真正做到有效回应。

三、政府回应流程中问题产生的原因：以 S 市 12365 质量热线为例

12365 质量热线掌握并归结的案件处理和回应中存在的问题,本质上并不完全是热线自身存在的问题,更多地折射出的是有权解决问题的政府部门存在的问题。从这个意义上说,这些问题是普遍存在于相关政府部门回应流程中的共性问题。在开展访谈的过程中,作者请 10 位受访人员再次对问题产生的原因进行剖析。根据访谈人员的反馈,结合基于材料的研究和自己身处这个行业的实际工作感受,本文对以下四个主要原因进行了重点剖析(详见表2)。

表2　受访人员对 S 市 12365 质量热线问题的原因分析

原因分析	具体内容	提及的受访人数
信息对接、共享不畅	政府部门对信息发展意识不强	4人
	政府部门技术手段发展仍滞后	6人
	部门之间数据沟通不足	7人
体制改革后融合缓慢	机构改革部门职能未完全整合	9人
	部门之间业务沟通不足	6人
	体制自身的层级限制	4人
考核监督力度不够	监督制度不够完善	6人
	考核办法不够科学	4人
	激励机制不健全	5人
服务型政府意识薄弱	工作责任心不够强	7人
	主动服务意识不足	5人

资料来源:笔者根据访谈资料和问卷调查结果整理制作本表。

（一）信息对接、共享不畅

当前热线部门及其他政府工作部门普遍存在信息化发展水平相对滞后的问题，以至于电子政务建设有所滞缓。具体而言，这些信息化发展相对滞后的表现有：信息化建设的意识不强，对于信息化技术的运用也存在认识上的盲区；技术投入不足，对信息化共享平台、政务数据库等建设没有足够重视，财政预算和拨付不足，信息化建设得不到持续的经费保障；专业技术人才队伍尚未完全建立，人才储备不足，结构不够合理。在实际工作中，最大的问题来自系统之间的对接不畅。目前热线平台的建设还有缺陷，存在与承办部门的数据无法完全对接、信息操作后台不稳定、"知识库"储备不足等问题，无法兼顾实时性和共享性。热线平台的数据与其他政府信息平台暂未实现互联互通，不少业务数据供给不及时、不完整，与建立政务信息数据资源平台还存在一定差距，制约了跨部门之间业务协同、并联效应的发挥。

（二）体制改革后业务融合缓慢

为适应现代市场监管的工作要求，区级层面率先探索市场监管体制改革转型，即由原工商、质监、食药监、物价等统一组建"四合一"的市场监督管理局，但市级层面四大部门暂未整合。改革后，区级市场监管局机构合并、职能整合，从改革前的垂直管理变为属地化管理，市级中心对区局的约束减少，以致市级中心的派单和监督力度不足，市局对区局12365工作业务指导协调和督查工作机制也还未完全理顺。12365质量热线反馈的申投诉、举报等案件处理，绝大多数需要通过区市场监管局解决。但几个业务条线之间融合不够，导致相对专业性的问题难以在短时间内得到回复。

（三）考核监督力度不够

以服务为目标导向，以考核为手段，才能最终推动政府服务往更加高效便捷的方向发展。根据《12365热线工作绩效考核办法》，定期针对区局案件办理质量进行考核，并将考核结果通报到各个区局。但少数区局仍未引起足够的重视，案件办理只注重按照程序办理，未能完全考虑市民的感受和满意度。热线在考核监督中的效果体现不明显,直接影响案件办理的效率和答复的效果。从外部环境来看,我国社会监督制度化程度还不成熟,公众参与的积极性不强。

(四)服务型政府意识薄弱

政府工作效率不高、回应效能不足,与工作人员的回应意识与回应能力不强有直接关系,其根本是与服务型政府意识尚未完全建立密切相关。受访人员提出,工作责任心不足、服务意识不够强的最重要原因是缺乏工作动力。体制外的购买服务人员即热线的话务员,在收入少、工作量大等因素面前,工作态度和积极性也会打一定折扣。

四、从流程再造的角度完善政府回应机制运行的基本途径

目前 S 市 12365 质量热线存在的问题,实质上反映的是相关政府部门回应机制运行过程中的问题。这些问题产生的主要原因,恰恰就是这些政府部门回应机制运行效率不高的症结所在。政府回应机制的建立完善,不仅仅依赖于政府转变职能,更重要的是通过政府流程再造。

(一)优化业务流程

1. 合理进行案件分级

在案件接收的第一时间进行合理的案件分级。分级是指根据案件存在的可能的风险程度,对其进行等级评估,确定等级。根据原有 12365 质量热线的案件评估方法,从来电(访)人的情绪状态、法律法规熟悉程度、是否为多件诉求人、反映问题严重程度、举报(申诉、咨询)方式五个方面进行案件的风险评估,每一项都根据具体情况划分星级,从"★"逐级增加到最高"★★★★★"。增加"实时环境状态",并以"未处于有质量危险的环境中""正处于有质量危险的环境之中,但无生命危险""正处于有质量危险的环境之中,有一定生命危险"三个描述为依据进行划分,对接案

件处理的时效规定。

另外,调整原有的评估方法,对一些"具体情况"描述进行整合,最终划分为3个"星级",从"★"逐级增加到最高"★★★"。比如,原标准中"法律法规熟悉程度"中的"来电(访)人对法律法规知识掌握度较浅、一般、较好"三个层次,无法量化这个评定的指标,因此可整合为"来电(访)人对法律法规知识不了解、有一定了解",分别对应星级"★"和"★★"。让热线工作人员有更为明确的"入口"标准,迅速进行案件评级,从而使一些真正需要紧急处理的案件能够得到第一时间的处理和回应(详见表3)。

表3 S市12365质量热线案件评估星级评定等级划分标准建议表

评定项目	具体情况	星级
实时环境状态	来电(访)人未处于有质量危险的环境中	★
	来电(访)人正处于有质量危险的环境之中,但无生命危险	★★
	来电(访)人正处于有质量危险的环境之中,有一定生命危险	★★★
情绪状态	来电(访)人情绪稳定,反映问题清晰	★
	来电(访)人情绪激动,反映问题模糊	★★
	来电(访)人情绪异常,反映问题思路紊乱	★★★
法律法规熟悉程度	来电(访)人对法律法规知识不了解	★
	来电(访)人对法律法规知识有一定了解	★★
	来电(访)人能具体罗列出法律法规条款,且明确质监职责范围	★★★
是否为多件诉求人	来电(访)人第一次举报(申诉、咨询)	★
	来电(访)人2次及以上举报(申诉、咨询),提供详细资料	★★
	来电(访)人2次及以上举报(申诉、咨询),提供详细资料,且前期举报(申诉、咨询)被查实	★★★
反映问题严重程度	一般举报(申诉、咨询),举报无法提供证据,仅凭怀疑;申诉诉求或咨询内容正常	★
	申诉案转举报案;举报(申诉、咨询)有一定的依据,在质监职能管辖范围;3人以下举报(申诉、咨询)	★★
	举报(申诉、咨询)反映内容涉及媒体热点事件;危及人身财产安全;3人以上举报(申诉、咨询)	★★★

续 表

评定项目	具体情况	星级
举报(申诉、咨询)方式	来电(访)人采用正常的途径反映问题	★
	来电(访)人向多渠道反映问题,强调希望由市局处理,不由区局处理	★★
	多次来电(访)反映同一个问题、上级交办、局长信箱、来信来函案件;来电(访)人表示采取网络、媒体等途径进行舆论施压;举报人(申诉、咨询人)要求书面答复	★★★

资料来源:笔者在 S 市 12365 质量热线工作人员于 2017 年 12 月提供的风险评估星级评定等级划分标准的基础上,根据研究结论,修改制作本表。

2. 科学界定案件分类处理时限

案件处理是整个工作流程中的核心环节。对案件进行初评初判的分级是重要一环,此外,需要明确规定案件的紧急类别和处理时间。既有的案件处理规定和流程具有一般性特征,但是涉及像特种设备等特殊案件,对时间就要有针对性的要求。因此,要根据 12365 质量热线每年的案件咨询、申诉、举报案件类别,制定不同的分类处理时限。以举报案件为例,根据 S 市质量技术监督局举报案件分类处理时限的要求,对于"特别紧急"的案件需要"第一时间""立即赶赴现场",而对于"日常检查"的案件,也不超过 7 个工作日。从回应的"接口"环节,要对案件本身进行及时的处置,尤其是举报类案件,往往涉及电梯等特种设备,需要迅速反应、即时赶赴现场(详见表 4)。

表 4 S 市 12365 质量热线举报案件分类处理时限对比表

类别	举报内容	原处理时限	建议处理时限
特别紧急	1. 发生特种设备、危险化学品事故等,造成人员伤亡的案件 2. 发生群体性产品质量安全事件的案件 3. 上级督办的重大举报案件 4. 媒体正在曝光的重大产品质量案件 5. 其他特别重大需紧急处理的案件	12365 中心接到举报→第一时间登记分送→承办单位(部门)立即赶赴现场处置	12365 中心接到举报→30 分钟内登记分送→承办单位(部门)2 小时内赶赴现场处置

续　表

类别	举报内容	原处理时限	建议处理时限
非常紧急	1. 特种设备、危化品存在重大安全隐患,有可能发生安全事故的案件 2. 涉及特种设备无证生产使用等存在重大安全隐患的案件 3. 对1天内有3次以上反映的案件 4. 其他需要紧急处理的案件	12365中心接到举报→当日登记分送→承办单位(部门)1个工作日内派员赶赴现场处置	12365中心接到举报→2小时内登记分送→承办单位(部门)24小时内派员赶赴现场处置
比较紧急	1. 其他所有涉及特种设备和危化品的案件 2. 1周内有3次以上反映的案件 3. 其他需要快速处理的案件	12365中心接到举报→1个工作日内登记分送→承办单位(部门)2个工作日内派员赶赴现场处置	12365中心接到举报→8小时内登记分送→承办单位(部门)48小时内派员赶赴现场处置
日常检查	其他所有案件	12365中心接到举报→2个工作日内登记分送→承办单位(部门)5个工作日内派员赶赴现场处置	12365中心接到举报→24小时内登记分送→承办单位(部门)72小时内派员赶赴现场处置

资料来源:S市12365质量热线工作人员于2017年12月向笔者提供的S市质量技术监督局内部资料《S市质量技术监督举报案件处置结果回访工作制度》(2016年5月)。笔者根据研究结论修改制作本表。

3. 减少不必要的中间环节

电子政府的建设是在政府流程优化再造的基础上,以一种全新的方式和程序去完成原有的业务功能。[①] 因此,要借助信息手段将传统串联的业务变为并联模式。12365质量热线的内部流程再造的主要目标是:缩短办理时间,加快结果反馈,以及公开办理过程。因此,必须全面梳理现有的工作制度、工作流程等,进行完善和补充。一是尽可能缩短工作流转程序,节省中间环节,从案件"入口"到"办结",与12345热线建立源头—末端的联动工作机制。二是积极探索"一口受理"服务,如减少市民申诉递交材料的审核时间,运用"一窗办理"的工作模式,市民在申诉问题时即进行详细资料的登记、预判是否进行

---

① 杨路明、胡宏力、杨竹青:《电子政务与政府流程再造》,《改革与战略》2005年第4期,第86—88页。

处理。三是对于申诉材料齐全、符合规定的,或者申诉人按要求提交全部补正材料的,应当在接到申诉材料或全部补正材料后当场做出处理或不予处理的决定。

(二)完善后台支持系统

1. 构建信息共享平台

为提升12365质量热线的回应能力,可借鉴电梯应急处置服务平台建设的做法,建立一个实时数据共享的后台系统,能够及时、准确开展电梯救援,实现日常规范管理。①

后台系统可包括四大系统。(1)主体系统:包括12345市民服务热线、12365质量热线市级中心、各区市场监管局。(2)应急系统:各主体之间共用数据平台,一旦市民来电来访,便即时通过信息交换平台,把应派发的工单、具体案件信息发送给相应承办单位。(3)定位系统:利用定位技术,工作人员可以通过后台查询,如特种设备的准确地点。(4)分析预判系统:对一段时间内的案件处置进行汇总统计分析,掌握高频次案件、多次诉求人、共性原因分析等,为后续监管和应急准备奠定基础(如图8所示)。

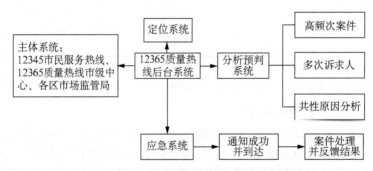

图8 S市12365质量热线后台系统结构设想

2. 拓宽回应载体

利用现代信息技术手段,与公众建立一个快速反应、有效反馈的意见沟通

---

① 国家质量监督检验检疫总局特种设备局:《关于印发〈电梯应急处置服务平台建设运行工作指南〉的通知》(质检特函〔2015〕14号),国家市场监督管理总局网站,http://www.samr.gov.cn/tzsbj/tzgg/sjfh/201504/t20150409_284193.html,最后浏览日期:2021年5月23日。

渠道,继续完善各级政府及其部门的"政务大厅""一站式服务"平台,积极拓展新的回应渠道。加快推动 12365 质量热线移动平台的建设,在原有回应载体的基础上进行平台延伸,适应手机上网为主的移动终端趋势,为市民提供在线维权、质监知识库查询、标准查询、消费警示等特色服务,实现全天候的移动互联。

(三) 加快政府职能重塑

1. 明确相关政府部门的职责界限

要划定各部门的职能权限。进一步加强政府与民众的互动,主动回应社会关切,"建立完善主动回应机制,按照属地管理、分级负责和谁主管谁负责的原则,明确责任主体,不断提高回应能力"①。加强部门协作合力,进一步构建部门之间的沟通协调平台,倡导并联协作,厘清各部门之间的职能分工,明确协同会商机制,避免因为自身利益各自为政。

2. 调整优化职能部门的组织结构

减少信息传输和处理的中间层,扩大管理的幅度,真正建立能够提供便捷服务、适应公众需求的扁平化政府组织架构。再造政府层级建制,畅通公众与政府之间的沟通渠道。进行政府机构改革,整合职能相近的机构,建立健全职责分明、协同行动的无缝隙和协作一致的公共服务体系。对于 12365 质量热线而言,要明确市级中心和各区中心的职能划分,形成热线工作的跨部门合力,充分利用信息共享平台降低沟通成本,提高回应效能。

(四) 推进过程开放与监督

1. 借助网络引入公众实时参与

政府部门应积极搭建政府—公众平等对话和互动的平台,探索优化不同层级、不同领域公众参与的事项种类和方式,积极引导利益相关方和社会公众参与,增进政府与公众的互动交流。② 更重要的是,要加强立法,为公众参与提供法制保障。要加强法治建设,"保障公民的知情权、参与权、选择权、监督权,

---

① 中共上海市委办公厅、上海市人民政府办公厅:《〈关于全面推进政务公开工作的实施意见〉的通知》(沪委办发〔2017〕14 号),中国政府网,http://www.gov.cn/zhengce/2017-06/07/content_5200525.htm,最后浏览日期:2021 年 5 月 21 日。

② 同上。

推进公民对政府的监督机制建设,以规范政府行为,实现公民的利益"①。

2. 完善行政效能督查机制

实现政府流程再造和回应能力的提升,离不开政府内部监督和社会监督两者的结合。在政府内部监督方面,进一步加强行政效能的监察,形成政府督查督办机制;建立健全政务舆情收集、会商、研判、回应、评估机制;建立政务公开、宣传、网信等部门快速反应和协调联动机制。② 在社会监督方面,进一步加强公权力的制约和监督,加快建设依法依规的公众监督机制;畅通公众问责渠道,与首问责任制等共同形成监督政府效能的内外双轨制度。

(五)加强人员管理与素质提升

1. 提升服务意识和能力

进一步培育责任意识,引导树立"以人为本"的主动服务意识,对职能部门和工作人员的职责进行清晰地划分,确保权责明晰、主体明确,形成"约束有力、监督有效、反应及时、纠错迅速的责任规范"③,更好地促进政府与公众之间的良性互动。要对人员分层分类,制定专门的培训计划,实现对各级部门、各类人员的全覆盖培训提升。

2. 科学设置绩效评估指标框架

培育政府工作人员的绩效意识,尤其是要建立科学合理的绩效考核评价指标体系,将政府为社会或公众解决公共问题、提供公共服务作为考评的核心,给出政府回应的绩效考评结果。其中,关键是要以政府及公职人员履行公共责任的实现效果、质量和公众满意度作为评价标准,同时坚持降低政府成本、提高政府业绩的评价导向,通过 整套完整的评估体系,最终实现政府管理的经济性、效率性和效益性。④

[论文指导老师:左 才 向义海]

---

① 李伟权:《政府回应论》,中国社会科学出版社 2005 年版,第 244 页。
② 中共上海市委办公厅、上海市人民政府办公厅:《〈关于全面推进政务公开工作的实施意见〉的通知》(沪委办发〔2017〕14 号),中国政府网,http://www.gov.cn/zhengce/2017-06/07/content_5200525.htm,最后浏览日期:2021 年 5 月 21 日。
③ 卢坤建、苗月霞:《回应型政府建设的理论与实践》,中山大学出版社 2011 版,第 176 页。
④ [澳]欧文·E.休斯:《公共管理导论》(第二版),彭和平等译,中国人民大学出版社 2001 年版,第 244 页。

专业性群团组织"行政化"问题研究

——以浙江省作协组织为例

李 杨*

【内容摘要】 新形势下,浙江省作家协会组织作为具有专业背景的群团组织,同样具有新职能新任务。在政治属性方面,要发挥好党和政府联系广大作家、文学工作者的桥梁和纽带作用,承担文学管理方面的行政性功能;在社会属性方面,要发挥好服务性功能、代表性功能、倡导性功能。但是在新形势下浙江省作家协会还存在一些与新职能新任务不相适应的情况,其中一个较为突出的特征是"行政化",具体表现为:组织结构"类科层制",工作导向由上至下,部分作协存在"行政化"的工作作风,整体功能较为不平衡,以及行政导向的考核体制。论及这些问题的成因,则体现在:组织结构呈"倒三角形",基层作协"空心化";上中下三级作协职能定位不清晰,组织不贯通;基层作协工作人员兼职状况较为普遍;体制性嵌入导致必要的竞争压力缺失和组织依赖;干部素质与作协群团工作要求不适应;欠缺有效的群众监督机制。本论文依托深度访谈分析了浙江省作协组织"行政化"的表现,并通过"中国网络作家村"和"N市文学周文学品牌建设"两个案例分析了"去行政化"的组织建设和工作制度建设情况,并得出结论:将社会组织能力建设相关理论引入群团组织建设,通过完善组织建设、建立内生型工作机制、平衡功能、加强社会属性等措施,实现"去行政化"过程,以发挥浙江省作协专业性群团组织的功能。

【关键词】 群团组织;行政化;作家协会

---

* 李杨,2020届MPA毕业生。

一、文献综述：群团组织功能定位、行政化问题及发展研究

（一）群团组织功能定位研究

褚松燕以结构功能理论为框架，以我国八大人民团体为分析蓝本，认为政治性社会团体有政治属性与社会属性，定向于党和政府，在中国共产党领导下，这类团体有贯彻执行党的方针政策、团结动员教育引导会员与所联系群众的功能；定向于会员与所联系群众，这类团体有代表、维权、服务功能；面对社会公众，这类团体有宣传国家政策及自身理念价值的功能。由此，中国政治团体共有行政性、服务性、代表性和倡导性四大功能。[①]

（二）群团组织"行政化"问题研究

目前研究认为群团组织"行政化"问题主要表现在如下几个方面。一是行政性功能强，社会功能弱化。褚松燕认为政治性社会团体行政性功能较强，服务性、倡导性、代表性功能等社会属性的功能较弱而存在功能性失衡的问题。[②] 罗贵榕认为，群团组织维护群众利益功能缺失。[③] 二是组织覆盖面萎缩，动员能力弱化。罗贵榕认为，群团组织覆盖力差、组织动员力弱化。[④] 郑长忠以共青团为例，指出：社会转型以及单位制衰微导致团组织边缘化，实质即意味着共青团整合青年的能力在下降。[⑤] 三是工作方式政府部门化，工作方式单一。学者普遍认为，这是群团组织"行政化"的表现。

对群团组织"行政化"问题的原因研究，王向民认为，群团组织在国家制度设计中具有国家法团主义的特征，"行政化"具有历史效用。[⑥] 褚松燕认为，

[①] 褚松燕：《在国家和社会之间——中国政治社会团体功能研究》，国家行政学院出版社2014年版，前言，第3页。

[②] 同上书，第191—193页。

[③] 罗贵榕：《论群团组织的角色转型——发挥工会、共青团、妇联等群团组织在建构公民社会中的领航作用》，《法制与社会》2006年第18期。

[④] 同上。

[⑤] 郑长忠：《关系空间再造的政治逻辑——青年中心建设与政党青年基础重筑》，《当代青年研究》2008年第1期。

[⑥] 王向民：《重塑群团：国家社会组织治理体系与治理能力现代化的制度定型》，《工会理论研究（上海工会管理职业学院学报）》2015年第6期。

国家-社会关系理念转变相对缓慢:从全面控制的国家法团主义向有限控制的社会法团主义过渡,体制性嵌入造成依赖性,机制性匮乏造成服务的主动性不强,组织建设创新、党政结构赋权改革效果不明显。① 胡献忠认为,行政供给造成了路径依赖,组织竞争压力缺失、干部唯上不为下,作风官僚化。②

(三) 群团组织发展研究

新形势下群团组织改革的关键是"去行政化",重心在回归社会属性。在群团组织发展问题上,改革路径主要集中在如下几点。一是回归社会属性。褚松燕认为,应该聚焦组织目标,加强自身建设,增强服务性、代表性、倡导性功能。③ 二是处理好政府与群团组织的关系。胡献忠认为,党政部门应该针对转变群团组织的领导方式,探索适合群团属性和特点的指导方式和管理方式。④ 三是加强组织建设。康晓强认为,应该深化干部队伍建设、加强基层组织建设和志愿者队伍建设,在工作机制上应提升资源整合、品牌开发、社会动员的能力。⑤ 王向民认为,群团组织应该从回应群众诉求、健全组织网络、财政公开、第三方监督评价机制等方面回应社会服务,党政部门应该加强对群团组织的经费保障。⑥

二、浙江省作协组织"行政化"问题及原因

(一) 浙江省作协组织"行政化"访谈情况

1. 访谈总体设计

本文主要通过深度访谈法,对浙江省作协"行政化"情况进行研究分析,选

---

① 褚松燕:《在国家和社会之间——中国政治社会团体功能研究》,国家行政学院出版社 2014 年版,前言,第 4 页。
② 胡献忠:《群团改革背景下的共青团:问题与前瞻》,《青年学报》2015 第 4 期。
③ 褚松燕:《在国家和社会之间——中国政治社会团体功能研究》,国家行政学院出版社 2014 年版,第 250—256 页。
④ 胡献忠:《群团改革背景下的共青团:问题与前瞻》,《青年学报》2015 第 4 期。
⑤ 康晓强:《社会治理视野下的群团组织转型研究——以贵州省计划生育协会为例》,中共中央党校出版社 2016 年版,第 39—46 页。
⑥ 王向民:《重塑群团:国家社会组织治理体系与治理能力现代化的制度定型》,《工会理论研究(上海工会管理职业学院学报)》2015 年第 6 期。

取省作协领导、基层作协组织工作者、基层作家等对作协工作有深度了解的不同身份人员 13 人进行深度访谈,以求从不同层次、不同角度对本问题进行研究。

2. 访谈内容分析

问题一:作协组织及治理(由作协组织者回答,详见表 1)

(1) 您认为新形势下作协的职能定位是什么?

(2) 您所在的作协组织结构情况如何?

表 1　作协组织及治理问题的访谈内容摘要

编号	作协职能定位、组织结构
1	增强群团组织的政治性、先进性、群众性要求,引导文学工作者听党话、跟党走,同时要引导作家创作精品力作
2	既是党和政府联系作家的纽带,也要搭建作家面向社会、服务人民、联系市场的桥梁和纽带。既要通过行政手段,又要通过市场、社会、资源整合的手段来服务他们
8	找不到组织定位或者说比较模糊
9	职能定位、功能等按照作协章程是明确的,目前作协职能越来越多,有些是行政化职能,有些是产业化职能,但在实际工作中职能定位还比较模糊
10	做好团结、引导、服务职能,L 市作协隶属于 L 市文联,只有一名有编制的工作人员
11	党和政府联系广大作家、文学工作者的桥梁和纽带,面对新文学群体积极做好团结引导、服务工作。目前省网络作协无专职人员,都是省作协工作人员兼职做
12	对党和政府来说,作协要做好联系、团结工作;对作家来说,作协要做好服务,把握创作方向。我们是通过公司来运营,及时将作协的一些政策、市场的机会发布给网络作家,算是创新了组织形式

从表 1 看,作协组织工作者对作协的职能定位总体上比较清楚,对新时代作协职能的拓展也比较清晰。在组织结构方面,均认为作协组织的基础十分薄弱,有受访者认为"中国网络作家村"创新了作协的组织形式。

问题二:各级作协组织活动情况(由作协组织者回答,详见表 2)

(1) 组织开展文学活动情况如何?

(2) 是否有项目评估? 若有,如何评估? 评估的效果如何?

表2 各级作协组织活动情况的访谈内容摘要

编号	组织活动及情况
1	省作协活动有初步的评估机制,但不是很科学,指导实际情况意义不大
2	文学活动的评估是一个比较困难的问题,因为文学人才培养、文学创作都需要时间的,不是立竿见影的。但是不可否认的是文学活动评估是很重要的,为我们下一步设计活动及项目提供指引,更加精确
8	X市文学论坛线下交流基本不多
9	活动很多,但是很不平衡,有些活动并没有覆盖所有作家
10	没有专门的活动评估
11	省网络作协主要是网络文学引导工程,使浙江成为全国网络文学重镇和高地,创造出网络文学正确引导、有效服务、科学管理、创新机制的"浙江模式"。从"面上"来看,工作活动是有效果的,因为对网络作家的服务做得很好,也吸引了许多网络作家到浙江来发展;从细节上看,服务项目缺少评估,另外一些活动设计还需要更加贴近网络作家的需求
12	积极发布政府、产业政策,从目前看组织比较吸引网络作家

从表2看,省作协有较多的活动,X市作协没有长效的活动,L市有面向全国具有影响力的活动。但是,普遍没有科学的、面向服务对象的活动评估。

问题三:"行政化"相关问题(由受访者回答,详见表3)

(1)您认为浙江省作协组织是否存在"行政化"问题,若有,主要表现是什么?

(2)您认为目前浙江省作协、基层作协开展工作最大的困难是什么?工作机制上最突出的问题及原因是什么?

(3)您认为解决以上问题有没有好的经验做法?成效如何?请举例说明。

(4)您认为针对以上问题的解决办法是什么?是否有经验或者教训?

(5)您对浙江省作协组织建立"一市一周,一县一品"文学品牌的看法?对去"行政化"是否有帮助?

(6)您对"中国网络作家村"组织形式的看法是怎样的?它对去"行政化"是否有帮助?

表3 "行政化"相关问题的访谈内容摘要

编号	"行政化"相关问题
1	存在一定"行政化"倾向,主要表现在工作机制"行政化"。下一步希望通过"一市一周,一县一品"继续推动基层建立内生型工作机制,改变部分作协"行政化"的做法
2	"行政化"是有的,表现在体制架构是行政供给,没有群团工作机制,考核也是机关来考核,活动没有评估。"一市一周,一县一品"活动在一些省市做得不错,希望将这样的工作方法得以推广。"中国网络作家村"通过政府、市场、群团合作,对于组织建设理念是一种创新,对去"行政化"有一定帮助
3	存在"行政化"问题。基层作协工作机制存在问题
4	存在"服务工作行政化"问题。X市作协无激励机制、无培训机制、无交流平台,也没有征求过会员的意见(即使征求了开展活动也比较困难),没有经费,没有人手
5	存在一定程度的"行政化"问题,活动太少,满足作家需求的活动更少
6	有"行政化"问题。基层作协工作机制、工作思路有问题,自信心不足。建议开展文学品牌建设,要协同企业的力量增加激励机制
7	"行政化"问题多少是存在的。基层作协要做的工作还有很多,比如基层的创作基地成立没有用起来,缺乏文学创作的激励机制
8	不好评价,我们作协开展工作也不多,没有人,也没有经费。"一市一周,一县一品""中国网络作家村"模式很好,希望推广
9	有"行政化"情况。作协承担了行政职能,不属于群团行政职能的要"减负"。但"行政化"也具有优点,应辩证看待"行政化"问题
10	还是有"行政化"的情况,有些工作还是习惯于听领导安排,没有主动去做,会员管理服务还是有些问题。组织工作做起来困难比较多,人手比较少,平时工作比较多,许多事情顾不上
11	部分基层作协或多或少存在"行政化"。基层网络作家协会成立以后,建设基本停滞不前,有些活动比较脱离会员的实际情况
12	"中国网络作家村"团结、服务、引导作家和省网络作协联动,从我们对驻村网络作家的采访情况看,评价普遍较高
13	有"行政化"倾向。例如,有一些网络作家反映S市网络作协为了开展工作而进行活动。希望能推广"中国网络作家村"的一些好的、普遍适用的办法,走出网络组织工作的路子

从表3看,13名受访对象中有11名提到作协存在"行政化"问题,不同之处在于对行政化表现的认识不同。受访者认为"行政化"表现集中在作协体制由行政供给、工作机制"行政化"、工作人员工作作风"行政化"、考核"行政化"等方面。特别是基层作协工作机制"行政化"问题被较多提到。同时,访谈中

也有受访对象谈到对群团组织"行政化"的不同看法。有人认为应辩证看待"行政化"问题：一是"行政化"具有一定优点，可以利用其专业背景去发挥独特的优势；二是"行政化"出现以后，许多政务推动力度会比较快。

（二）浙江省作协组织"行政化"问题的表现

1. 组织结构"类科层制"，工作导向由上至下

浙江省作家协会组织结构的"类科层制"表现在两个方面：作协"类科层制"的上下级关系；基层文联作协"类科层制"的管理与被管理的关系。

2. 部分作协存在"行政化"的工作作风

一方面，部分干部的工作作风行政化。另一方面，部分干部的工作方式"行政化"：一是不会独立开展工作；二是工作手段单一，专业性欠缺。

3. 整体功能较为不平衡

整体功能不平衡主要体现在两个方面。一是作协承担了如翻译、文学推广、公共文学服务等不完全属于自身的行政职能。二是行政性功能发挥情况较好，服务性功能存在手段单一的情况，代表性功能、倡导性功能弱化，整体功能存在失衡的情况。

4. 行政导向的组织考核

在组织考核方面，作协各级组织基本以党政领导的行政性考核为主。对作协工作绩效仍然是自上而下的考核，缺少自下而上的考核，致使作协组织在发挥政府的辅助的行政性功能和社会属性的功能中处于两难境地。

（三）浙江省作协组织"行政化"的原因

1. 组织结构呈"倒三角形"，基层作协"空心化"

整个作协组织呈不稳定的"倒三角形"结构。从组织的完整度看，中国作协拥有最完整的组织结构，人力也较为充裕；省作协次之；基层作协无完整的组织架构。从拥有的文学品牌资源、作家资源来看，从中作协到基层作协呈逐级递减的情况。更为严重的问题是，基层作协"空心化"问题突出。

2. 上中下三级作协的职能定位不清晰，组织不贯通

在作协章程中，上中下三级作协要发挥何种职能，缺乏较为明确的定位。定位不明导致工作任务偏差以及组织上下不贯通。

3. 基层作协工作人员兼职状况较为普遍

笔者在调研中得知，浙江省11个市级作协的主要负责人绝大多数为兼职。其弊端有三:一是不利于保持作协组织的独立性和自主性;二是造成作协组织的"空转";三是影响作协管理工作的专业性。

4. 体制性嵌入导致必要的竞争压力缺失和组织依赖

体制性嵌入表现在组织保障上,导致省作协在为生存获取行政资源的过程中产生对组织的依赖。但由于制度保障,组织缺乏危机感,失去生存的压力和动力,进而丧失对会员诉求的敏感性。

5. 干部素质与作协群团工作要求不适应

不少干部将机关的工作方式应用于群团组织,不能把握作协的组织性质、职能、方向定位与工作思路。在人员结构上,省作协工作人员近一半不是文学相关专业毕业的,干部队伍老龄化问题严重,组织发展面临后继乏力的困境。

6. 欠缺有效的群众监督机制

从考核结构看,省作协的最高权力机构是浙江省作家协会代表大会,五年召开一次。在代表大会闭会期间,由委员会行使职权,委员会会议每年召开一次。委员会闭会期间,由主席团会议行使权力,每年召开一至两次。这就导致工作监督考核层层代理,较为松散。从考核监督对象看,缺乏工作对象对作协工作的监督考核。

三、浙江省作协组织去"行政化"路径:个案探索

(一)"扁平化"组织建设——中国网络作家村

1. 中国网络作家村概况

2017年12月9日,由中国作协、浙江省作协、杭州市文联、杭州高新区(滨江)合作,共同创建的中国网络作家村正式授牌成立,集创作平台、产业发布平台等功能于一体,为网络作家提供政策扶持、创作及知识产权保护、产业对接延伸等服务,吸纳国内人才,形成人才聚集地,形成创作、产权交易、动漫及影视开发产业链。

2. 中国网络作家村的组织建设过程

(1)组织建设的驱动因素如图1所示。第一,中国作协、浙江省作协亟须在创新网络文学工作载体上发力,同时缺少实体资源支撑。中国网络作家村无疑创新了网络文学工作形式,是对做好网络文学管理工作的进一步要求,对

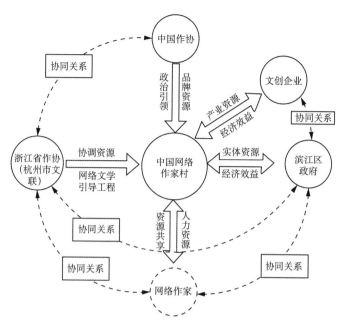

图1 中国网络作家村协同驱动

全国网络作家来说形成了集聚效应、示范效应。中国作协拥有社会认可度较高的品牌资源,但在品牌落地方面缺少实体资源支撑。省作协同时缺少实体资源,杭州市政府具有的服务型政府的理念为品牌资源与实体相连接提供了可能性。省作协成为中国网络作家村协同关系的中心。第二,杭州市滨江区亟须填补网络文学产业空白,同时缺少品牌支撑。文创产业是杭州市滨江区的优势产业,滨江区提出要以高标准打造全省文创主阵地的工作要求。在文化产业源头,网络文学产业还是空白。在文创产业发展方面,滨江区有极强的驱动力与竞争优势,为网络文学落地孵化提供了良好的空间,但还缺少一个文创产业源头品牌资源强有力的支撑。第三,网络作家亟须一个发展"软环境",同时缺少物理环境。网络作家群体拥有丰富的人力资源与社会影响力,但一直有"独""散"的特征,在社会层面不利于形成群体的责任意识,作为社会文化的供给者,也无法及时获取政策动向并把握写作方向。在个人层面上,不利于开展思想交流,在群体层面上,在信息上、资源上不利于形成资源共享与利益表达。能成立一个属于网络作家的基层自治组织也是许多网络作家的愿望。利用基层自治组织有利于树立网络作家群体的责任意识,构建政府、网络作家、社会长期的信任关系与协同合作关系,形成良好的社会效益与经济效益。网络作家虽为个体,但同时也是创业的主体。在网络作家的网文有较多读者和市场影响力以后,就具有了品牌优势与商业价值。面对读者需求、市场反馈、法律问题等事项,网络作家群体就需团队支持与产业支持。

(2)制度设计为组织建设提供了持续发展动力。一是通过标准化"村约村规"自治制度,保障组织运转有序性;二是成立党组织、团组织、妇联组织,保证组织的发展方向;三是通过政策及服务等扶持制度,增加组织运转的持续性;四是开放式公益及交流制度,使政府与社会有效结合。

3. 中国网络作家村的去"行政化"结果

(1)组织创新:利用社会的力量延伸作协基层组织。一是更好地利用平台开展团结作家的本职工作,成为做好网络作家线下工作的有力抓手。二是改变了信息传导机制,从任务导向变成需求导向,速度更快,定位更精准。三是完成了省作协对网络作家写作方向上的引导任务。

(2)关系创新:多元协同与相对独立。由中国作协、浙江省作协、杭州市文联、滨江区政府、网络作家、文创企业围绕各自目标,在互惠共赢的参与规则指导下形成共同参与、持续合作的良性发展关系,实现了各自的发展目标,也实现了组织目标,有效实现了"1+1>2"的效应。

(3)功能创新:经济性与社会性兼具的多功能平台(如图2所示)。在经

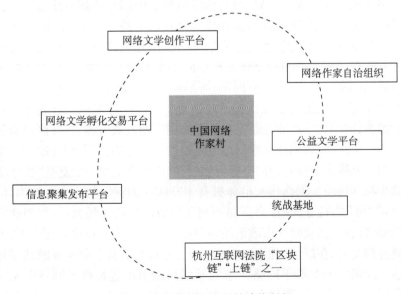

图2 中国网络作家村的功能创新

济效益方面,通过一系列制度的运行,较好地保障网络文学产业链的对接。在社会效益方面,中国网络作家村是网络作家交流沟通资源共享的平台,帮助网络作家把握写作方向、规划职业发展。

(二)工作机制创新——N市"文学周"群团工作品牌建设

1. N市"文学周"群团工作品牌建设概况

N市"文学周"从2013年开始,每年举行一届,每届活动时长为5—7天,到2018年已经举办6届。"文学周"致力于推动N市文学创作,培养本土文学人才,推动文学走进大众,扩大当地文学在国内的影响,更好地向外推荐N市本土作家,是推动N市"书香之城"建设的重要载体。

2. 工作机制及成效

(1)做好内功,挖掘本地优势资源。通过整合各类奖项、期刊联盟等本地资源,改变了文学活动小、散、影响力弱、无资源支撑、常态化开展难的问题,减少了社会动员以及活动策划、组织、宣传、扶持的社会资源,节约了社会成本。

(2)整合社会力量,减少行政依赖。通过"文学周"这个载体有效整合了党政部门的政策支持资源,保障"文学周"的经费支持;整合高校资源参与文学理论、文学公益建设;有效整合了作家资源,发挥了"名家"的影响力,提高了活动的社会效益;通过整合中作协、省作协的力量,发挥好资源下沉、动员协调的作用,形成协同效益。通过整合社会力量与企业资源,项目运作更加社会化,摆脱了活动资金来源单一的弊端,减少了行政依赖。

(3)围绕中心工作,发挥文学的社会效益。N市"文学周"每届都十分关注当地党委和政府的中心工作,关注人民群众对精神文化生活的新期盼、新需求,开展文学公益活动,打造书香之城,助推当地"名城名都""书香之城"建设。

(4)长效发展,建立持续工作机制。一是搭建平台,建立沟通机制。通过搭建"文学周"活动平台,吸引知名作家、编辑等参加文学活动,从而建立起名家与普通作家的沟通、交流机制,解决作家实际创作困难。二是发挥优势,创新激励机制。依托文学刊物平台以及社会资源,设立三项常态化的奖项,有效激发了作家创作热情与作品质量,创新激励机制。三是注重"造血",建立持续性工作机制。通过文学品牌建设,形成了市级作协"枢纽中心",实现了资源主动整合后的再次有效分配。

3. "去行政化"及作协自主工作机制建立启示

N市"文学周"建设为浙江省作协组织群团品牌建设提供了有益的参考。一是激活基层作协"自主性"机制。围绕当地党和政府的中心工作,充分发挥本地优势资源,通过"一市一周、一县一品"带动基层作协工作,建立起"造血型""内生型"文学活动平台和载体,实现作协"有作为才有地位"的目标。二是构筑资源整合"共享型"格局。省作协服务下沉有对接落地项目,资源下沉落到实处起到实效。同时,通过文学品牌建设,使市级作协成为"枢纽中心",实现横向联合政府、协会、社会力量,纵向整合县市(区)镇(村)力量。

四、浙江省作协组织去"行政化"路径

(一)完善专业性群团组织建设

1. 坚持和加强党的领导,增强作协组织的政治性、先进性、群众性

建立党和政府、文学企业、作协、作家多方参与的联席会议制度,定期做好"上情下达"和"下情上传",当好信息双向沟通的载体。

2. 统筹政府职能转变与作协去"行政化"改革

(1)统筹政府与作协在文化建设方面的功能定位。政府应建立统一的文化建设规划。以党委领导、政府负责、社会协同、公众参与为主体,使工作从各主体负责的"部门导向"向文学这个大项目的"项目导向"转变,实现微观管理向宏观微观双重治理转变,实现部分协同向整体协同转变,实现短期协同向长期协同转变。作协应有所为、有所不为,在承接行政性功能方面保持相对独立性,利用文学专业优势与作家资源为文化建设积极建言献策。同时应尽量避免承接不属于作协的行政职能,避免职能泛化。

(2)树立正确的群团工作观念。党政、群团等部门应树立正确的群团工作观念,研究群团的属性和群团工作的特点,尊重群团工作规律,转变对群团的领导方式。同时在政府职能专业赋权作协参与文化建设的时候,应加大对作协工作的支持,包括人员支持、资金支持、编制建制支持等,不挤压作协原有职能,避免作协的"行政化"倾向。

(3)建立各方协同的工作制度。在文化建设方面,政府应牵头建立协同的工作制度。政府部门在自上而下的行政协调的基础上,优化平级部门协调

机制,形成跨部门决策共识,避免增加行政成本。

3. 提升作协组织上下协同能力,推进组织扁平化和专业化

提升作协组织上下协同能力的具体做法为:一是明确各级作协工作定位;二是资源下沉,以项目为导向简化组织的管理层次;三是下级作协加强向上级作协的沟通反馈;四是上级作协加强对下级作协的指导支持;五是优化作协队伍建设,构建专业性群团组织。

4. 完善内部约束的治理结构,增强组织自主性

(1) 完善作协组织治理结构,完善内部管理。在治理结构上,作协组织需要减少代理层次,加强治理结构的代表力度与监督力度。中作协、省作协代表大会可以缩短为两年召开一次,委员会、主席团会议可增加召开频率。市级作协一般为代表大会—理事会—主席团的治理模式。应加强会员大会对理事会的监督,赋予会员大会选举和罢免理事的职权,加强理事会对主席团的监督。根据实际情况增设监督委员会,形成代表大会、理事会、主席团、监督委员会相互制约的内部治理结构。

(2) 发挥章程的监督作用,建立自律准则。通过制定详细、科学的章程,建立自律准则,作协组织章程应详细规定作协任务、会员权利义务、组织的治理结构等,确保组织运作规范化、有序化。

(3) 保证信息公开。以网站等适当的途径,及时向社会公布组织信息,包括:组织宗旨、使命、章程,委员会、主席团、理事会等机构的成员名单。年度报告应包括工作总结、项目实施情况、组织建设情况。此外,还可考虑建立信息公开制度,明确信息公开范围和沟通渠道。

(二) 平衡功能、加强社会属性,发挥专业性群团的功能优势

1. 摆脱组织依赖,形成"内生型"工作机制

具体做法为:一是围绕核心工作,建立文学工作品牌;二是以品牌项目为抓手,形成"枢纽型"内生工作机制;三是紧贴群众需要,注重创新项目形式。

2. 加强社会属性,完善服务性、代表性功能

(1) 资源下沉,紧贴作家需求提升服务性功能。针对不同的作家群体以及作家不同的需求完善作协功能,提高作协对作家的协同性。

(2) 建立作协-作家信息反馈机制。以技术手段为支撑,建立作家信息库,以电子档案的形式进行动态管理,关注作家创作计划、创作进展及创作成果,做好作家信息、文学作品创作跟踪服务。建立信息反馈机制,及时了解作

家的创作需求,解决其创作困难。

（3）参政议政制度化,完善代表性功能。建立与政协等部门常态化的联系制度,建立参与《著作权法》等法律法规的路径。增强领导机构的代表性和广泛性。提高作家代表大会中基层和创作一线作家代表的比例。

3. 建立组织动员机制,发挥倡导性功能

加大发挥倡导功能,大力建设文学志愿者队伍。加大对作家的组织动员,发挥作协作家资源丰富的优势,建立一支优秀作家志愿者队伍,为作家履行社会责任提供平台。

[论文指导老师：周　帆]

浙江共青团官方微信公众平台的定位和实现效果分析

印 优[*]

【内容摘要】 当前,互联网大潮汹涌澎湃,移动终端遍地开花,媒体格局、舆论生态发生前所未有的改变。网络已成为青少年获取信息的主要渠道,青少年已经成为数字化、网络化生存的一代,这为新时期共青团工作创新提供了历史性机遇。本文以中国共产主义青年团浙江省委员会的官方微信公众平台"青春浙江"为例,研究"青春浙江"的功能定位和实现效果,以期为团属微信公众平台运营提出借鉴意义。本文首先重点研究"浙江青春"的功能定位和实施现状,发现:"青春浙江"经过五年多的运营,具有政治立场鲜明、推文信息多样化、信息展现形式多元化等特征,迎合了当下青少年的需求,推动了团的组织工作上网、服务上网、活动上网,引导青年更具成效,浙江共青团的社会影响力持续增强。其次,本文分析"青春浙江"在运行中存在的不足,并探索导致这些问题的原因。最后,本文提出完善共青团微信公众平台建设的建议,旨在形成全方位全媒体局面,以期更好地做好青少年思想引导工作。

【关键词】 共青团;政务微信;新媒体;网络问政

一、问题提出与文献回顾

2018年,在团的十八大召开期间,习近平总书记提出"青年在网上,团的工作就要做到网上去"[①]的要求。在这一重要指示精神和深化群团改革的背景下,各地各级团组织纷纷投入"网上共青团"建设。随着近几年的发展,团属

---

[*] 印优,2020届MPA毕业生,就职于共青团浙江省委员会。
① 人民日报:《习近平:代表广大青年赢得广大青年依靠广大青年 让广大青年敢于有梦勇于追梦勤于圆梦》(2018年7月3日),中国共产党新闻网,http://dangjian.people.com.cn/n1/2018/0703/c117092-30106333.html,最后浏览日期:2021年6月25日。

微信公众平台已成为众多有官方背景"加持"的政务微信公众平台中的一道亮丽风景,在青年群体中的影响力日渐增强。

在深化群团改革的背景下,团属微信公众平台究竟如何定位自己的功能、如何更好地发挥应有的功能等问题应该得到进一步关注。本文以这样的问题为学术基点,以共青团浙江省委员会开设的微信公众平台为例,讨论团属微信公众平台功能实现过程中存在的问题,并结合团属微信公众平台自身的功能优势,尝试探究省级团组织优化团属微信公众平台功能发挥的措施策略。

国内研究主要集中在以下三大板块。一是关于共青团与互联网(尤其是新媒体)的研究。这类研究的结论主要有两个方面:第一,在互联网背景下,共青团组织的发展和青年工作的开展面临新的机遇和挑战;第二,随着互联网的发展,作为青年组织的共青团要想做好青年工作,服务好青年,必须要充分发挥自身的主动性,坚定不移向网络进军,积极建设"网上共青团"。二是关于政务微信公众平台的研究。这类研究认为,政务微信代表电子政务的发展,弥补了网站和微博的不足,解决了电子政务服务中"最后一公里问题"。[1] 三是关于共青团与微信公众平台的研究。这类研究的成果主要集中在分析高校团委微信公众号的传播方式、高校思政教育、舆情引导等。

二、"青春浙江"微信公众平台的功能定位

本文从群团改革的视角出发,分析"青春浙江"微信公众平台的功能定位。

(一) 物质性功能

微信公众平台最重要的功能就是信息发布与传播。2014年1月,"青春浙江"团属微信公众平台正式上线,这是继官方网站、官方微博后,浙江团省委进军新媒体的又一个信息共享平台。与普通的微信公众号不同的是,"青春浙江"的消息发送频度更高,达到一天三次。这三次分别在6:00、12:00、18:00。这一变动不但保证了信息的即时性,也可以确保用户能在休息时间阅读到"青春浙江"推送的信息。

---

[1] 王芳、张璐阳:《中国政务微信的功能定位及公众利用情况调查研究》,《电子政务》2014年第10期,第58—69页。

(二）系统性功能

作为一个官方微信公众平台,政治功能是系统性功能中最重要的一个部分。在共青团深化改革的背景下,如何凸显共青团的政治性、先进性、群众性是"青春浙江"的重要使命。因此,本文着重分析微信公众平台与政治系统相作用而衍生出的系统性功能。

1. 政治属性鲜明

作为团属的公众平台,"青春浙江"在发布推文时有其特有的政治考量,政治议题的设置是重中之重。广义上来说,政治议题从政治思想、政治会议等政府工作内容到食品安全、房价调控、教育改革、医疗保险等民生问题;同时,在一定条件下,凡是国家政府作为参与主体、公民普遍关注和参与的公共事件皆可归于"政治议题"范畴。[①] 通过潜移默化地引导,将政治情怀引入青少年的价值观和政治素养的培养中。

2. 舆论引导

大众传播中的"沉默的螺旋"理论,认为意见一方的沉默造成另一方意见的增势,如此循环往复,便形成一方的声音越来越强大,另一方越来越沉默的过程。[②]"青春浙江"需要发出自己的声音,将其秉承的政治意志传递给广大青少年。积极、正向地引导存在于青年中的负面舆论,努力制造并传播更多的正面舆论消息。

3. 网络理政:服务青年

在"互联网+政务"的影响下,网络理政已经成为新的政府服务方式。政府通过在线服务提升政府服务质量,如信息查询和线上办事等。具体到共青团组织,微信公众平台成为共青团更好地了解青年、服务青年的有力抓手。

三、"青春浙江"实施现状效果分析

通过问卷调查与设计,对"青春浙江"微信公众平台的关注对象、发放情况、使用效果进行分析,通过对"青春浙江"的后台编辑及受众群体进行问卷调

[①] 燕志华:《党报头版要素研究——以新华日报(1978—2003年)为例》,南京大学社会学专业博士学位论文,2014年,第20页。

[②] [美]鲁道夫·F.韦尔德伯尔等:《传播学》,周黎明译,中国人民大学出版社2013年版,第78页。

查、访谈等方式,了解团属微信公众平台功能发挥的状况。

(一)"青春浙江"微信公众平台使用情况

为了更好地了解青年对微信、微信公众平台的使用情况的现状,加强"网上共青团"建设,笔者于 2018 年 10—11 月通过网络进行问卷调查,共有 484 名用户参与本次问卷答题,回收有效问卷 484 份。

通过数据分析得出,微信已成为重要的沟通工具,青年通过微信既可以与朋友沟通,加深了解,又可以根据自己的兴趣、需求订阅公众号获取信息。微信本身具有的私密性和封闭性给青年受众带来更能满足自身需求的体验。这也对微信公众平台的运营提出了要求:不仅要关注受众的使用情况,更要满足受众的实际需求,才能让青年主动关注"青春浙江",认同"青春浙江"的思想。

(二)用户使用"青春浙江"的情况分析

截至 2018 年 12 月,"青春浙江"微信公众号有粉丝 173 万,微信传播力指数(Wechat Communication Index,WCI)维持在 1 200 以上,全团省级平均排名保持在前五,省内政务排名基本保持在第一、第二位。根据调查问卷用户的反馈来看,有 73.44%的用户认为"青春浙江"运营非常好和良好(如图 1 所示),有 72.1%的用户在收到推送第一时间和有空时会查看"青春浙江"推送的消息(如图 2 所示)。

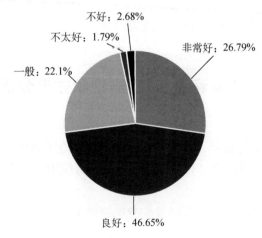

图 1 "青春浙江"总体情况评价

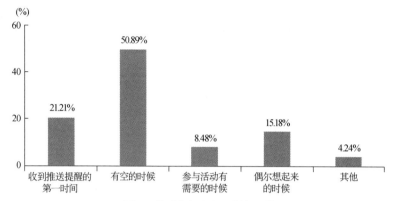

图 2 关注"青春浙江"的渠道

1. "青春浙江"的用户满意度

通过问卷,用户关注"青春浙江"的渠道有"参加浙江团省委举办的主题活动从而关注"(32.14%)、"经朋友推荐关注"(31.25%)、"看到朋友圈转发信息后添加关注"(23.88%)、"主动搜索关键词关注"(12.72%)。其中,主题活动推广、朋友推荐是"青春浙江"获得关注的重要来源。主动搜索关注"青春浙江"的青年用户比例还较低,说明"青春浙江"在自身平台的宣传力度上力度依然不够,"青春浙江"在青年中的知晓度不高。

对于推送信息的阅读,50.89%的用户选择在有空的时候阅读,21.21%的用户会在"收到推送提醒的第一时间"就阅读(如图2所示),这说明"青春浙江"已经在一定程度上培养了用户的阅读期待,而一天三次、一次一条的推送频率,使阅读者在一定的时间里更能集中精力阅读一篇文章,既保证阅读的质量,又有利于信息的宣传和引导。

2. 信息发布满意度

在信息发布的内容上,用户最感兴趣的信息分别为新闻资讯(68.97%)、团省委活动信息(53.35%)、生活资讯(54.46%)、文化娱乐(54.02%)、社会评论(49.11%)、励志美文(42.19%)。从2018年用户感兴趣的话题和"青春浙江"的推文消息类别的比重来看(如表1所示),除了团省委活动信息外,用户的其余信息需求基本得到满足。

表 1 用户感兴趣的话题在"青春浙江"发布消息中的比重

用户感兴趣的话题	对应"青春浙江"类别	占比(%)
新闻资讯	国家、浙江形象、热门话题	50.0
社会评论		

续 表

用户感兴趣的话题	对应"青春浙江"类别	占比(%)
团省委活动信息	团省委活动	6.0
文化娱乐	娱乐类消息	34.6
生活资讯		
励志美文	青年榜样	9.4

资料来源:"青春浙江"微信公众号后台数据。

信息发布内容的来源也极大地影响了用户的满意度。"青春浙江"2018年1月至2018年12月阅读量在5万以上的信息中,阅读量达到10万以上的有3篇,9万—10万的有8篇,8万—9万的有6篇,7万—8万的有14篇,6万—7万的有24篇,5万—6万的有47篇,共计102篇。其中,转自媒体类公众号的有64条,占比62.7%;转自自媒体与工作室的有20条,占比19.6%;转自其他共青团公众号的有16条,占比15.7%;属于原创的有1条,占比1%;转自政务公众号的有1条,占比1%。由数据可知:首先,"青春浙江"的原创能力有限;其次,文章来源于自媒体与工作室以及其他共青团公众号的比例较高,在一定程度上存在同质性,影响受众阅读的新鲜度。

在信息发布的及时性上,35.94%的用户表示"很及时,第一时间发布消息",57.37%的用户对之持保留态度。多名受访者在访谈中表示,"转载不是非常及时,有些两天前就看过的推文还是会在'青春浙江'上看到"。

综上可见,在对消息发布的满意度上,"青春浙江"的消息发布与受众的需求存在一定的落差。

3. 公众参与满意度

公众参与度包括用户对"青春浙江"的线上、线下互动的参与情况。通过问卷对"青春浙江"的互动情况进行评价,53.13%的用户认为"一般,互动还不够",说明用户对"青春浙江"的互动情况尚不够满意。

在线上,用户可以通过"自定义菜单"参与共青团的相关活动、获得帮助等。从对"自定义菜单"的使用程度的调查来看,用户使用"自定义菜单"程度较低,53.35%的用户表示没使用过这些功能。另外一种线上的互动方式是文末留言,通过留言可以分享用户的感想、意见等,但这种参与方式受到后台"把关人"的审核,能显示出来的都是经过筛选后的留言,一定程度上影响了交流的广度与深度,打击了公众参与留言的热情。

四、"青春浙江"的不足及原因分析

根据用户体验和 WCI 影响力数据,"青春浙江"获得的用户满意度都较高,但是离团属性的微信公众平台自身的功能定位还有一定差距。本文结合问卷调查和深度访谈获得的一手资料,分析"青春浙江"微信公众平台开展工作的实际情况,并从平台定位、机制建设、"人"的因素三个方面分析问题成因。

(一)"青春浙江"微信公众平台建设存在的不足

1. 推送内容的独创性有待提高

为增加青年粉丝对"青春浙江"的用户黏性,必须大大提升推送内容的质量,使文章既有可读性、贴近生活,又要有其独创性。根据调研,独创性是"青春浙江"最需要关注的问题。"青春浙江"的推送文章大部分转载自其他平台,有极大的局限性。一是存在时间差,难免出现时间滞后、文章雷同的问题,长此以往容易降低用户的阅读期待和体验,从而失去用户关注。二是不利于"青春浙江"品牌的建设,独创性文章更能发挥公众号的定位和功能。

2. 服务青年的实质性有待加强

"青春浙江"微信公众平台发布的消息还简单地停留在发布活动信息、日常话题讨论等,结合共青团工作的链接还不够,难以深层次地整合共青团内部力量,如扶持青年创业、维护青少年合法权益等专项活动没有及时在"青春浙江"平台上发布。这使得"青春浙江"的服务范围仅限于表层的吃喝玩乐,脱离了青年群众殷切期待的就业、婚姻等实质性问题,无法真正满足青年的需求。

3. 联系青年的互动性有待改善

"青春浙江"微信公众平台的交流互动功能尚未得到完整开发,还停留在平台向用户单向传递信息的阶段,无法充分发挥交互式运行模式的优势。在线上,"青春浙江"的互动局限于小编与留言者之间的互动;同时,鉴于留言平台的筛选功能,一些真实声音被过滤,缺少对青少年问题的实质回应,不能为青年利益顺畅发声。

4. 政治性与娱乐性的结合度不够

政治性的舆论引导是"青春浙江"所要实现的最大目标。然而,"青春浙江"为了吸引粉丝量，迎合青年特点，更倾向于选择具有娱乐性、贴近生活的信息以获得点击量，"团"的特点不明显。一旦发布在生活、情感方面的消息，就占有点击量与阅读量优势，涉及团省委自身工作的内容就较难吸引青年，最直观的表现就是浏览量大幅下降，点赞数也大大减少。

（二）"青春浙江"微信公众平台建设存在不足的原因分析

1. 平台定位"团"角色不明显

共青团具有鲜明的政治性、先进性和一定的群众特性，在日常工作中需要明确自身的政治角色。这就要求其使用微信平台进行信息推广的同时承担起思想理论的宣传，明确"团"活动的特性。依据目前浙江共青团微信平台使用运行的情况：一方面，平台在"团"内容推送的次数和内容上都不多，导致"团"的属性和特色并不明显，对照共青团在对思想政治教育方面的内容宣传要求，浙江共青团后台的"团"的内容宣传不够；另一方面，"团"的内容和形式并不多元化，导致对青年人缺乏吸引力，具体而言，对"团"内容的传送方面主要集中在会议传达，缺乏新媒体的特性，进而使得推送文章的点击率不高，微信用户关注度较低，从而不能在思想上将青年团结到组织周围。

2. 体系构建缺乏整体性

（1）"青春浙江"微信公众平台功能较单一。"青春浙江"的开通时间较晚，运营时间短，工作缺乏整体把握和长期计划，整体规划性不强。这些都使得"青春浙江"微信公众平台的功能发挥不强。

（2）基层团组织微信公众平台建设滞后。在县市级基层团组织中，由于对微信公众平台的重视程度不够、人员安排不足等因素，能开通且保障运营顺畅的平台数量很少。部分平台之所以开通微信公众号是为了完成上级任务或考核要求，推送文章的内容含金量不高，或是转发别平台的热门文章，或是工作内容的照搬，缺乏本地化、青年视角，甚至有些公众号常年不更新，形同虚设。

（3）省级公众平台重复建设。省级团委各个部门都有微信公众号，如"浙江省青年企业家协会""亲青创""亲青恋""浙江省学生联合会·青春抱抱团"。各部门公众号与"青春浙江"分流用户关注度，增加用户关注成本，无法进行有效的品牌联动，导致资源相互挤对、信息共享渠道闭塞。

3. 人员专业性发挥不充分

（1）"青春浙江"运营团队的专业性有待提高。目前"青春浙江"的专职工作人员只有 2 名,负责的内容较繁杂,虽建立轮值学习制度、大学生实习制度与社会企业产品项目合作制,一定程度上解决了工作人员不足的情况,但仍存在一些问题,主要表现如下。一是原创内容少,极度依赖外来稿源。二是工作人员的专业性不够,轮值学习与实习制使得团队无法建立长期有效的工作机制。

(2) 基层团干部新媒体素养有待提升。基层团干部新媒体引导力能力不足,在运营公众号时关注青年的具体物质利益比较多,存在"服务好青年自然就能引领青年"的简单认识,将公众号的思想引领功能放置一边。同时,基层团干部的工作创新能力缺乏、积极性难以调动,面对新媒体活跃性、创新性、责任心都不足,大大影响了新媒体在共青团工作中的作用发挥。

五、完善"青春浙江"微信公众平台的措施

在对上述存在问题分析的基础上,本文就优化团属微信公众平台的功能发挥提出合理化建议,以期更好地推进共青团工作的开展。

(一) 借鉴其他优秀共青团政务微信公众平台

1. 注重内容覆盖

"共青团中央"微信公众号注重从内容上切实针对青年的需求进行全方位覆盖,内容包含创业就业、婚恋交友、诉求表达、权益维护、志愿服务、学习娱乐等,充分利用自定义菜单,分门别类地开设多个子栏目,使得不同需求的青少年都能找到契合自身要求的内容。

2. 注重政治培养

在推文内容上注重原创,加强政治宣传。从"共青团中央"发布的推文中可以看出,关于大国气度、政党自信的文章推送较多,既有利于宣传国家形象、传递自信的政党形象,也有利于激发青年的政治热情。通过政治议题的设置,培养青年的政治认同感。通过政治素养的提高,促进青年对政治领域知识点的累积,培育青年用户理性平和的政治心态。

3. 注重与青少年互动

"共青团中央"志在打造一个能让青年发声的平台,除"共青团中央"的留言互动、子栏目互动之外,"共青团中央"微信公众号还设置了对话框互动,在

对话框中输入需要的信息就能在线得到解答,包括法律援助、心理咨询、共青团信息、个人倾诉等各方面的信息。与此同时,"共青团中央"利用微信公众号开展各类主题活动,不断扩大团的影响力。通过一系列互动交流,让青少年能够在这个平台上吐露心声,并且设置了专家团队进行专门解答,使得互动更加有效,既帮助共青团了解青年、服务青年,又缩短了团组织与青年之间的距离,加强了青年对团组织的认同感。

4. 监察社会动态,占据舆论主体地位

互联网不仅成为社会思潮、社会舆论的重要策源地和集散地,也已经演化为不同意识形态争夺青少年的主战场,要始终坚持把网上舆论引导作为青少年思想政治引领工作的重中之重来抓,应着重加强网络舆论引导,为使网络空间清朗起来,发挥共青团应有的作用。作为有官方背景的微信公众平台,"共青团中央"实时监察社会动态,紧贴舆论热点,在重大社会事件上及时发声,占据舆论的主体地位,引导舆论走向,并监督社会事件以促成部分事件的高效解决,赢得了青年的尊重和认同。

(二) 打造新媒体工作的新模式

要想把"青春浙江"打造成一个让用户尖叫的产品,关键在人的运用,打造出新媒体工作的新模式,从系统、管理、回应和技术四个层面共同发力,养成矩阵式优势。

1. 搭建健康循环的生态系统

(1) 要进一步提升"青春浙江"平台的服务水平。要把青年思想引导寓于服务,增强新媒体平台的服务定位和功能,密切与青年社会组织的联系,通过政府购买公共服务的方式,利用专业资源,服务青年现实需求,提升新媒体平台的黏性。

(2) 要积极整合资源,搭建团的"云"平台。充分整合团省委各部门和地市的微信公众号以及其他新媒体平台资源,实现资源共享和联动,打造团版"云"平台。通过微信进行信息资源、社会资源以及各组织之间的共享,并整合线上线下优势渠道,开展联动活动。

2. 制定科学合理的规章制度

(1) 充实团队力量。全力充实"青春浙江"的团队力量,做到精细分工,不同岗位设置不同的人才。通过制度管理提升管理的科学性,可以出台相应规章制度,对新媒体信息制作、审核、传播等关键环节进行细化分解,通过量化计分的方式公布每周考核排名,有效提升新媒体信息的制播质量。

(2) 加强人员培训。第一,鼓励微信公众号团队参加培训、会议,与其他公众号交流经验,同时注重提高团队的政治意识和专业性。第二,要加快团干部的新媒体素养的培养,注重将工作与媒体相结合,真正学会应用新媒体技术。第三,充分利用好高校、研究机构的专家力量,探索建立交流合作机制。例如,浙江传媒学院的专家既能为"青春浙江"提供技术支撑,也能提高团干部的新媒体素养和工作能力。

(3) 建立考核机制。整合各类平台和省地市的共青团微信公众平台资源,对各级平台实行统计制度,将各级组织的数据进行统一收集,根据微文点击量、文章质量、社会影响力等方面进行科学评估,表彰优秀运营团队、优秀团干部和团组织,从而提高微信平台运营者的荣誉感和积极性。

3. 提高用户满意度,形成回声效应

提高用户满意度最内核的就是丰富微信的内容,坚持"内容为王",要以"懂情趣"的风格和"有新意"的内容引导青年。

(1) 风格上要贴近青年。通过调查、实地走访了解青年需求,找到他们的痛点、痒点和兴奋点,精确掌握受众的群体背景、上网习惯、阅读兴趣等,确立微信制作的整体思路和风格,从而迅速提升"青春浙江"的吸引力,实现"我说的就是大家愿意看的"。

(2) 内容上要吸引青年。不断拓展服务外延,丰富内容供给,引领青年风尚。结合重点工作和特色工作,抓住浙江青年的关注点,深挖本地关联信息,先行设定议题,引导青少年情系家乡;根据青年的需求和关注点设定议题引领青年思想,如开设婚恋专栏,引导正确的婚恋观、交友观、审美观;开设创意文化专栏,吸引一批青年文化创意人才和社会组织加入,集聚铁粉读者。

(3) 结合重大事件、时间节点,迅速作出反应。用青年语系发出党团声音,推出一些符合青年语言体系的政策解读类、理论学习类文章,可用图文并茂的形式,破解团属信息过"时"偏冷、话语体系过"宏"偏虚、语言风格过"正"偏硬的难题,实现"我说的就是大家应该听的"。

4. 搭建有效技术支撑

未来的共青团应当实现天上有云("云"平台)、地上有网(青"联"网)、中间有数("数"矩阵)。如此,共青团组织能够依据数据随势而动,做出决策。以"青春浙江"为核心的新媒体资源就是这个巨大的"数"矩阵,它具有两个功能:一个是数据收集,让青年畅所欲言,能够听到青年的"真声音",掌握青年真正的需求;另一个功能是数据驱动,根据线上搜集到的数据,探知青年的个性

化需求，从而把服务对象化整为零，细分为众多有特定需求的小微群体，推出定制化服务，并通过持续渐进式服务赢得口碑。

（1）着力健全青少年舆情反映渠道，有效准确地掌握青少年的利益诉求。完善青少年舆情反映渠道，既是党委和政府掌握青少年诉求的迫切需要，也是及时化解矛盾、消除冲突、调动一切积极因素构建和谐社会的有效手段与重要途径。具体而言，通过构筑"自动+人工"的舆情信息数据采集机制和预警网络，切实提高青少年诉求的常态掌握能力，努力实现青少年诉求的倾听方式、收集手段的多样化和准确性。

（2）去中心化，形成团的"青"联网。新媒体工作并不是孤立"自转"，而是依托共青团的传统优势，在无限网络空间与普通青年、青年典型、青年社会组织等建立连接、紧密融合，逐渐形成一个网络，更好地服务与引导青年，形成"青"联网。通过服务和引导，将青年、青年社会组织发展成共青团的工作力量，与共青团一起成为"青"联网的多维中心，彼此协作，共同为青年服务。在举办活动时，应注重发挥青年的作用，提高他们的参与度。通过微信的"强关系"特性发挥"青"联网更强的宣传引导效应。

[论文指导老师：唐贤兴]

制度环境篇

内蒙古环境保护税的减排效应和激励机制研究

翟小焕*

【内容摘要】 2018年1月1日起实施的《中华人民共和国环境保护税法》是我国第一部体现绿色税制的单行税法,对完善我国绿色税制体系具有十分重要的意义。本文通过对《环境保护税法》在内蒙古自治区不同产业地区实施效应的深入分析,剖析现行环境保护税政策在制度设计方面暴露的缺陷,并提出环境保护税差异化制度设计和优化的建议。首先,本文从内蒙古现行环境保护税执行情况引出问题,随后通过建立多元回归模型,对环境税在内蒙古煤炭产业主导区和非煤炭产业主导区减排效应进行了实证分析,得出相同税额在不同区域减排效应不同的结论,并利用已有的税收征管数据对统计分析结果进行验证。接着,本文通过访谈和问卷调查对当前环境税优惠政策激励作用及设计多样化优惠政策的认可度进行调研。最后在借鉴国外典型环境税实践经验的基础上,本文对内蒙古环境保护税提出差异化制度设计的建议。

【关键词】 环境保护税;差异化;煤炭产业;减排效应;激励机制

一、问题的提出

随着经济的高速增长,我国环境问题日益突出,尤其是西部资源型省份受产业结构单一、总体发展水平相对滞后、经济增长主要依赖传统粗放型矿产资源开发利用的影响,环境问题更加突出。2017年《中国生态环境状况公报》显示,2016年,全国2 591个县域中,生态环境质量为"较差"和"差"的县域主要分布在内蒙古西部、甘肃西北部、西藏西部和新疆大部。① 孙红霞和李森的研

---

* 翟小焕,2020届MPA毕业生,就职于国家税务总局巴彦淖尔市税务局。

① 中华人民共和国生态环境部:《2017年中国生态环境状况公报》(2018年5月22日),中华人民共和国生态环境部网站,http://www.mee.gov.cn/hjzl/sthjzk/zghjzkgb/201805/P020180531534645032372.pdf,最后浏览日期:2021年6月25日。

究证明,2010 年以来,我国空气污染的主版图逐渐由京津冀鲁、长三角和珠三角向西部地区转移,同时指出煤炭消费可能是造成环境污染的重要因素。① 国家统计局数据显示,内蒙古煤炭资源丰富,已探明煤炭储量位居全国第二,2016 年煤炭消费 3.67 亿吨,占全国原煤总产量的 13.57%。② 在内蒙古煤炭产业表面上如火如荼发展的同时,不可再生资源过度开发、资源利用率不高、生态环境被严重破坏等深层次问题不断出现。环境保护税法实施以来,内蒙古并未呈现出明显减排效应,制度设计本身的不足不断显现。

(一) 内蒙古环境保护税实施现状分析

1. 从税收总量上看,实现大幅增长

费改税后,税收的强制性和固定性使环境税税源和收入实现双高速增长。2010—2017 年,内蒙古排污费收入年均增长 5.11%,低于 2018 年环境税增速 18.0 个百分点,征收企业数量年均增长 7.63%,较环境税纳税人增速低 70 余个百分点。③2019 年,税率的提高带来税收收入的又一轮大幅上涨,在税源基本不变的情况下,一季度环境税增长超 40%。税收收入的大幅增长将为地方环境治理提供更丰厚的资金保障。

2. 从行业角度看,环境税收入行业分布相对集中,征收范围较窄,绿色税收在全行业中的节能减排效应尚未完全显现

环境保护税实施一年多以来,70%以上的税收收入来自煤炭开采和洗选、火力发电、煤炭批发及零售、煤化工、黑色金属冶炼、有色金属冶炼六个主要污染行业,其中尤以煤炭开采和洗选行业最大,占比超 40%。这些行业均是依附煤炭资源禀赋发展的传统高耗能、高污染行业,而其他行业税收总量较小。同时对发展规模较小行业的污染物排放监管力度不够,加剧了环境税征收的行业差距,限制了环境保护税实施效应的范围。

3. 从区域分布看,地区不平衡,区域产业特征明显

各地由于资源禀赋、经济发展水平、产业结构、政府环境规制强度、居民环保意识、政府激励政策等不同,环境税实施效应的地区差异性较大,总体上以煤炭产业为主导的区域税收远高于非煤炭产业主导区域。截至 2019 年一季

---

① 孙红霞、李淼:《大气雾霾与煤炭消费、环境税收的空间耦合关系——以全国 31 个省市地区为例》,《经济问题探索》2018 年第 1 期,第 155—166 页。
② 数据来源:中华人民共和国国家统计局的国家数据库,https://data.stats.gov.cn/easyquery.htm?cn=E0103。

度,鄂尔多斯市环境税收入一家独大,占比近40%,主要集中在煤炭开采和洗选、火力发电、煤化工行业。其他税收收入较高的地区有包头市、乌海市、呼伦贝尔市、锡林郭勒盟、阿拉善盟,占比分别达10.27%、8.45%、8.05%、7.48%、5.69%。[1] 其中,包头黑色金属冶炼税收占比较高,乌海、阿拉善盟煤炭开采和洗选税收占比较高,锡林郭勒火力发电税收占比较高。

4. 从税收减免看,减免力度加大,惠及行业主要集中在火力发电行业,减免类别相对集中,且税收减免额和享受政策纳税人地区集聚性显著

截至2019年一季度,分行业看,火力发电行业惠及纳税人477户,享受政策减免6 677万元,覆盖面达16.81%,减免力度达34.03%。分政策类别看,享受污染物排放浓度低于标准50%减按50%征收环境税的纳税人1 742户,覆盖面达61.40%,政策减免10 157万元,占减免税总额的51.77%,在环境税减免政策中惠及纳税人最广,减税额最大;享受综合利用的固体废物免税的纳税人53户,政策减免5 629万元,占减免总额的28.69%。分地区看,12个盟(市)中,包头减免金额最大,占全区的比例超1/3,鄂尔多斯政策覆盖面最广,享受政策纳税人比例超1/5。[2]

5. 从环境税污染物排放类别看,大气污染物排放量和税收金额最大,其中尤以一般性粉尘污染严重

截至2019年一季度,内蒙古环境税申报污染物排放总量为233.05万吨,其中:大气污染物排放量达230.37万吨,占比98.85%,缴纳税款147 222万元,占环境税总收入的比重为90.76%;大气污染物中,一般性粉尘排放量为188.15万吨,占比80.73%,缴纳税款87 298万元,占环境税总收入的53.82%。[3]

6. 从宏观税收负担看,税负偏低,且地区间、行业间差别较大,总体上税收负担与税率、污染物排放量成正相关关系

2018年,内蒙古环境税宏观税负为0.05%,远低于同期税收宏观税负(14.19%)。[4] 分地区看,全区12个盟(市)中有6个盟(市)环境税宏观税负高于全区平均水平,税负由高到低依次是阿拉善盟、锡林郭勒盟、呼伦贝尔市、乌海市、鄂尔多斯市、巴彦淖尔市。最高的阿拉善是最低的呼和浩特的13倍,总体上税负的差别与经济发展水平呈反比,与煤炭相关产业规模成正比。分行业看,税负高的行业集中在新兴发展规模较小的行业(如高等教育和软件开发等)和高耗

---

[1] 数据来源:金税三期税收管理系统。
[2] 同上。
[3] 同上。
[4] 同上。

能、高污染行业(如电力热力生产和供应、采矿业等)。2019年,税率的提高使内蒙古环境税总体税负上升51.5%,地区与行业间布局总体上变化不大。

(二) 内蒙古环境保护税实施中存在的问题

1. 征税对象与标准过时,征收范围不全面

《环境保护税法》基本沿用原排污费制度的标准,这些污染物与当量值标准成型于20世纪90年代中期。随着经济发展水平和科学技术水平的不断提高,新兴产业层出不穷,污染物排放发生了很大变化,一些对人体和环境危害较大的新兴污染物未列入征税范围,如电子垃圾、核污染、光影污染等与时代发展紧密相连的新兴污染物。此外,挥发性有机物(volatile organic compounds,VOCs)中挥发性气体化合物未完全列入征税范围,各地对VOCs取缔排污费的征收,使部分排污者费改税后出现负担下降的现象。

2. 税率偏低,短期内减排效应不会明显

环境税实施之初,内蒙古采用了法定最低税率标准,虽然有逐年提高税额档次的规定,即使提高至2020年的最高档大气污染物、水污染物税额分别调整为2.4元/污染当量、2.8元/污染当量,①仍远低于学者给出的最优标准②:内蒙古最优税率大气污染物每当量3.29元、水污染物每当量8.34元。《环境保护税法》实施以来,内蒙古课税污染物排放强度增幅超30%,超标排放户数增长14.87%。环境保护税欲通过增加生产者成本达到从根本上减少或避免排污的负外部性影响有限。

3. 合法排污不税收有悖税收公平原则

《环境保护税法》第12条规定:"对不超过国家和地方规定标准的城乡生活污水集中处理场所和生活垃圾处理场所暂免征收环境保护税。"这项规定延续之前的排污费制度,实质上是对合法排污免税的举措,这显然有失税收的公平原则。且对于实际运营中混合处理部分工业污水的城乡污水处理场所也享受免税政策。这就为工业排污装扮成合法排污提供了空间。黄河流经内蒙古6个盟(市)19个旗县区,6个盟市中有3个煤炭产业主导区,2个金属冶炼产

---

① 内蒙古自治区地方税务局:《内蒙古自治区环境保护税核定征收管理办法》(2018年8月10日),国家税务总局内蒙古自治区税务局网站,http://neimenggu.chinatax.gov.cn/nmgzzqswj/xxgkml/zcfg/zcwj/201809/t20180930_419373.html,最后浏览日期:2021年6月25日。

② 唐明、明海蓉:《最优税率视域下环境保护税以税治污功效分析——基于环境保护税开征实践的测算》,《财贸研究》2018年第8期,第83—93页。

业主导区,使得内蒙古水污染防治更为紧迫。

4. 税收减免存在简单粗暴"一刀切",激励机制不够健全

税收优惠政策缺乏多样性,受惠群体行业、区域集中度高。从微观上讲,对企业技术竞争力和长远发展不利;从宏观上讲,欲通过环境税推进内蒙古供给侧结构改革,实现产业结构优化升级很难实现。

二、环境保护税减排效应区域差异化实证分析

(一)数据与指标

本研究采用2010—2017年内蒙古自治区12个盟(市)的排污费征收面板数据,按照煤炭相关产业包括煤炭开采和洗选业、火力发电行业、煤化工等行业工业增加值占第二产业增加值比重,将内蒙古划分为煤炭产业主导区与非煤炭产业主导区两个区域,采用STATA进行多元回归分析。为使研究指标更加清晰,本文将影响地区污染物排放量的相关因素归纳为5大类13个指标(如图1所示)。本文选取氮氧化物(NO_x)和化学需氧量(COD)的排污费征收标准作为解释变量,内蒙古自治区2015年9月1日起调整了排污费征收标准,NO_x征收标准由0.9元/污染当量提高至1.2元/污染当量,COD征收标准由0.7元/污染当量提高至1.4元/污染当量,这就为研究提供了可能。

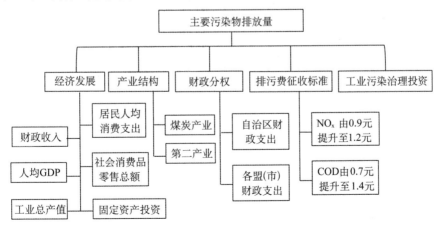

图1 污染物排放量影响因素示意图

（二）模型估计结果

对相关变量利用 STATA 软件进行固定效应模型估计,通过对煤炭产业主导区与非煤炭产业主导区进行回归分析,得出表 1、表 2 中列出的模型估计结果。表 1 中的结果显示,模型总体拟合度较好,模型假设有效,且各变量的回归系数在理论预期范围之内,各变量均在 1% 的水平下通过检验,说明 NO_x 排污费征收标准越高,氮氧化物的排放水平越低。表 2 中的结果显示,模型总体拟合程度不是太好,只有 COD 排放量对数、经济发展水平在 5% 的水平下通过了显著性检验,说明 COD 排放征收标准的调整幅度并不足以使内蒙古自治区的水污染物排放得到显著降低。

表 1　NO_x 排污费征收标准对 NO_x 排放量的影响

变量	全区	煤炭产业主导区	非煤炭产业主导区
lnChargeN	−0.0736***	−0.1346***	−0.0548*
	(0.0715)	(0.0658)	(0.0862)
lnS	1.3306***	1.4365***	0.9662**
	(0.2901)	(0.3102)	(0.6500)
STRUC	−2.5252***	0.9415***	−3.7589
	(0.6002)	(0.5201)	(0.9865)
FD	−2.3569**	2.4468**	−3.8745
	(0.7865)	(0.6987)	(0.9672)
Invest-E	0.0941***	0.1562***	0.0652*
	(0.0152)	(0.0425)	(0.0985)
Constant	−0.6879*	−8.0941**	−1.4753
	(2.1034)	(2.6153)	(4.5623)
地区固定效应	是	是	是
时间固定效应	是	是	是
R^2	0.946	0.968	0.932

注:***、**、* 分别表示结果为 1%、5%、10% 的显著水平,括号内为标准误。

表2 COD排污费征收标准对COD排放量的影响

变量	全区	煤炭产业主导区	非煤炭产业主导区
$lnChargeC$	-0.0036	-0.0046**	-0.0032
	(0.2915)	(0.7893)	(0.8710)
lnS	2.3306*	1.4365**	0.9852**
	(0.5901)	(0.4895)	(0.9523)
$STRUC$	2.5252	1.9415	1.7589
	(0.8902)	(0.5201)***	(0.9865)
FD	-2.3369	2.2365	-4.5210
	(0.7865)	(0.8956)	(1.2356)
$Invest\text{-}E$	0.1095	0.0256***	0.0652*
	(0.0152)	(0.0425)	(0.0985)
$Constant$	-0.6895	-7.2365	-1.4033
	(2.1034)	(2.6153)	(8.5623)
地区固定效应	是	是	是
时间固定效应	是	是	是
R^2	0.856	0.932	0.523

注：***、**、*分别表示结果为1%、5%、10%的显著水平，括号内为标准误。

（三）调整排污费征收标准的影响分析

1. NO_x排污费征收标准的调整，对降低NO_x排放具有较显著的影响

实证分析结果表明，氮氧化物排污费征收标准的提高，对降低煤炭产业主导区的氮氧化物排放效果显著，估计系数为-0.1346，且在1%的显著性水平下通过检验，负向影响远高于全区平均水平；对降低非煤炭产业主导区的污染物排放虽然估计系数也为负，但是仅通过10%的显著性水平检验，且减排效果远低于煤炭产业主导区。2015年，内蒙古自治区将NO_x的排污费征收标准由0.9元/污染当量提高至1.2元/污染当量，根据该系数估计可降低煤炭产业主导区NO_x排放量约13.46个百分点，而对于非煤炭产业主导区可降低5.48%，且这一影响不具有显著性。

2. COD 排污费征收标准的调整,与该污染物排放量不存在显著关系

实证分析结果表明,COD 排污费征收标准的提高,对降低全区 COD 排放效果不显著,估计系数为-0.0036。虽然影响方向为负,但未通过显著性检验。对降低煤炭产业主导区水污染物排放量虽通过 10% 水平下的显著性检验,但减排效果较弱,对非煤炭产区的减排影响未通过显著性检验。

3. 经济发展水平高的地区,调整排污费征收标准的减排效应更明显

实证结果表明,无论是 NO_x 还是 COD,调整排污费征收标准对降低煤炭产业主导区的污染物排放效果更显著。在煤炭产业主导地区,依附于煤炭资源禀赋,地区经济取得了高速增长,总体经济发展水平高于非煤炭产业主导区。故在经济发展水平较高的地区环境税实行高税率,减排效应较好,这符合之前的理论研究预期。

(四) 基于税收征管数据对模型估计结果的验证

2019 年 1 月 1 日起,内蒙古自治区大气污染物税额标准由 2018 年的 1.2 元/污染当量,提升至 1.8 元/污染当量,水污染物税额标准由 2018 年的每污染当量 1.4 元调整至 2.1 元。本文通过对 2019 年一季度环境税征收情况与上年同期进行对比分析,对模型估计结果进行验证。

1. 从环境税收入总额看税额调整的减排效应

2019 年一季度,内蒙古自治区环境保护税收入较上年同期增长 42.39%,其中,煤炭产业主导区较上年同期增长 37.3%,非煤炭产业主导区较上年同期增长 53.54%。① 此次税额调整的幅度为 50%,单从税收收入上讲,煤炭产业主导区环境税收入增幅低于税额调整标准,非煤炭产业主导区环境税收入增幅高于税额调整幅度。这说明:环境税税额标准的调整,使得煤炭产业主导区应税污染物排放量总量减少,对非煤炭产业主导区未产生明显影响。

2. 从减免税总额看税额调整的减排效应

2019 年一季度,内蒙古自治区环境保护税减免税政策惠及纳税人 428 户,较上年同期增长 2.64%,减免税收 4 517 万元,较上年同期增长 20.55%。其中:煤炭产业主导区惠及纳税人 176 户,同比增长 7.98%,减免税收 1 698 万元,同比增长 71.0%;非煤炭产业主导区惠及纳税人 252 户,同比下降 0.79%,

---

① 数据来源:金税三期税收管理系统。

减免税收2 819万元,同比增长0.18%。① 综上,环境税税额的调整,使全区享受税收优惠的纳税人增加,减免税额增长,尤其在煤炭产业主导区表现更为明显,而在非煤炭产业主导区基本没有影响。这说明:税额的调整对煤炭产业主导区减排的激励作用明显,对非煤炭产业主导区的影响不大。

3. 从环境质量看税额调整的减排效应

衡量环境质量的指标较多,因比较时间段短,这里选取城市空气质量优良比例和地表水Ⅰ—Ⅲ水质断面比例作为衡量指标。据统计2019年一季度,内蒙古自治区的城市空气质量优良比例为90.07%,较上年同期提高0.19%,其中:煤炭产业主导区为93.61%,较上年同期提高1.51%;非煤炭产业主导区为88.34%,较上年同期下降0.16%。② 这说明:环境保护税税额的调整与全区城市空气质量优良天数呈正相关,尤其是在煤炭产业主导区。

据统计,2019年一季度,内蒙古自治区的地表水Ⅰ—Ⅲ水质断面比例为79.27%,较上年同期提高38.27%,其中:煤炭产业主导区为77.52%,较上年同期提高65.82%;非煤炭产业主导区为81.39%,较上年同期提高26.66%。③ 这说明:总体上内蒙古自治区的地表水质量有了很大改善,煤炭产业主导区地表水质总体上低于非煤炭产业主导区,但改善速度明显快于非煤炭产业主导区。这是多重因素共同作用的结果,煤炭产业主导区经济发展水平相对较高,环境治理投资有资金保障,污染物排放量减少可能与税额的调整有关。

三、环境保护税激励机制差异化效应分析

税收优惠政策的设计是税制设计的重要内容,本着谨慎性的原则,避免因当前征纳关系可能产生的调查问卷与真实情况的差异,本研究包括访谈和问卷两部分。访谈部分主要围绕环境保护税制定者、执行者、监督者等角度,重点调查不同工作群体对环境保护税当前优惠政策的实施效应及多样化设计方

---

① 数据来源:金税三期税收管理系统。
② 数据来源:《城市空气质量月报》2019年第1期—2019年第3期。笔者通过对《城市空气质量月报》数据的整理与加工,得到正文数据。
③ 数据来源:《内蒙古国控重点流域水质月报》2019年第1期—2019年第3期。笔者通过对《内蒙古国控重点流域水质月报》数据的整理与加工,得到正文数据。

案的建议,为问卷的设计提供基础性资料。

(一)访谈设计

本研究先后访谈内蒙古自治区省级及各盟市税务部门的相关业务人员15人、环保部门相关业务人员15人,共计30人。访谈倾向于半开放式的问答,目的在于了解环境保护税政策制定者、执行者以及监督者对当前环境保护税优惠政策实施效应的认可度,并收集多样化环境税优惠政策设计的意见和建议。

(二)调查问卷设计和实施

本次问卷调查内容分为三个部分:第一部分是被调查企业的基本情况;第二部分是对当前环境税减免政策激励效应的认知程度;第三部分是对减免税政策差异化制度设计激励效应的调查。问卷调查安排在2019年3月份,调查对象是230户环境保护税样本企业,通过问卷星网站共发放问卷230份,收回210份,其中,有效问卷210份,问卷有效回收率91.3%,有效答题率100%。

(三)问卷统计分析

1. 当前环境税减免政策激励效应认可度分析

在当前政策条件下,被调查企业中的63%表示会加大环保投入,降低污染物排放;16%的企业有改善自身污染物排放监测条件的意愿;将减免税额用于购买环保设备的企业不足50%;近60%的企业认为当前减免税政策不会影响市场秩序。本文对不同特征的纳税企业环境减免税政策效应进行分类统计和交叉分析,分析结果如下。

从行业角度看,如图2所示,煤化工、建筑建材企业100%会加大环保投入,煤炭开采和洗选、金属采选和冶炼、医药制造、农副食品加工有超6成以上的企业会加大环保投入,其他行业加大环保投入的意愿不强。

从企业规模角度看,大、中型企业对当前环境税减免政策的认可度高于小、微型企业,尤其是在安装自动检测设备和加大环保投入上,当前政策对微型企业的激励作用有限,详见表3。

内蒙古环境保护税的减排效应和激励机制研究

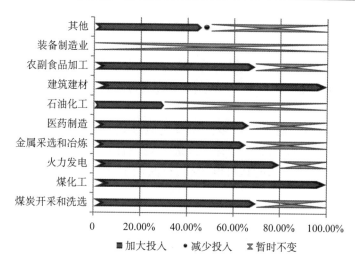

图 2 不同行业减免税政策对环保投入的影响

表 3 不同规模企业对当前减免税政策的差异性认知

减免政策	选项	大型企业	中型企业	小型企业	微型企业
对安装污染物检测设备影响	作用明显	50.00%	44.29%	38.00%	15.38%
	作用不大	50.00%	55.71%	62.00%	84.62%
对环保投入影响	加大投入	100.00%	71.43%	72.00%	30.00%
	减少投入	0	0	0	5.00%
	暂时不变	0	28.57%	28.00%	65.00%
减免税额用途	加大生产	0	21.43%	8.00%	15.00%
	购买环保设备	50.00%	42.85%	54.00%	40.00%
	改进生产技术	50.00%	21.43%	30.00%	20.00%
	增加职工福利	0	0	0	0
	其他	0	14.29%	8.00%	25.00%
扰乱市场秩序	是	0	0	0	10.00%
	否	50.00%	57.14%	60.00%	60.00%
	不清楚	50.00%	42.86%	40.00%	30.00%

资料来源：笔者根据问卷调查数据制作本表。

2. 多样化减免税政策设计的认可度分析

被调查企业中,对于多样化减免政策激励效应的认可度超半数以上,6成多企业担心本行业税负增加,对行政部门的要求更多,希望简化办税流程。企业由于行业、规模等个体差异性,对实行多样化减免政策反响的差异性很大。

从行业角度看,对于实行多样化减免政策设计,如图3所示,煤炭开采和洗选、金属采选和冶炼等行业对推进市场良性竞争、推动产业结构升级、不增加申报难度等方面的认可度较高,石油化工、医药制造等行业的认可度普遍较低。

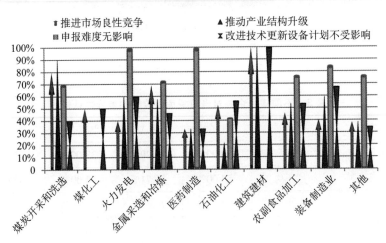

图3 不同行业对行业差别化减免税制度设计的认可度

从企业规模角度看,如表4所示,针对减免税政策的差异化制度设计,被调查企业多数持积极态度,认为差异化制度设计不会增加纳税人的负担,有利于行业发展;对新制度设计最大的担忧是税收负担增加;对加大转型扶持和细化污染物监测的期望随着企业规模的减小而下降。

表4 不同规模企业对减免税政策差异化设计的效应分析

项目	选项	大型企业	中型企业	小型企业	微型企业
对企业申报管理	基本无影响	50.00%	64.29%	76.00%	80.00%
	难度增加	0	35.71%	24.00%	20.00%
	难度减小	50.00%	0	0	0

续 表

项目	选项	大型企业	中型企业	小型企业	微型企业
对行业发展	影响不大	50.00%	42.86%	42.00%	50.00%
	推动行业发展	50.00%	50.00%	54.00%	50.00%
	阻碍行业发展	0	7.14%	2.00%	0
	破坏市场公平	0	0	2.00%	0
利于产业结构升级	会	50.00%	42.86%	54.00%	60.00%
	不会	0	0	2.00%	0
	不知道	50.00%	57.14%	44.00%	40.00%
改进技术对更新设备的影响	不改变计划	100.00%	35.71%	48.00%	35.00%
	放弃购买	0	0	0	0
	继续观望	0	28.57%	30.00%	40.00%
	其他	0	35.71%	22.00%	25.00%
最担心的影响	增加税收负担	50.00%	78.57%	64.00%	50.00%
	影响正常生产	0	21.43%	76.00%	11.11%
	破坏市场秩序	0	7.14%	26.00%	33.33%
	短时期内经济萧条	0	14.29%	56.00%	35.00%
	其他	50.00%	14.29%	26.00%	40.00%
对政府部门的期望	增强政策宣传和培训	50.00%	81.82%	64.88%	71.59%
	加大转型升级的扶持	100.00%	72.73%	59.13%	51.85%
	出台污染物当量监测细则	100.00%	86.37%	45.04%	59.26%
	简化办税流程	50.00%	81.82%	83.14%	72.59%
	其他	0	21.21%	5.56%	15.56%

资料来源：笔者根据问卷调查数据制作本表。

综上，无论从行业角度还是企业规模角度，被调查企业对多样化减免税政策制度设计激励效应的认可度均较高。其中：对于增加高污染行业减免档次、最大限度地激发企业减排积极性和对高新技术企业实行税前研发费用扣除等具体政策设计的认可度总体较高；而对于取消城乡污水、生活垃圾集中处理符合条件免税的制度设计受当前内蒙古自治区经济发展水平的限制，认可度较低,对于实行特色农畜产品加工特殊政策的制度设计也未获得多数企业的认可,这受限于受访企业所属行业的占比。

四、国外环境保护税经验借鉴

(一) 以英国和法国为主要代表的高度集权税制国家

1. 循序渐进,保持税收中性

约束性与激励性并重,英国对一般性垃圾征收高额垃圾填埋税,并不断提高税率。同时,通过财政补贴、税收返还、增加社会福利等多种手段最大限度地保持全社会税收负担不增加,保持税收中性。据统计数据显示,英国自垃圾填埋税实施以来,垃圾总量不断下降。

2. 注重税基和税率的调节作用

以污染源和污染行为作为设立税率的依据,并随着经济社会的发展,对环境税的税率和税基适时做出调整。法国环境税实行多重税率和差别税率,根据排污项目不同和经济发展水平不同,对税率和税基做出调整,具体税率根据污染要素和污染程度确定。

(二) 以日本为代表的适度分权税制国家

1. 差异化征收,赋予地方政府一定的自主权

日本的环境税制度是中央政府设立环境省进行环境税立法和税收政策制定,对地方环境税标准进行原则性指导,发放环境治理补贴,监督地方政府的环保治理措施,具体工作由地方政府落实,地方环境税相关部门只对地方政府负责。同时,日本政府赋予地方政府一定环境税收自主权,可以为地方政府环境治理提供充足的资金保障。

2. 保持税收中性,设立多样化税收优惠

日本环境税以税收中性为原则,采取循序渐进的方式提高税率,同时采取一定的税收返还或补贴等政策,来补偿纳税人的损失,力争做到使纳税人的整体税负水平不变。日本的环境税激励措施具有较好的借鉴意义,大大降低了环保政策推行的压力,减轻了环境税对经济运行的不良干扰。

五、优化内蒙古自治区环境税制度的建议

（一）研究结论

1. 环境保护税实施效应地区差异性显著

本文通过环境保护税实施以来的税收征管数据比较分析，以及对排污费征收标准调整前后相关数据构建模型进行实证分析，得出提高征收标准对煤炭产业主导区和经济较发达地区带来的减排效应显著，同时，基于内蒙古自治区的产业结构特征和环境税制度本身的缺陷，调整征收标准对于降低大气污染物排放量效果明显，对降低水污染物排放量效果不显著。

2. 环境保护税激励政策缺乏多样性

通过对已有环境保护税减免数据的多维度分析，并通过对环境保护税重点监控企业减免税政策的激励效应的调查问卷，本文对目前环境税减免政策的实施效应进行了分析整理，发现由于行业特点、企业规模和研发能力等不同，相同税收优惠政策的激励作用差别较大。目前环境保护税的减免政策存在简单粗暴"一刀切"的特点，对企业和公众的激励作用有限。

（二）政策建议

本文结合研究结论和个人工作实践，借鉴国外环境税实践经验，就优化内蒙古环境保护税制度设计提出两方面对策建议。

1. 根据产业布局制定地区差异化税额

一是提高煤炭产业主导区环境税的征收标准。实证分析表明，内蒙古自治区调整排污费征收标准和提高环境保护税税额的节能减排效应地区差异较大。故建议在煤炭产业主导区设置较高的征收标准，在2020年大气污染物税额提升至2.4元/污染当量、水污染物税额提升至2.8元/污染当量后，在充分考虑地区经济发展承受能力的基础上，在煤炭产业主导区将税额提升1—3倍，以更好地实现节能减排。

二是在非煤炭产业主导区设置分档税率。实证分析表明，经济发展水平与污染物排放量具有相关性，在经济发展水平较高的地区，调整环境税征收标

准对降低污染物排放量的影响更为显著。建议对人口密度较大的呼和浩特、包头设置高于非煤炭产业主导区其他地区1—2倍税额标准。

2. 建立多样化税收优惠体系

一是对高新技术企业实施特殊优惠政策。目前税收减免政策对高新技术企业节能减排的激励作用较小,这些纳税人普遍有节能减排的意愿,但迫于企业资金紧张,环保投入有限。鉴于此,建议对高新技术企业增设减免税档次,并按照其研发投入,给予一定比例的税前减免。

二是对传统高耗能行业增加减免档次。传统高耗能、高污染行业减排意愿强烈,并且大部分企业有能力进行环保投入,因此减免税政策对这些行业的减排激励效果更为明显。鉴于此,建议增加两档税收减免档次:对污染物排放浓度低于标准60%—90%的企业,按30%征收;对污染物排放浓度低于标准90%以上的企业,免征环境保护税。此外,允许环保设备加速折旧或计提一定比例的特别折旧。

[论文指导老师:张　平]

中国政策试验的冲突调整研究

——以跨境电商发展进程为例

罗 晓*

【内容摘要】 随着我国公共治理领域日益明显的碎片化、部门化和分权化趋势,政策试验过程中府际、政企摩擦时有发生,肩负破除改革障碍重任的政策试验不断面临新的特征和难题。本文以 2012—2017 年中国跨境电商试点政策的发展进程为研究案例,运用政策网络模型,从政策网络主体结构与政策结果相互影响的视角开展案例分析。本文发现:尽管中国的政策试验已经发展出比较完善的政策网络结构,但是网络弹性不足可能导致内部张力形成冲突;同时,中央政府在政策试验进程中的适应能力和学习能力是网络冲突迅速得到再调整与弥合的重要因素,也是政策试验不断接近中央改革目标的执行前提。最后,本文从政策社群主导部门、政策网络决策机制、政策网络利益表达和博弈机制、政策网络学习机制、政策试验评判标准五个方面提出建议。

【关键词】 政策试验;跨境电商;政策网络

一、问题提出与文献回顾

2016 年是中国跨境电子商务发展过程的一个标志性转折点。从 2016 年 1 月国务院常务会议审议决定扩大跨境电商综合试验区试点,到 3 月宣布跨境电子商务零售进口试点新政出台,仅仅两个月,政策试验的风向却出现大转向,新政发布一个月内相关企业业务量缩水 50%—70%。中国跨境电子商务政策的剧烈变化和反复不仅造成企业的巨大损失,也极大地损害了政府部门的公信力。审视中国的政策试验实践,不难发现不少领域的政策试验进程往

---

* 罗晓,2019 届 MPA 毕业生。

往呈现一种"松紧带"现象：试验过程中的政策导向突然出现急剧转向，政府监管力度时松时紧，鼓励扶持态度与规范监管措施交替出现。这种政策试验"松紧带"现象往往会导致政策过程陷入"长时间的停滞"[①]局面并带来高昂的试验成本。[②]

在中国的政治语境里，"试点是改革的重要任务，更是改革的重要方法"，肩负对全局性改革的示范、突破、带动作用，对试验进程和政策目标进行修正调整后继续推进也是中国式政策试验之所以成为"有远见的反复试验"[③]的重要因素之一。作为一种带有巨大的不确定性的政策过程，政策试验通常包含多个政策网络在内的、多重的、互动的循环圈，并且由于不同空间与时间维度中各个政策参与者的利益诉求和有限理性的变迁，必然导致政策网络的动态博弈经常带来"松紧带"现象。

政策网络研究大致有宏观、中观、微观三个角度。本文立足中国政策试验的多元主体参与背景，采用R.A.W.罗茨（R. A. W. Rhodes）的政策网络分类模型（详见表1）以及大卫·马什（David Marsh）与马丁·史密斯（Martin Smith）的政策网络分析框架（如图1所示）。

表1 罗茨的政策网络分类模型

政策网络类型	政策网络特征
政策社群	关系稳定、严格限制成员、垂直的相互依赖性、有限的水平依赖
专业网络	关系稳定、严格限制成员、垂直的相互依赖性、有限的水平依赖、服务专业利益
府际网络	有限的成员、有限的垂直相互依赖性、广泛的水平依赖
生产者网络	不稳定的成员、有限的垂直相互依赖性、服务生产者利益
议题网络	关系不稳定、行动者众多、有限的垂直相互依赖性

资料来源：R. A. W. Rhodes and David Marsh, "New Directions in the Study of Policy Networks", *European Journal of Political Research*, 1992, 21(1-2), pp.181-205。

---

① 陈玲、赵静、薛澜：《择优还是折衷？——转型期中国政策过程的一个解释框架和共识决策模型》，《管理世界》2010年第8期，第59—72、187页。
② 刘培伟：《基于中央选择性控制的试验——中国改革"实践"机制的一种新解释》，《开放时代》2010年第4期，第59—81页。
③ Sebastian Heilmann：《中国异乎常规的政策制定过程：不确定情况下反复试验》，《开放时代》2009年第7期，第41—48、26页。

马什与史密斯的政策网络模型优势在于从微观、动态视角揭示政策网络各方博弈与政策结果之间的互动关系(如图1所示)。

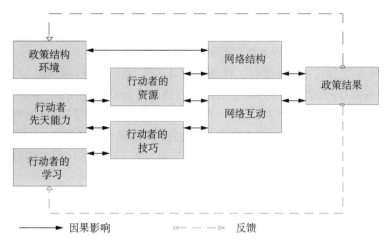

图1 马什与史密斯的政策网络分析模型

资料来源:改编自 David Marsh and Martin Smith,"Understanding Policy Networks: Towards a Dialectical Approach", *Political Studies*, 2000, 48(1), pp.4-21。

二、案例分析:中国跨境电商政策试验的 高速发展与冲突调整

在中国跨境电商政策试验高速发展的进程中,因为跨境电商2016年新政对试验政策进行调整而导致"熔断"风波,并继而引发对新政的再次调整。

(一)萌芽——跨境电商试验衍生自国家电子商务示范城市政策试验

作为国家电子商务试验工作的子项目,跨境电商政策试验慢慢独立,逐步从决策舞台边缘向中心移动。2011年3月,国家发改委牵头四部门发文探索联合开展国家电子商务示范城市创建活动。2012年,跨境电商首次被纳入试验,海关总署被指定为跨境电商的牵头部门。

(二)蓬勃生长——跨境电商迅速发展引起国务院重视

海关总署获得跨境电商政策试验的初期主导权后,牵头时遵循从小范围试点开始的典型路径,对业界发展以鼓励、观察为主。

2014年3月,"两会"政府工作报告提出要实施鼓励进口政策。5月和10月,跨境电商作为加强进口的重要方式被国务院办公厅两度提及。国内消费者的"海淘"需求不断上升。从2012年开始,国内消费者对母婴用品、化妆品等境外产品的热情持续增长(如图2所示)。海外代购"灰色清关"对海关监管形成巨大压力。海关行邮渠道因此成为海外代购商品的首选渠道,海关监管压力不断增大。

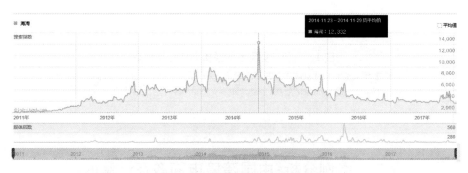

图2 "海淘"关键词的搜索热度
资料来源:百度指数。

跨境电商进口作为"阳光海淘"模式①得到试点。2014年,海关总署密集发布指导性文件,主要参照个人邮递物品制定管理措施,在税率、准入门槛、通关时效、法律风险上超过传统的一般贸易和"灰色"性质的"海淘",给予跨境电商进口巨大优势。电商巨头如阿里巴巴、亚马逊也因此均在这一年开始加速发展进口业务。表2对跨境电商政策试验初期的三种贸易模式进行了比较。

---

① 李鹏程:《崛起中的"阳光海淘"》(2014年11月28日),海关总署网站,http://www.customs.gov.cn/customs/xwfb34/302425/366409/index.html,最后浏览日期:2017年9月10日。

表2 跨境电商政策试验初期模式的比较优势

分类	贸易模式		
	跨境电子商务	"海淘"	传统贸易
贸易方式	以B2C、B2B2C为主	B2C	B2B
进口：			
物流时间	保税进口模式:3—5天	20—30天	海运:数月
物流成本	批量保税进口,分批销售,成本低,减少进口税收压力	分批进口,物流成本高	成本低
贸易对象	消费者	消费者	企业
法律风险	无	潜在灰色通关风险	无
商品品质	全程监管	无法保障	维权困难
税率	行邮税(比传统贸易平均少30%),应纳税额低于50元时免征	监管外的"灰色"通关	关税+增值税+消费税,税款全额收取,无50元的免征线
出口：			
贸易对象	境外消费者	境外消费者	企业
利润	高(绕开经销商等环节)	高	低
售后服务	建立海外仓,增强境外消费者的用户体验和售后服务	无	售后服务弱,退运成本高
品牌	直达客户,规范经营,售后服务优势,延长的价值链有利于品牌经营	无	受境外营销渠道、物流、技术等制约,品牌经营困难
结汇、退税	可正常结汇、退税	无法结汇、退税	可正常结汇、退税

（三）全国瞩目——国务院设立跨境电商综合试验区

国务院于2015年3月设立中国(杭州)跨境电商综合试验区(以下简称"综试区")①,标志着跨境电商政策社群正式成为独立的政策试验项目。该阶

---

① 跨境电子商务综合试验区是为适应新型商业模式发展的要求,通过制度创新、管理创新、服务创新和协同发展,破解跨境电子商务发展中的深层次矛盾和体制性难题,实现跨境电子商务自由化、便利化、规范化发展的综合试验区。

段从中央部委到地方政府均抱以大力支持的态度,"负面清单"管理方式使得绝大部分进口货品可以免进口许可证销售,试点相关各方因此热情高涨。

1. 各界闻风而动,跨境电商成为中国外贸耀眼的增长点

2012—2015年,中国跨境电商年均增长率34%,呈现高速发展态势。特别是2015年中国跨境电商交易规模达4.8万亿元,同比增长28%,而当年中国外贸进出口总值却较2014年下降7%。

2. 政策试验成果得到决策层认可,单独设立跨境电商综合试验区

2015年3月,国务院同意设立中国(杭州)跨境电子商务综合试验区。2015年6月10日,国务院常务会议认为,跨境电商用"'互联网+外贸'有利于扩大消费、推动开放型经济发展升级、打造新的经济增长点"①。五天后,国务院办公厅首次发文要求"促进跨境电子商务健康快速发展"。2016年1月,12个跨境电商综试区得以增设。各部委密集发布15个配套文件推进综试区建设,标志着跨境电商政策试验不再是国家电子商务示范城市政策试验的附属项目,而是发展为独立的跨境电商政策试验。

3. 海关总署失去主导地位,"负面清单"助推爆发式增长

综试区设立后,多部委参与,商务部成为政策试验的协调者,海关总署失去主导地位。多元参与既是中国试点工作的特点,也是政策试验的开放性表现。浙江省政府在综试区设立三个月后出台了相应的实施方案,四个月内杭州综试区已覆盖该市8 000家外贸企业的一半。② 国家质检总局(现国家市场监督管理总局)也开始发力,在2015年发布了6个文件大力支持跨境电商,提出除"8类禁止以跨境电子商务形式入境的情况"外,"全面支持跨境电子商务发展",明确提出实施"负面清单制度",为之后进入跨境电商畅销品类前三名的奶粉、化妆品、保健品等的敏感商品进口免除了许可证。③

(四)"正面清单"寒潮——"4.8"新政引发熔断和再调整

2016年3月24日,财政部牵头海关总署、国家税务总局,突然发布中国跨境

---

① "国务院常务会议(2015年6月10日)"专题网页,中国政府网,http://www.gov.cn/guowuyuan/gwycwhy201518/,最后浏览日期:2021年8月13日。

② 《杭州"综试区"在试什么?互联网国际贸易新规则》(2015年11月30日),全球纺织网,https://www.tnc.com.cn/info/c-013005-d-3551337.html,最后浏览日期:2017年8月10日。

③ 《浙江、杭州检验检疫:入境物品备案实行负面清单》(2015年6月30日),分析测试百科网,https://www.antpedia.com/news/39/n-1259839.html,最后浏览日期:2017年7月20日。

电商零售进口税收的新政策(以下简称"'4.8'新政")。两周后,新政的实施对跨境电商行业和参与试点各方造成巨大的政策冲突,继而引发新政的再次调整。

1. 财政部主导下"4.8"新政的闭门决策和仓促实施

2015年6月,财政部根据授权,①牵头制定跨境电商零售进口税收政策,数月内即出台方案。市场从业者虽听到风声,但并未对相关决策起任何影响。② 2016年3月24日,财政部、海关总署、国家税务总局联合发文,③宣布自2016年4月8日起将对跨境电商零售进口执行新政,但未给出"正面清单"。

2016年4月7日晚8时,新政配套的"正面清单"终于由财政部等11部委公布,不仅将之前的"负面清单"管理方式改为"正面清单"管理,且要求之前无须提供通关单的商品首次入境时提供相关许可证,直接导致4小时后生效的新政引发"熔断"。对于"正面清单"的滞后发布,接近相关部门的人士表示,拖到最后时刻与部门之间利益协商需要时间有关。④

由于"正面清单"发布过晚,导致4月8日0点之后各跨境电商试点城市的保税仓陷入混乱,各试点城市跨境电商业务量呈现断崖式暴跌,企业出现倒闭、退租、裁员潮。新政的转折关键就在于"正面清单"的滞后发布。

2. 各方反弹力度强弱不一

企业认为"正面清单"从根本上否定了过去两年"负面清单"管理基础上的创新试验。从2016年4月底开始,业界频繁组织闭门会议,但一直未能统一意见。⑤

基层市区政府和园区运营方则通过媒体表达不满,认为相关部委没有开展深入调研。浙江、河南等省市政府迅速向中央部门反映新政引发的问题和

---

① 国务院办公厅:《国务院办公厅关于促进跨境电子商务健康快速发展的指导意见》(2015年6月16日),中国政府网,http://www.gov.cn/zhengce/content/2015-06/20/content_9955.htm,最后浏览日期:2017年7月17日。
② 南方周末:《"从来没有见过这么着急的政策" 跨境电商的"熔断日"》(2016年4月21日),优宜趣网,http://www.ueq.com/news/media/news_ac_7.shtml,最后浏览日期:2017年9月24日。
③ 财政部、海关总署、税务总局:《关于跨境电子商务零售进口税收政策的通知》(2016年3月24日),国家税务总局网站,http://www.chinatax.gov.cn/n810341/n810755/c2044092/content.html,最后浏览日期:2017年6月13日。
④ 南方周末:《"从来没有见过这么着急的政策" 跨境电商的"熔断日"》(2016年4月21日),优宜趣网,http://www.ueq.com/news/media/news_ac_7.shtml,最后浏览日期:2017年9月24日。
⑤ 《业界反映跨境电商新税制若不调整或引发"熔断"》(2016年5月10日),搜狐网,http://news.sohu.com/20160510/n448548278.shtml,最后浏览日期:2017年9月25日。

调研,甚至直接入京拜访相关部委。①

一线监管的基层海关压力巨大,各直属海关只比公众早 2 个小时接到通知,来不及升级海关申报系统,执行压力巨大。

4 月 8 日后,跨境电商的搜索热度直线上升,"海关瘫痪"等自媒体流言热传。"正面清单"发布当日,独立性较强的媒体就以"熔断"形容新政带来的影响。② 新政满月之后,新华社报道跨境电商受到的巨大冲击。③

新政后,由于电商提供折扣或者"包税",④消费者的异常感受度不高,⑤但进口奶粉因"正面清单"紧急下架令不少婴儿父母感到不便。⑥

3. 新政决策部门发布"政策补丁"和自我辩解

新政造成"熔断"后,财政部等部委迅速感受到各方的压力和反弹,做出微调和自我辩解,但对于各方的呼声与诉求没有实质动作。

财政部迅速于 2016 年 4 月 13 日发布政策解读,对"正面清单"中奶粉、化妆品的备注进行补充说明,又于一周后联合 12 个部门发布"正面清单(第二批)"。两日后,财政部又发布文件补充说明医疗器械、特殊食品的相关要求,同时发文解答舆论关切的问题,表示新政对跨境电子商务长期健康发展是利好。笔者梳理了财政部发布的政策与内容,详见表 3。

表 3　新政发布一周内财政部的应对情况

时间	发文机构	政策名称	主要内容
2016 年 4 月 13 日	财政部	《跨境电子商务零售进口商品清单》有关商品备注的说明(2016 年第 47 号)	根据国家食品药品监督管理总局意见,对"正面清单"中奶粉、化妆品商品备注进行补充说明

---

① 《保税进口或全面缺货?跨境电商新政仍有微调希望》(2016 年 5 月 5 日),搜狐网,https://www.sohu.com/a/73449361_115443,最后浏览日期:2017 年 7 月 14 日。
② 中国商网:《多部委密集调研电商新政:跨境电商进口难逃熔断?》(2016 年 5 月 5 日),搜狐网,https://www.sohu.com/a/73580991_267341,最后浏览日期:2017 年 7 月 14 日。
③ 新华财经客户端:《跨境电商税收新政策满月杭州综试区进口邮包下降 57%》(2016 年 5 月 10 日),搜狐网,https://www.sohu.com/a/74491108_119663,最后浏览日期:2017 年 6 月 20 日。
④ 雨果跨境:《被加了税的跨境电商,为什么一致决定:要给消费者包税(说多了都是泪)》(2016 年 4 月 11 日),搜狐网,https://www.sohu.com/a/68709621_115714,最后浏览日期:2017 年 7 月 14 日。
⑤ 《跨境电商税收新政满月:对电商企业影响明显》(2016 年 5 月 9 日),央广网,http://finance.cnr.cn/txcj/20160509/t20160509_522091084.shtml,最后浏览日期:2017 年 7 月 14 日。
⑥ 《跨境电商税制新政昨天起实施　进口奶粉紧急下架》(2016 年 4 月 9 日),新蓝网,http://i.cztv.com/view/11996997.html,最后浏览日期:2017 年 6 月 18 日。

续 表

时间	发文机构	政策名称	主要内容
2016年4月15日	财政部、发改委、工信部、环保部、农业部、商务部、中国人民银行、海关总署、国税总局、质检总局、新闻出版广电总局、食品药品监管总局、濒管办	13个部门发布《关于公布跨境电子商务零售进口商品清单(第二批)的公告》	补充"正面清单"中部分商品的"备注"
2016年4月15日	财政部	《跨境电子商务零售进口商品清单(第二批)》有关商品备注的说明	就"正面清单(第二批)"备注2"依法需要经过注册或备案的医疗器械、特殊食品(包括保健食品、特殊医学用途配方食品等)"进行说明
2016年4月15日	财政部	跨境电子商务零售进口商品清单(第二批)公布；财政部关税司有关负责人就舆论关切的问题进行解答	介绍清单有关情况,并对跨境电商零售进口税收政策实施一周以来舆论关切问题进行了解答

海关总署迅速要求各关每周上报业务情况,澄清不实流言,加强舆论引导,并于4月15日紧急下文,"不论是否属于'正面清单'范围,均允许电商企业免于补领许可证和通关单,直至售完"①,为商家解了燃眉之急,是对新政执行细节的变通之举。

但质检总局不肯妥协,于5月15日发布政策解读,辩称应依法签发通关单,对电商界关于新政仅是按"货物"征税、而非按"货物"监管的诉求依然有较大差距,更与质检总局一年前的"负面清单"管理方式背道而驰。②

4. 国务院高层压力下新政过渡期出台

当4月13日晚少数企业和地方官员"闹到了国务院"后,③对新政的调整

---

① 海关总署办公厅:《跨境电商税制新政昨天起实施 进口奶粉紧急下架》(2016年4月15日),华律网,https://www.66law.cn/tiaoli/33126.aspx,最后浏览日期:2017年9月20日。
② 质检总局:《质检总局关于跨境电商零售进口通关单政策的说明》(2016年5月15日),雨果跨境网,https://www.cifnews.com/article/20416,最后浏览日期:2017年9月20日。
③ 南方周末:《"从来没有见过这么着急的政策" 跨境电商的"熔断日"》(2016年4月21日),优宜趣网,http://www.ueq.com/news/media/news_ac_7.shtml,最后浏览日期:2017年9月20日。

上升至国务院层面。4月18日开始,国务院办公厅多次召集各部委进行调研和座谈,听取企业意见,"多数部委对跨境电商进口的表态仍然积极,也有个别部委相关负责人还是坚持老观点,要求向一般贸易看齐,无论是税率还是监管"①。

调研报告上报后,财政部迅速会同有关部门起草了过渡期方案。之后海关总署5月24日下发通知,10个试点城市暂不执行新政的监管要求,给予市场一年的"缓冲期",被普遍认为是对新政的局部调整。

5. 新政过渡期一再延长,政策试验进入"以点促面逐步推广"阶段

2016年5月开始,商务部获得了主导权,多次调研,不断出台新的措施和公开发声,展现了一直以来对跨境电商"不能求全责备,不能管得太死,允许它试错"的态度。② 2016年11月后,商务部提前半年宣布将原定于2017年5月截止的新政过渡期进一步延长至2017年年底,③牵头发布《电子商务"十三五"规划》。2017年3月,商务部宣布新的监管模式将于2018年1月1日正式实行,搁置对跨境电商进口商品属性的争议,在过渡期内按照"个人物品"实际监管。

之后一年内,浙江省、杭州市分别发布实施《浙江省跨境电商管理暂行办法》《杭州市跨境电子商务促进条例》,提供地方性法律保障。《中华人民共和国电子商务法》也被加速于2018年8月31日由第十三届全国人民代表大会常务委员会第五次会议通过。

2017年9月20日,国务院常务会议决定扩大设立新的综合试验区,将过渡期政策再延长一年至2018年年底,并加快完善相关制度。④ 2017年11月27日,根据国务院常务会议的决定,商务部等14个部门发文,向全国复制推广"六体系""两平台"的成熟经验做法,标志中国跨境电商正式进入试点工作的最后阶段——"以点促面逐步推广"。在政策扶持下,这一阶段的跨境电商发展回到之前的快速发展轨道。

---

① 东方热线:《海淘新政或迎调整:免税不会重来 可能设缓冲期》(2016年5月8日),搜狐网,https://www.sohu.com/a/74133173_120669,最后浏览日期:2017年8月17日。
② 方枪枪:《商务部官员谈跨境电商方向性问题:不能求全责备,不能管得太死》(2016年1月9日),澎湃新闻网,https://www.thepaper.cn/newsDetail_forward_1418703,最后浏览日期:2021年8月2日。
③ 《瞭望东方》周刊:《跨境电商零售进口不会完全照搬个人物品监管模式》(2017年4月28日),搜狐网,https://www.sohu.com/a/137055877_157514,最后浏览日期:2017年9月20日。
④ 蒋佩芳:《跨境电商试验区将扩容监管过渡期再延一年》(2017年9月21日),每日经济新闻网,http://www.nbd.com.cn/articles/2017-09-21/1149535.html,最后浏览日期:2021年7月20日。

三、问卷调查与访谈分析:政策网络视角下影响中国跨境电商政策的因素

本部分根据问卷调查和重点访谈数据,运用政策网络理论对中国跨境电商政策网络的调整与再调整过程开展分析,回答"谁推动了新政出台""矛盾如何发生""新政过渡期政策为什么会出台"三个问题,展示中国政策试验的不断调整的"螺旋式上升"路径。

(一)初期政策试验顺利发展的前提

初期高速发展阶段的关键是海关总署在政策网络的主导地位得以较早确立,并且不受干扰地推行创新性政策,对市场予以扶持。

1. 海关总署逐渐成为跨境电商政策社群的主导者

2011年,发改委牵头开展国家电子商务示范城市活动时,政策网络的类型偏向政策社群,属于府际网络,海关总署不在联合发文机构之列。图3为2011年国家电子商务示范城市活动的政策网络。

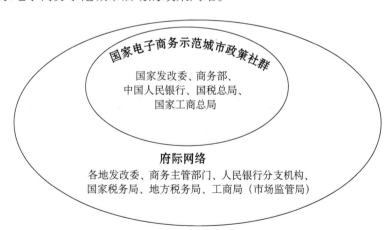

图3 2011年国家电子商务示范城市活动的政策网络

2012年3月,在扩大后的国家电子商务示范城市政策网络中,海关总署成

为跨境电商次系统的主导者。图 4 为 2012 年 3 月的国家电子商务示范城市政策网络。

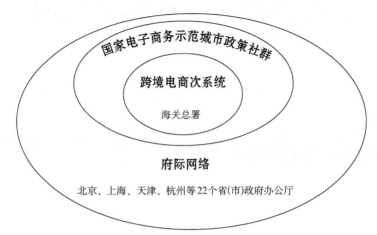

图 4　2012 年 3 月的国家电子商务示范城市政策网络

2012 年 5 月,国家电子商务示范城市电子商务试点专项启动,"国家电子商务示范城市电子商务试点——6 个中央部门政策性试点(二级政策社群)——10 个试点城市应用性试点(三级府际网络)"的垂直性政策网络开始出现(如图 5 所示)。

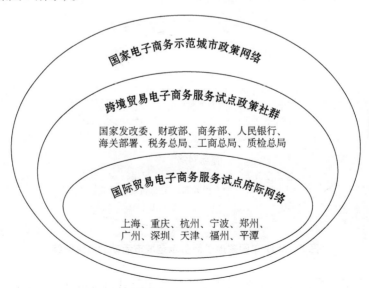

图 5　"国家电子商务示范城市"试点背景下的跨境电商政策社群

2. 政策社群对市场予以充分扶持

2012年年底,跨境电商政策试验正式启动,海关总署在政策社群中的主导作用充分发挥,"扶持的力度不低"(受访者1号)。在此期间,其他部委虽有参与,但主要以接受海关总署发起的跨部门协作为主(如图6所示)。

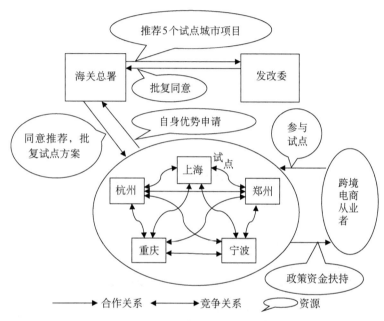

图6 2013年前后的跨境电商政策社群

海关总署推动跨境电商政策试验中所作的努力,被认为是2016年之前对跨境电商推进作用最大的部门。

3. 新加入成员积极贡献政策资源

2015年3月中国(杭州)跨境电商综试区成立后,以质检总局为代表的其他相关部门纷纷积极进入政策网络,出台本部门的扶持政策,图7呈现了中国(杭州)跨境电商综试区成立后的政策网络。

质检总局建立的"负面清单"管理制度让大多数进口商品无须申领通关单,使跨境电商较传统一般贸易获得了"更大的市场准入优势"(受访者4号),成为推动跨境电商高速发展的重要政策资源。

综上所述,图8呈现了2011—2016年中国跨境电商政策网络关系。

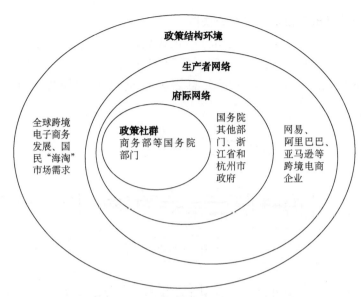

图7 中国(杭州)跨境电商综试区成立后的政策网络

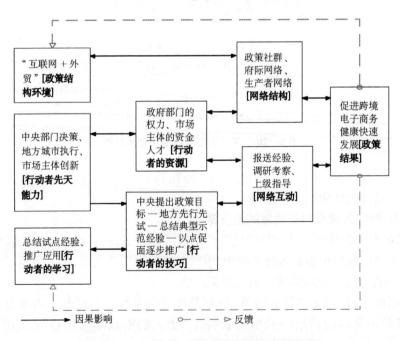

图8 2011—2016年中国跨境电商政策网络关系

资料来源：改编自 David Marsh and Martin Smith,"Understanding Policy Networks: Towards a Dialectical Approach", *Political Studies*, 2000, 48(1), pp.4-21。

（二）政策试验冲突的产生

由于部分中央部门从自身职能和利益角度出发,对跨境电商在税率、监管方面提出了不同意见,相对受损的传统贸易商也参与到议题网络之中发出反对之声,当短时间内政策社群的结构扩大过快时,政策网络内部的相互依赖关系失衡并出现剧烈冲突。图9为"4.8"新政之前的跨境电商政策网络。

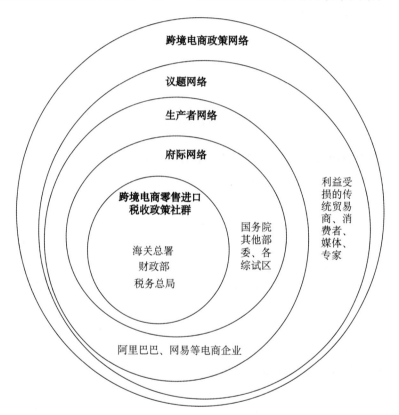

图9 "4.8"新政之前的跨境电商政策网络

1. 驱动新政的因素分析

跨境电商零售进口税收政策社群初期三大成员均有调整政策的需求。财政部和税务总局关注的核心议题是税收。图10是基于问卷调查对促使新政出台的因素的结果呈现。

府际网络内各试点城市先行先试的措施并不一致,"监管尺度有紧有松"(受访者6号),客观上出现了政策高地与洼地,造成地区之间不公平竞争。

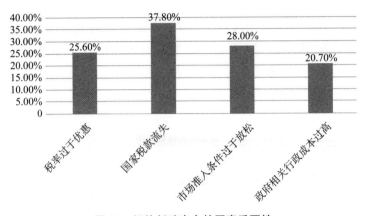

图10 促使新政出台的因素重要性

2. 导致新政发布后产生政策冲突的因素分析

"正面清单"的制定和发布过程问题颇多,反映了政策调整过程中政策网络内部关系的失衡。基于问卷调查可知,超过一半的受访者认为会签环节耽搁导致"正面清单"发布过晚。具体而言,新政发布后产生政策冲突的原因如下。

(1) 政策社群内部协调难度急剧加大。新政发布与生效时间仅间隔两周,参与"正面清单"的部门却从3个上升为11个。当各部门的监管要求被简单添加到清单内时,生产者网络中只要任何一点未符合要求,面临的就是全面停摆。

(2) 政策社群与生产者网络之间地位不对等。自2015年9月以来,政策社群便将新税制文件征求意见版本发给部分电商企业,但未能与企业达成一致。新政出台前政策社群与生产者网络之间虽有调研沟通,但发起调研的主导权依然在政策社群手中。

(3) 能够提供专业意见的专业网络尚未成型。具有跨境电商专业性知识与技能并进入跨境电商政策研究领域的学者和组织依然为数不多。

(4) 议题网络内部意见存在分化。媒体主要扮演决策部门试探市场的传声筒,[1]传统贸易商反对跨境电商,消费者获益但并不关心背后政策,学者态度

---

[1] 中国电子商务研究中心:《海关总署:明年将出台进口税收政策》(2016年2月15日),网经社网,http://www.100ec.cn/detail-6311829.html,最后浏览日期:2017年9月27日。

支持与反对并存。

因此在"正面清单"的制定过程中,临时扩大的跨境电商零售进口税收政策社群与市场协同失灵,引发政策冲突。

综上所述,图 11 为"4.8"新政推出时的跨境电商政策网络关系。

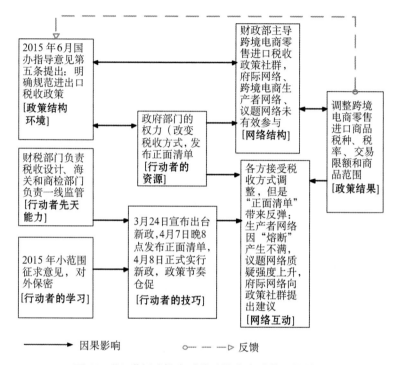

图 11 "4.8"新政推出时的跨境电商政策网络关系

资料来源:改编自 David Marsh and Martin Smith,"Understanding Policy Networks: Towards a Dialectical Approach", *Political Studies*, 2000, 48(1), pp.4-21。

(三) 对政策试验冲突的调和

2016 年 5 月,新政过渡期政策出台,"正面清单"被暂缓执行。这一变化源于政策网络内部的"冰冻"对立局面由于更高层压力的介入而改变。

1. 驱动新政被调整的因素分析

(1) 政策网络各方反馈"正面清单"存在缺陷。"正面清单"本身不符合消费者多元化的需求,热卖商品的许可证要求短期内无法达到。海关、商检等一线监管部门面临"执行难"的问题,部分监管要求可操作性为零。

（2）政策社群成员（海关）与府际网络（省市政府）向网络外的高层（国务院）迅速反馈。协同运用好政策网络与市场、官僚制三种治理手段并非易事。当政策网络达成内部协议后合作反而可能被削弱，而在责任分散化带来的"多只手的问题"影响下，网络主导者开展政策学习的动机并非一直强烈，也许只能靠政策网络之外的更高权威才能迫使网络主导者开展调整。

（四）驱动新政过渡期两度延长的因素分析

1. 国务院高层重视跨境电商试点工作

针对国务院关于跨境电商试验工作的态度，多数（65%）认为国务院持扶持为主的态度。

2. 新的政策社群主导者吸取前任教训

不同于财政部，商务部新闻发言人多次表示要"促进跨境电商零售进口平稳健康发展"[1]。

3. 网络成员反思与疑虑并存，持续发声

生产者网络依然担心过渡期结束后"靴子落地"，积极与各部委沟通。人民日报、省市政府、专家学者纷纷提出，政府的监管思维也应该基于互联网思维更新，不能用传统理论、管理方式对待新生事物。[2]

在上述因素的共同作用下，跨境电商政策网络内部关系重新趋向缓和，跨境电商政策试验进入"以点促面逐步推广"的最后阶段。

四、推动中国政策试验平稳发展的政策建议

政策试验是一种带有巨大的不确定性的政策过程，参与试验的各方不断在政策网络内部进行博弈妥协，地方的政策试验经验可能被中央采纳推

---

[1] 《商务部新闻发言人关于延长跨境电商零售进口监管过渡期的谈话》（2016年11月15日），中华人民共和国商务部网站，http://www.mofcom.gov.cn/article/ae/ag/201611/20161101760012.shtml，最后浏览日期：2017年9月27日。

[2] 谈俊：《跨境电商：e国际贸易发展趋势——第八十三期"经济每月谈"综述》，《经济研究参考》2016年第31期，第93—95、99页。

广,也可能被上级认为"试错"而全部或部分终止。对试验评估起主导作用的上级可能是一个或多个中央部门,上级部门掌握"摸着石头过河"的评判权意味着"试对"与"试错"之间存在大幅空白地带。政策网络内部冲突后重新达成妥协,继而对试验进程和政策目标进行修正调整后继续推进试验也是中国政策试验的重要组成部分和方法,而中国政策试点"松紧带"现象与"走一步,看一步……重要的是走一段就要总结经验"的渐进式探索方针也在某种程度上休戚相关。因此,本文建议从如下方面保障政策试验的平稳发展。

（一）保持政策社群主导部门的稳定化和明确化

强制政策社群主导者在政策网络成员共同认同的规则内发起政策倡议,以此建立信任促进联系,防止整体性、系统性、协同性强的政策试验走向碎片化、线性化、部门化。

（二）避免政策网络出现"多只手的问题"

尊重生产者网络在政策网络内的话语权,畅通利益诉求渠道,建立信息扩散接收长效机制,推动建立理性客观的专家网络。

（三）构建良性网络博弈机制

对政策试验进行调整前,必须充分考虑各方利益的保障和补偿诉求,注意全面开展调研,与利益相关方提前充分沟通,预留适应和调整时间,建立合理表达利益、合理分摊改革成本、良性网络博弈的机制,使市场在资源配置中起决定性作用。

（四）优化政策网络学习机制

充分运用人工智能、大数据分析等新科技,在政策试验中引入量化模型,开展政策推演,提升政策试验的科学化、程序化和规范化。

（五）建立鼓励创新的政策试验评判标准

　　树立鼓励创新的政策试验评判导向，加快建立政策试验试错容错机制，强化对基层改革创新成果的推广和制度固化，加强对基层政策试验的正向激励，提升政策调整过程的公开性、透明性、民主性。

［论文指导老师：张　平　田德明］

我国共享汽车的政府扶持与政府监管研究

胡雯君[*]

【内容摘要】 近年来,共享汽车的迅速兴起和发展,有效填补了城市通行中共享出行方式的空白,提升了车辆的使用效率,成为整个城市公共交通的延展和补充"新供给",但同时也面临着诸多问题。本文认为政府的大力扶持和及时监管并举对共享汽车的发展至关重要,且缺一不可。首先,本文通过整理当前我国已出台的国家层面和地区层面的扶持和监管政策,对比共享汽车发展现状,分析已取得的效果,重点比较实际问题和政策的缺口,即要分别明确进行扶持和监管的内容,为建议制定扶持和监管政策提供基础。其次,本文通过系统全面地整理国内外已取得良好效果的先进政策制定和实施经验,结合我国发展实际,总结、优化可复制的扶持和监管实施方法。再次,在研究扶持和监管政策建议时,充分结合政府扶持及监管并举相关理论与实践相结合,进行理论的实际应用拓展。最后,探索我国政府对共享汽车扶持与监管并举的对策建议。

【关键词】 共享汽车;政府扶持;政府监管

一、问题提出与文献回顾

(一) 问题提出

改革开放40多年来,我国经济运行持续活跃发展,尤其是1991年后进入快速增长期,全国汽车保有量不断上升。汽车的大量使用在给现代社会发展和人们生活流动性需求作出重大贡献的同时,也造成石油能源加速消耗、汽车尾气排放加速加重环境污染、城市道路交通加剧拥堵等问题。异军突起的共

---

[*] 胡雯君,2018届MPA毕业生,就职于中国人民政治协商会议上海市嘉定区委员会。

享汽车正以更高效率、更少污染有效缓解城市交通压力,成为整个城市公共交通的延展和补充"新供给"。

在任何一个国家,每当新兴事物快速起步抢滩市场的时候,往往会出现政府扶持与监管的盲区。具体到中国,扶持共享汽车可以解决我国的实际问题;而监管共享汽车是因为如果不加以约束,它会带来新的社会问题。如何在共享汽车发展的起步阶段,"未雨绸缪"地做到扶持和监管双管齐下,使其在有序的规则范围内,更好地解决城市的交通出行问题,亟待政府进一步破题。

本文试以共享汽车的政府扶持与监管为研究对象,通过对国内外共享汽车模式的全面梳理和比较,厘清我国共享汽车行业的发展现状、已出台政策及问题缺口,并借鉴国外先进经验,探索我国政府扶持与监管并举发展共享汽车的对策建议,为及时出台相应政策法规提供有益的建议。

(二) 文献回顾

1. 共享汽车概念界定

随着 P2P 拼车、P2P 租车、网约车和分时租赁四种传统共享汽车模式自身的发展,以及经历市场和社会发展的重重考验,分时租赁模式的更便捷、更低碳、更安全等优势逐步体现。2017 年 6 月 1 日,我国交通运输部发布《关于促进汽车租赁业健康发展的指导意见(征求意见稿)》,首次对共享汽车进行了明确的定义:分时租赁,也称为汽车共享,是以小时、分钟为计价单位,使用 9 座及以下小型客车,利用互联网等新一代信息技术网络服务平台,为用户提供自助车辆预订、车辆取还、费用结算等方式的汽车租赁服务。本文讨论的共享汽车为分时租赁模式的共享汽车。

2. 国内共享汽车主要研究成果

(1) 共享汽车引入阶段的研究成果。国内较早引入共享汽车概念的学者夏凯旋等详细分析了国外共享汽车服务利弊、成本收益、市场开发和政府措施等,认为我国人多地少,人均能源匮乏,应研究和逐步推广共享汽车服务,使之成为我国现有公共交通工具的补充形式。[1] 薛跃等总结了共享汽车的发展历程和分类体系,并对其社会经济特性和消费者行为进行了深入研究,强调了其

---

[1] 夏凯旋、何明升:《国外汽车共享服务的理论与实践》,《城市问题》2006 年第 4 期,第 87—92 页。

在我国值得推广的结论等。①

（2）共享汽车发展阶段的研究成果。周远树认为,共享汽车模式的创新支撑了"知豆"等新能源车企销量的不断增长,迎来了巨大的市场机遇。② 王茜等结合我国以新能源汽车为主流车型的共享汽车现状,基于 SWOT 分析法得出结论:共享汽车系统运转与城市运营协同发展是共享汽车落地的关键。③

（3）共享汽车优化阶段的研究成果。孔德洋等针对共享汽车供需不平衡的问题,提出了优化布局、多手段人工调度及进行动态定价的策略。④ 陈蓓等认为通过手机 App 系统的深入研究和设计,可以实现系统与用户的有效交互,促进共享汽车的发展等。⑤

3. 国外共享汽车的主要研究成果

共享汽车起源于美国,苏珊·沙辛（Susan A Shaheen）是早期研究的代表学者,她与合作者认为行业集聚度的提高、消费者不断提升的共享理念、影响评估和有效的政策支持都会有效助力共享汽车的发展。⑥ 英国的 N.T.费洛斯（N. T. Fellows）等提示政策制定者们推广共享汽车的可行性,特别是在提供一些奖励扶持的基础上。⑦

4. 文献小结

总体来看,国内外现有对于政府扶持与监管并举发展共享汽车的研究成果较少。对于政府如何扶持与监管并举发展共享汽车亟待更多深入的思考和研究:如何在国家层面对共享汽车行业的发展进行有效引导和干预,充分调动和分配资源,扶持企业创新发展;如何在行业背后设立规则,有效消除企业负外部性,使共享汽车更好地服务于社会。

---

① 薛跃、杨同宇、温素彬:《汽车共享消费的发展模式及社会经济特性分析》,《技术经济与管理研究》2008 年第 1 期,第 54—58 页。
② 周树远:《新能源汽车产业现状与发展前景》,广东经济出版社 2015 年版,第 136 页。
③ 王茜、方华:《新能源汽车分时租赁 O2O 模式研究》,《电子商务》2016 年第 11 期,第 1—6 页。
④ 孔德洋、王敏敏、马丹:《电动汽车分时租赁动态定价策略研究》,《上海汽车》2017 年第 1 期,第 38—43 页。
⑤ 陈蓓、马万经:《基于 App 的电动汽车分时租赁激励调度系统研究》,第十一届中国智能交通年会学术委员会主编:《第十一届中国智能交通年会大会论文集》,电子工业出版社 2016 年版,第 416—425 页。
⑥ Susan Shaheen, Adam Cohen and Roberts Darius, "Carsharing in North America: Market Growth, Current Developments, and Future Potential", *Transportation Research Record*, 2006, 1986(1), pp.116-124.
⑦ N. T. Fellows and David Pitfield, "An Economic and Operational Evaluation of Urban Car-Sharing", *Transportation Research Part D: Transport and Environment*, 2000, 5(1), pp.1-10.

二、我国共享汽车的发展现状及政策问题分析

(一) 我国共享汽车行业的发展现状

1. 行业发展特点

(1) 行业发展规模不断扩大。普华永道与《南方周末》进行的中国共享汽车现状与趋势调查显示,截至 2016 年年末,行业内现有规上企业 31 家,总车辆规模约 3 万辆。其中,有 3 家规模超过 5 000 辆的共享汽车企业;14 家规模在 1 000—5 000 辆;6 家规模在 500—1 000 辆。① 半数以上企业是在 2016 年之后成立的。

(2) 上线城市不断增加。国内的共享汽车布局主要集中在限牌限购的一、二线城市。其中,北京有 15 家共享汽车企业进行网点建设,布局在上海、广州和深圳的共享汽车企业数量分别是 7 家、6 家和 6 家。从投放车辆数来看,2017 年,共享汽车投放车辆最多是上海和重庆,总量均超过 1.5 万辆。

(3) 九成使用新能源车型,七成车辆来自整车厂商。② 由于共享汽车进入我国市场的时间点正好是国内新能源汽车发展的起步时期,且新能源汽车在使用成本上比汽(柴)油车更具优势,所以新能源车型成为中国共享汽车市场的主导车型。

(4) 社会效应良好。按照全国共享汽车 3 万辆,私家车替代率为 1∶8 的比例计算,可以减少大约 35 万辆私家车上路。③ 60%以上的受访者看好共享汽车的未来发展,对其认可度也在不断提升。

(5) 行业逐步进入整合期。从 2011 年起,经过 6 年的发展,行业已经逐

---

① 《普华永道 & 南方日报:2017 中国共享汽车现状与趋势报告》,中国互联网数字资讯网,http://www.199it.com/archives/608941.html,最后浏览日期:2021 年 8 月 13 日。

② 星辰大海的长号:《共享汽车公司靠谱么?》(2017 年 5 月 18 日),搜狐网,https://www.sohu.com/a/141526314_749313? spm=smpc.author.fd-d.15.16195978872419tLZGwU,最后浏览日期:2021 年 6 月 25 日。

③ 普华永道:《2017 中国共享汽车现状与趋势报告》(2017 年 7 月 23 日),搜狐网,https://www.sohu.com/a/159321048_233844,最后浏览日期:2021 年 6 月 25 日。

步进入洗牌期,并有越来越多的资本进入共享汽车行业。

2. 行业发展制约成因分析

(1)企业整体营利较难。共享汽车企业所要承担的成本包括整车购置成本、车位租赁成本、车辆折旧成本、线下运维人员成本、研发开发成本、整车厂车联网硬件安装、用户使用不当造成的维修成本、保险成本等。投资回报周期较长,95%的共享车企处于烧钱状态。

(2)行业集中度不高。注册运营共享汽车的370家企业中,除了不足百家的规上共享车企,大部分都是中小微企业,行业发展集中度不高;网点数量少、车辆数少;企业没有互联互通,甚至还出现充电安全问题和个别恶意骗补的情况。

(3)核心技术不够成熟。在车用动力电池方面,我国自主研发能力不强,尚未突破传统代工厂式的发展模式,且汽车充电桩很多都是慢充口,大大降低了车辆的使用效率。

(4)公共配套设施不完善。一是充电难问题,包括充电桩闲置、油车占位、充电桩间不能兼容或互联互通的问题。二是停车难问题,如停车位资源极为紧张、租金较贵、网点车位设置成本很高等。

(5)事故风险隐患较大。共享汽车在实际车辆上并没有相应的用户身份审核设施,使用风险大大增加。同时也没有实现征信体系的全覆盖。

(二)我国现有的扶持与监管相关政策及问题分析

1. 扶持政策

在国家层面,自2001年起共出台42项主要扶持政策,经分类,其中宏观政策方面10项、行业管理方面3项、推广应用方面13项、税收优惠方面3项、科技创新方面4项、基础设施建设方面9项,详见表1。

表1 我国国家层面扶持政策一览(节选部分)

序号	出台时间	文件内容
1	2001年	科技部"863计划"
2	2005年	优化汽车产业结构、促进发展清洁汽车、电动汽车政策措施
3		确定国内首批电动汽车示范运营城市
4	2006年	"新消费税"

续 表

序号	出台时间	文件内容
5	2011年	《国民经济和社会发展第十二个五年规划纲要》
6		《"十二五"科学和技术发展规划》
7		《外商投资产业指导目录(2011年修订)》
8		《党政机关公务用车选用车型目录管理细则》
9		《中华人民共和国车船税法》
10		中德建立"电动汽车战略伙伴关系"
11		《"十二五"产业技术创新规划》
12		《关于进一步做好节能与新能源汽车示范推广试点工作的通知》
13	2013年	《关于继续开展新能源汽车推广应用工作的通知》
14	2014年	《关于加快新能源汽车推广应用的指导意见》
15		《政府机关及公共机构购买新能源汽车实施方案》
16		《关于免征新能源汽车车辆购置税的公告》
17		《关于电动汽车用电价格政策有关问题的通知》
18	2015年	《中国制造2025》
19		《关于加快推进新能源汽车在交通运输行业推广应用的实施意见》
20		《关于2016—2020年新能源汽车推广应用财政支持政策的通知》
21		"国务院常务会议"
22		《关于加快电动汽车充电基础设施建设的指导意见》
23		《电动汽车充电基础设施发展指南(2015—2020年)》
24		《关于进一步完善机动车停放服务收费政策的指导意见》
25	2016年	"十三五"充电设施奖励政策公开征求意见
26		《"十三五"国家战略性新兴产业发展规划》
27		《关于调整新能源汽车推广应用财政补贴政策的通知》
28		新能源汽车专用号牌启动发放
29	2017年	《关于促进小微型客车租赁健康发展的指导意见》

资料来源:笔者根据财政部、科技部、发改委等部委网站资料整理制作本表。

在地方层面,各省市纷纷根据国家层面政策配套出台扶持政策(详见

表2）。截至2017年年底,全国已有49个地区(含16个省会城市)出台了包括新能源汽车补贴在内的共享汽车相关扶持政策,覆盖全国4个直辖市、14个省份和1个自治区,占全国34个省级行政区的55.9%。

表2 我国地方层面明确扶持共享汽车政策一览

直辖市/省/自治区	出台文件
北京市	《北京市电动汽车推广应用行动计划(2014—2017年)》
上海市	《关于本市促进新能源汽车分时租赁业发展的指导意见》
天津市	《新能源汽车产业发展三年行动计划》
重庆市	《重庆市关于加快新能源汽车推广应用的实施意见》
山东省青岛市	《青岛市新能源汽车产业发展规划》
陕西省	《关于加快新能源汽车推广应用的实施意见》
江苏省	《江苏省"十三五"新能源汽车推广应用实施方案》
浙江省	《浙江省新能源汽车产业"十三五"发展规划》
海南省	《海南省关于大力推广应用新能源汽车促进生态省建设的实施意见》
湖南省	《湖南省2016—2020年新能源汽车推广应用奖补政策》
山东省泰安市	《泰安市关于加快新能源汽车推广应用的实施意见》
吉林省	《关于进一步促进新能源汽车加快发展的政策意见》
安徽省	《安徽省关于加快新能源汽车产业发展和推广应用的实施意见》
安徽省	《合肥市新能源汽车推广应用财政补助管理细则》
河南省	《关于加快新能源汽车推广应用及产业化发展的实施意见》
甘肃省	《甘肃省新能源汽车推广应用实施方案》
江西省南昌市	《2016—2020年南昌市新能源汽车推广应用实施方案》
河北省	《河北省加快新能源汽车产业发展和推广应用若干措施》
云南省	《云南省关于加快新能源汽车产业发展及推广应用若干政策措施的意见》
内蒙古自治区	《关于加快新能源汽车推广应用的实施意见》
广东省	《广东省关于加快新能源汽车推广应用的实施意见》

资料来源:笔者根据各地政府出台的扶持共享汽车的政策信息整理制作本表。

2. 现有扶持政策问题分析

（1）直接补贴缺位，企业盈利难。在国家层面的扶持政策中，直接鼓励发展姗姗来迟，加之文件没有出台具体的管理细则和鼓励办法，使得政策难以实际推行。地方层面多数是在汽车牌照、不限行、停车费等方面给予优惠，明确补贴共享企业运营、网点建设的实际政策寥寥无几。

（2）新能源扶持政策普惠，车企良莠不齐。由于补贴政策密集出台，新能源汽车企业数量猛增且良莠不齐，拼凑组装、恶意骗补事件时有发生，给汽车使用和行业发展带来隐患。

（3）创新扶持偏少，缺乏核心技术。研发扶持的政策少，车辆续航里程短、充电时间长，车企核心技术的缺乏直接影响车辆的品质和用户体验。

（4）政策执行困难，配套设施难建。停车场与充电桩分属不同部门主管，导致政策执行困难。公共停车位资源紧张、租金贵等现状制约共享汽车推广。

（5）联通平台缺失，行业资源浪费。在国家层面的 42 项政策中，行业管理政策仅占 3 席，且均为针对新能源汽车的产业联盟。在地区层面的政策中，仅上海市成立了上海市新能源分时租赁企业联盟。共享汽车企业间没有互联互通的平台，不利于行业发展。

3. 监管政策

在现有的共享汽车监管政策中，国家政策和地方政策总体出台较晚，且数量较扶持政策少，主要集中在标准制定、工作考核和车辆安全上。

4. 现有监管政策问题分析

（1）准入政策模糊，行业集中度低。国家和地方层面均没有对共享汽车企业的准入有特定明确的规定，使行业鱼龙混杂，质量参差不齐，资源分散，不利于技术标准和产业发展步伐的统一，也难以形成规模经济效应。

（2）诚信体系缺失，安全风险增大。国家层面没有针对或介入共享汽车行业的特定诚信体系。地区层面仅广东省要求必须安装车载终端等远程监控设备，并出台不良信用记录共享管理制度。仅通过企业现有的注册流程和用户审核途径难以降低冒名驾驶、车辆剐蹭、不交罚单等使用风险。

（3）保险政策不完善，事故赔付难。当前政策中尚无针对共享汽车保险和事故处置方面的监管政策。共享汽车的保险缺乏从承保到理赔的统一指标和考核体系，导致在出现事故时难以顺畅处置和理赔。

（4）监管平台空白，行业管理松散。在国家层面政策中，尚无共享汽车平台监管政策。在地区层面政策中，仅上海市建立了新能源汽车公共数据采集平台，不利于整体城市交通出行的规划与控制。

（三）以上海为例的共享汽车政策扶持与监管分析

1. 上海地区共享汽车总体发展情况

2011年1月,科技部正式批复确定上海市为中国电动汽车国际示范城市,嘉定区为电动汽车国际示范区。目前经过市政府认可的共享汽车品牌有EVCARD、格林出行和微公交三家拥有运营牌照的企业,均享受了国内最早批次、最大部分的政府扶持,并接入政府监管平台。

2. 上海地区扶持与监管政策优势

（1）政策补贴支持。上海市在2016年2月发布《关于本市促进新能源汽车分时租赁业发展的指导意见》,成为国内第一个直接对共享汽车出台鼓励措施的城市,补贴力度大,并鼓励各区政府出台相应的配套政策。

（2）市区联动推广。2015年10月,上海国际汽车城在静安区启动申城中心城区首个电动共享汽车租赁网络,并迅速成为热门商圈、园区、旅游景点区、党政机关的"绿色捷运"。2016年1月,EVCARD又在崇明三岛铺开共享汽车网络,使运营区域不断扩大,实现了市内16个区的全覆盖。

（3）公共停车位支撑。上海市政府大力支持共享汽车公共停车位免费租借。2017年启动了市政府实事项目——创建停车资源共享利用示范项目,针对已建住宅小区、医院、学校等重点区域的"停车难"问题,推动错时利用周边公共、专用等各类停车资源,有效缓解了共享汽车停车难的问题。

（4）车辆上牌扶持。上海市政府对共享汽车申请车辆牌照原则上优先且按需核发,每年安排发放额度不少于4 000辆,车牌免费上牌,号码统一由Y开头,申请牌照便利的优势显著。

（5）行业联盟建立。在市交通委等相关行业管理部门的推动下,2018年1月,上海市新能源分时租赁企业联盟成立,EVCARD任理事长单位,联合行业相关共享车企、整车制造及零部件企业、充电桩建设与运营企业、保险公司、停车场运营企业、技术服务企业、高校科研院所等单位,通过行业联盟的形式试水筹建全市统一的共享汽车服务平台,实现网点和车辆的联通互享。

（6）监管平台试水。2012年,上海电动汽车国际示范区新能源汽车数据采集与监控平台投入运营。2013年,市新能源汽车公共数据采集与监测中心挂牌成立,明确凡享受上海市地方基础设施补贴的单位,数据均需传送至该中心。2017年,上海新能源汽车数据平台上线启用,要求对本市销售的新能源汽车实施必要的远程实时数据动态监控。目前,该平台已实现国标数据的全接入,支持30万辆车的数据采集。截至2017年11月30日,上海市新能源汽车数据平台共接入61家车企,269款车型,近15.2万辆车,接入规模达到全球第一。①

3. 上海地区共享汽车扶持与监管政策问题分析

(1)扶持政策问题分析。一是在政策直接补贴上,上海启动早,补贴力度大,但企业营利问题仍然难以回避。在3家共享汽车企业中,仅EVCARD宣布在市内的3—4个城区的单区收益超过盈亏平衡点。二是在核心技术扶持上,上海的共享汽车车辆来源以上汽集团为主,研发以集团自行研发及与同济大学的产学研合作为主,车辆最大续航里程数距离世界先进水平仍有较大差距。三是在配套设施建设政策上,各区之间的公共停车位管理仍然存在一定区别,管理和使用体制尚需进一步统一。四是在联通平台上,要切实打破企业间的利益藩篱,真正实现共享车企间网点和车辆的互联互通,还需要政府加大扶持和协调的力度。

(2)监管政策问题分析。一是在企业准入政策上,上海尚未制定针对共享汽车企业准入的明确法规。作为直辖市,上海管理幅度小,层次少,推至全国,如果没有明确的准入规则,行业发展质量更难以保证。二是在诚信体系建设上,上海目前对使用新能源汽车的用户尚无公共信用信息查询规定,对用车人的约束能力极为有限。三是在保险政策和事故处置机制上,上海没有针对共享汽车保险和事故处理方面的监管政策,对共享车企为车辆购买车险也没有强制性规定。四是在监管平台上,上海共享汽车额度的发放数量与小客车额度总量控制尚未挂钩,由于上海汽车保有量巨大,且目前对新能源共享汽车的牌照予以优先发放,短时会对道路交通造成一定的压力,在车辆投放控制上欠缺整体考虑和实际管控。

应该说,上海市政府对共享汽车的扶持和监管政策在国内是数一数二的,很多政策和举措都是国内首创。但即便如此,仍然存在一些各地扶持和监管政策上的"通病",现细化对标如图1所示。

通过对标,可以更清晰地看到,共享汽车产业发展中出现的问题同时源于政府扶持和监管两者。目前,共享汽车发展刚刚起步,在很多方面都需要政府从政策到资金的全面扶持,帮助企业更好地获得收益,帮助行业站稳脚跟。在行业的发展中,同样需要政府未雨绸缪,提早启动相应的监督和管理,保证行

---

① 上海市新能源汽车数据平台:《数据中心阶段成果:15万辆汽车实时数据接入》(2017年12月1日),搜狐网,https://www.sohu.com/a/207892226_658096,最后浏览日期:2021年8月13日。

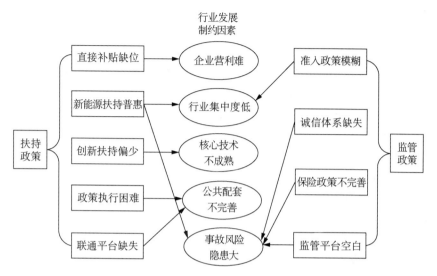

图 1 现有政策与行业发展制约因素细化对标

业的平稳发展。扶持和监管双管齐下应该成为政府面对包括共享汽车在内的各类新兴产业发展应取的态度。

三、共享汽车国外先进案例借鉴

（一）国外先进案例分析

1. 德国

截至2017年年初,德国共享汽车服务商数量大约有150个,分布在600个城市或乡镇,共享车辆数达到1.72万辆,用户数量达171.5万,其中固定站点式共享汽车注册用户126万,自由流动式共享汽车注册用户45.5万。① 究其原因,德国出台法律法规,明确政府从政策法规、技术研发、基建设施等方面扶持共享汽车,并对共享车位进行分类管理,是其行业得以快速且健康发展的重

---

① 《德国:在规范中"自由流动"(共享汽车在海外)》(2017年6月7日),人民网,http://world.people.com.cn/n1/2017/0607/c1002-29322264.html,最后浏览日期:2021年6月25日。

要推力和保障。

2. 法国

法国的共享汽车主要集中在巴黎市。2008 年,时任巴黎市市长贝特朗·德拉诺埃(Bertrand Delanoe)将 Autolib 作为一项政治主张提出,并委托波洛莱集团运营,通过政府扶持和监管,实现产业发展与公共服务的无缝对接。巴黎市政府对于 Autolib 的直接补贴扶持力度大、覆盖全,同时领导管理共享车企,强制要求共享车企购买车险及承担维修费用,为行业发展提供了强有力的支撑。

3. 日本

日本的"企业运营,政府入股"运营模式,既借力政府平台的扶持,又发挥了企业的管理优势,从而实现产业的健康发展。日本对共享汽车行业特有的"双重管理"也使得产业发展更为有序。

4. 澳大利亚

澳大利亚的共享汽车主要集中在悉尼市。悉尼市政府在 2011 年就针对共享汽车发展制定了政策,在扶持和监管政策,特别是监管政策制定上比较完善,能够较大限度地维护公共利益、发挥共享汽车的作用和效益、规范行业的发展。

(二) 案例分析小结

1. 扶持政策方面

前期,新能源汽车的大量利好政策给共享汽车发展提供了良好的"新生温床";在国外,德国政府出台法律法规、法国政府直接补贴共享车企、日本政府入股共享车企、澳大利亚政府主导企业运营等也是如此,特别是在加强技术创新方面,德国政府、法国政府走在前列,值得我国政府发展共享汽车行业借鉴。事实上,强调对企业技术创新的扶持在国内最近两年来对新能源汽车的扶持政策变化上已可见一斑:从一开始的普惠政策,到补贴政策逐步退坡,地方补贴大幅下滑,再到双积分考核政策酝酿出台,都是在倒逼企业加快核心技术创新,扶持更需要、更值得扶持的企业,提高政府扶持的效率。

同时,强化对创新企业和先进技术的扶持,能有效密切科技与经济之间的联系和转化,充分发挥创新对促进行业能级提升、经济发展和社会进步的能动作用,符合国家加快"建立以企业为主体、以市场为导向、产学研深度融合的技术创新体系"的创新驱动发展战略。如果能从共享汽车行业的起步阶段就强调和突出对企业技术研发、创新方面的扶持,其效果势必事半功倍。

2. 监管政策方面

共享汽车如何克服事故风险、短时间内城市道路资源占用等方面的负外部性,给政府公共资源的管理和调配以及社会诚信体系建设等带来新的考验和挑战。案例中,法国政府强制要求共享车企购买大额保险、承担维修费用,日本政府对共享汽车实行"双重管理",澳大利亚政府在共享汽车发展中充当主角,对共享汽车运营企业设置了各种严格的服务标准和运营要求,更大程度维护公共利益等做法,都是降低风险、维护行业有序发展的有益做法。

当然,监管也并不能"管死"。政府要重视市场机制的作用,建立与市场的合作关系。除了硬性的准入政策门槛和诚信类原则问题,监管主体的手段可以多元化,监管策略可以多样化,变监管为合作,促使共享汽车与监管规则高度融合、和谐发展,助力共享车企创造更大效益,为用户提供更好的用车体验,更大程度优化行业及社会资源配置。

3. 政府扶持与监管并举方面

国外的先进经验显示,政府的扶持和监管缺一不可。政府的扶持与监管并举也有利于两种政策叠加而发挥协同作用,形成"胡萝卜+大棒"的效果,推进行业的稳健成长。共享汽车是一种伴随着信息技术发展出现的新生事物,是当前人们易于接受的生活和出行模式,政府应在政策上给予适当的支持,同时规范相关企业的市场行为,建立"能容错、快纠错"机制,多方面做好政策储备,引导企业实现经济和社会效益双重发展的目标。

四、完善我国共享汽车发展的对策建议

(一)对政府扶持共享汽车发展的建议

1. 建立扶持共享汽车企业的政策体系

(1)建立部委协调机制,统一政策指导。在我国目前的"四部委"联合机制基础上,考虑纳入国家能源局、交通运输部和生态环境部等部门。同时,成立共享汽车协调平台,整合政府、新能源汽车制造企业、电池制造企业、大学或研发机构以及公交、道路管理、公安、汽车租赁等相关部门机构,形成分工明确的联合工作小组,共同开展产业发展顶层规划,制定扶持、指导政策,同时加强政策的可操作性研究,简化行政审批流程,推动产业更好更快发展。

(2) 对共享汽车企业给予直接补贴。建立针对共享汽车企业的扶持补贴机制,按照共享汽车企业年度发展绩效、车辆行驶公里数、推动行业发展力度、消费者及社会反馈等情况,给予直接补贴、减少税收、享受节能减排等环保优惠政策扶持,减轻企业的运营成本压力。

2. 提高扶持门槛及效率

(1) 提高扶持的门槛标准。更加充分地考虑企业在技术进步、促进产业发展和提质增效方面的作用。对扶持对象企业要设定车辆数、网点数、技术先进性等各方面的标准,过滤部分使用低端低速车型、单纯想依靠补贴而生存的企业,更加体现对优质企业和先进技术的支持,避免滥竽充数者"蒙混过关"。

(2) 对采购国内研发整车加大扶持。扶持企业跨行业与上下游企业合作,鼓励国内整车厂研发共享汽车用车,对采购国内研发的先进整车作为运营车辆的共享汽车企业进行补贴扶持,有力牵动共享汽车运营链条的转动。

(3) 对政策的执行效果进行评估。设置地方共享汽车扶持政策评估机制,主要由共享汽车企业、各相关部门、实际用车人构成。定期对政府扶持企业发展的实际效果进行反馈和评估,及时总结和推广成功经验,发现不适应地方地情的政策予以及时讨论、修改和再发布,提高政策执行的效率。

3. 加大技术创新鼓励和扶持

(1) 加大高新技术进步扶持。鼓励小型电驱动车辆研发,针对共享汽车电池、电机、整车研发、充电桩等核心技术的扶持,提升车辆续航能力。同时,加快互联网在共享汽车上的应用,大力发展新型电子技术与通信技术、车辆管理与调度系统、高精度地图、无人驾驶技术等,使共享汽车使用更可靠智能。

(2) 打通产学研连接通道。重视应用技术与研究的紧密结合,集聚共享汽车行业内的技术先进企业、研究机构和专业大学,通过政府"牵线",设立共同研发技术中心、联合实验室等技术研发机构。同时,鼓励大学院校设立相关专业,培养行业人才,形成相互促进的整体架构,加强产学研在技术研发和人员培养等层面的合作与交流。

(3) 深化企业横向研发协作和纵向整合。在横向上,支持企业与企业之间的合作,共享研究成果,实现协作发展进步,进一步提高我国汽车产品的质量和在国际市场中的综合竞争力。在纵向上,一要加强对汽车产业内供应链的整合力度,提升产业合作的效率;二要密切原料和原件供应商与整车企业间的协作关系,升级原件性能与质量,优化原料运输渠道;三要构建合理的产业合作网络格局,加强技术经验分享与交流,协作攻克技术难关,形成优势互补的技术研发战略格局。

4. 加快基础设施建设

(1) 扶持共享汽车企业自建网点。大力支持自建网点、充电设施的共享汽车企业。一方面,制定车辆与网点比例关系等控制(参考)指标体系,避免盲目建设;另一方面,进一步简化设置网点、充电桩的审批事项和流程。协调国家电力机构、相关物业企业为共享汽车企业网点、充电设施的建设提供便利,给予优惠电价等。鼓励共享汽车企业与充电服务企业、小区物业企业、停车场经营企业等合作,利用空余闲置资源,提供停车、充电等服务,并给予一定补贴扶持。

(2) 加快公共停车场及充电设施的建设。考虑由交通部门牵头,与相关部门形成合力,加快建设充电设施。研究设定车辆与网点指导配比,根据共享汽车的主要应用场景,在重要公交枢纽、政府机关、企业园区、大学城、居民小区、商圈购物中心、旅游城市酒店等区域,合理规划、按需设置共享汽车专用的公共停车位、充电点,并配置清晰的路牌标识。在道路资源本就紧张的一线城市内,支持推进占地少、成本低、见效快的机械式立体停车充电一体化设施建设,加快推广光伏充电一体停车位等新型车位使用,支持公共快充设施在加油站、停车场等地区的建设,有效解决共享汽车"停车难""充电难"的问题。

5. 推动行业互联互通服务平台建设

(1) 打造行业信息互联互通平台。汲取上海等行业发展较为成熟的地区经验,政府牵头打造共享汽车行业的信息互联互通平台,打破各企业之间技术和利益的壁垒,接入各共享汽车品牌的车辆、企业网点停车位、充电设置资源信息,推动行业内各企业在网点、车位、充电桩、车辆维护等方面形成特殊经营、连锁经营及企业战略联盟,实现充电桩、取还车点位的共享和实时预约功能。探索将各个企业产品进行集中,实现一张卡或让消费者交一次押金即可使用各类共享汽车。

(2) 接入公共信息平台。将行业信息平台连接至区域充换电设施平台、公共停车信息平台等,实现用电信息、公共停车信息的实时互联互通,满足用车人随时查看公共可充电设施及可停车位的需求。在原有平台的基础上,设计并实现部分数据对外开放接口,供相关单位和研究机构使用,为实时交通路况提供数据支撑。支持建立开放创新实验室,做好数据开放工作,探索"新能源汽车"+"大数据"的两大战略融合的发展道路,打造开放创新、跨界融合的行业特色。

（二）对政府监管共享汽车发展的建议

1. 提高行业准入门槛

（1）加快制定共享汽车企业的准入机制。探索共享企业准入许可制度，对经营性的共享汽车企业实行行政许可制度，即向经营单位、网络平台和租赁车辆核发许可证件，对企业最低车辆数、网点数、车辆标准等设定门槛，过滤为了资本运作和投资而进入市场的企业，通过行政许可手段对共享汽车发展规模进行合理的调控和必要的引导，形成一定行业集聚度。

（2）严格私家车进入共享汽车市场标准。尽快出台对于登记为"租赁"的私家车从事共享汽车业务的标准，加强车辆技术性能、安全检测、保险税费等方面的要求，更好保护用车人的生命财产安全和合法权益。

2. 建立安全和诚信体系

（1）严格落实本人使用制度。要求企业在用户注册阶段对用车人身份进行核实，首次使用前须当面验证用户身份。如果用户拒绝验证或者出现身份不明等情况，车企应拒绝为其提供服务。要求企业在车身配置身份核实、车载摄像、行车记录、安全报警、电子围栏等技术设备，有效记录用户的身份和使用行为等信息，且定期对车辆进行检查维护，避免共享汽车成为违法犯罪行为的工具。

（2）建立个人诚信体系。建立个人使用共享汽车诚信体系，持续开展风险评估工作，提高违规违章行为的识别率。对于使用过程中屡次出现交通违章且拖延不处理、故意破坏车辆等，行为进行不良信用的记录，录入诚信系统"黑名单"，供共享汽车企业间共享信息，采取拒不服务等措施，对用户行为起到约束、威慑作用。同时，探索接入社会整体诚信体系，为个人参与其他企业或社会行为提供依据。开展用户驾驶习惯和偏好研究，通过收集和分析用户驾驶行为数据，及时给予预警并开展针对性的安全教育。

（3）保护用车信息安全。一要对个人信息保护进行监管，主要涉及个人用户的电话号码、出行线路、会员账号密码、使用习惯等。二要对敏感信息或位置保护进行监管，如城市交通情况、地理位置等。一旦发现共享车企存在违反网络安全法、互联网信息服务管理规定等行为，或是缺乏健全的网络安全应对策略，任意搜集、保存、泄露或交易相关信息的行为，政府应予以直接处罚。

3. 完善保险政策和处置机制

（1）开发专属保险产品。开发与共享汽车业务特点和风险大小相适应的保险产品，并强制要求共享汽车配置。建立合理的保费机制，有效降低出险率及保费，如按用户租车时长来计算不计免赔费用，对一些长期使用共享汽车的用户可以推出年度不计免赔费用等机制。探索建立从承保到理赔的统一指标和考核体系，简化理赔流程和用时，一旦共享汽车出险后，可提供及时、高效、合理的保险理赔服务，切实保护好用车人的合法权益。

（2）建立共享汽车专属违章处置机制和意外事故保障体制。研究建立符合共享汽车行业特点的违章处置机制和意外事故保障体制。在违章信息查询环节，建立与共享汽车企业沟通渠道及信息接口，采用成员账户绑定驾驶证的认证方法，将订单使用过程中发生的违章行为直接关联到使用者个人。明确共享汽车出现交通事故的主次责任和相应处置办法。

4. 建设共享汽车数据及监管平台

（1）监测共享车企车辆数据。要真正地盘活停车资源，高质量的数据支撑和高效的平台监控不可或缺。共享汽车企业车辆数据应接入当地交通管理部门平台，动态监测共享汽车行驶情况，及时反映城市路况、交通事故等信息，必要时向其余社会车辆发布通知，及时改变行驶路线。

（2）控制共享汽车投放量。以整体城市交通出行规划为基础，将共享汽车运营额度发放量纳入区域，特别是原本就较为拥堵的一、二线城市应通盘考虑地区的小客车拥有总量，并进行合理的调整。通过接入共享汽车企业数量和运营情况，根据城市的特点，对区域共享汽车投放总量进行控制，形成多层次差异化的交通出行体系，为基于互联网大数据的共享汽车产业研究提供有效支撑。

［论文指导老师：张浩川］

市场监管大部制背景下食品安全监管研究
——以上海市杨浦区为例

殷如意[*]

【内容摘要】 食品安全关系到广大人民群众的生命健康权,历来受到党和政府的高度重视。本文以上海市杨浦区市场监督管理局为例,研究市场监管大部制改革后食品安全监管中的三方面问题。首先,梳理市场监管大部制改革后食品安全监管现状。其次,讨论监管中存在的诸如制度标准不健全、监管力量不足、监管方式落后、信息化手段应用较弱、协同治理滞后等问题,并且进一步分析产生这些问题的原因。最后,结合食品安全监管工作实务,从完善食品安全法律法规和标准、提升监管人员专业能力、推进新型食品安全管理方式、加强信息化手段的应用、强化社会共治五个方面提出具体的建议和对策。

【关键词】 食品安全;监管;大部制

一、问题提出与文献综述

中共十八届三中全会提出,改革市场监管体系,实行统一的市场监管。上海市作为改革开放的先行者,开始探索并建立与国际特大型城市发展特点相适应的市场综合监管体制改革。2014年1月1日,浦东新区率先在上海市进行了市场综合监管执法体制改革,将原来的食药监、工商和质监的全部职能整合至新设立的浦东新区市场监督管理局,同时调整了管理体系,将原先省以下垂直管理的体制调整为区政府的组成部门。2014年9月,上海市委、市政府决定扩大试点范围,包括杨浦区在内的8个中心城区于当年10月20日均完成整合,并在浦东新区试点方案的基础上增加了物价局的部分职能。2015年5

---

[*] 殷如意,2019届MPA毕业生,就职于上海市杨浦区市场监督管理局。

月 28 日,试点工作在全市推开,至此上海市全市区以下全面完成了市场监管体制改革,形成了市场监管大部制的格局。

本文着眼于市场监管大部制改革后的食品安全监管,试图分析新形势下食品安全监管存在的问题和产生的原因,进而提出提高食品安全监管水平、提升食品安全监管效能的对策。

(一) 从政府体制视角对食品安全监管的研究

韩俊和罗丹认为,造成我国食品安全监管的效率较低、资源浪费,甚至出现监管缺位的一项重要原因是"分段监管为主,品种监管为辅"的食品安全管理体制。① 车文辉认为,食品安全事件促使世界发达国家和地区开始梳理食品安全领域的监管体制,明确了食品安全监管机构的责任,强化了食品安全监管体制的协调功能。② 魏丹奇认为,市场监管体制改革后,存在食品安全业务承接能力不足、监管理念冲突、法律竞合产业履职风险等情况。③ 胡颖廉认为,明确食品安全的属地责任的监管体制,容易出现食品安全监管事权不断下放、监管资源和监管任务结构性不匹配的问题,进而导致监管落实不到位。④ 韩笑认为,需要准确定位食品安全监管职能,科学合理设置基层食品安全监管机构。⑤

(二) 从政府规制视角对食品安全监管的研究

玛丽恩·内斯特尔(Marion Nestle)认为,建立快速有效、协调统一的预警体系是保障食品安全、迅速解决食品危机的重要手段。⑥ 林晶认为,需要在国家层面建设信息点,用于汇总、分析分布在各部门和各地区的食品安全信息,

---

① 韩俊、罗丹:《中国食品安全报告:食品安全监管体制的国际现状》,社会科学文献出版社 2007 年版,第 44 页。
② 车文辉:《发达国家如何求解食品安全之惑》,《求是》2011 年第 18 期,第 58—59 页。
③ 蒋慧:《论我国食品安全监管的症结和出路》,《法律科学》(西北政法大学学报)2011 年第 6 期,第 154—162 页。
④ 胡颖廉:《"三合一"改革在一定程度上削弱了监管能力》,《中国食品药品监管》2016 年第 10 期,第 36 页。
⑤ 韩笑:《关于加强基层食品安全监管工作的几点思考》,《科技创新与应用》2016 年第 31 期,第 284 页。
⑥ Marion Nestle, *Food Politics: How the Food Industry Influences Nutrition and Health*, The University California Press, 2002, p.103.

构建统一、权威的平台,实现食品安全监管数据互通并共享,提高食品安全信息的透明度。① 周应恒认为,需将地方食品安全综合评价纳入地方政绩考核体系,将食品安全监管原则性规定落实为具体性措施。② 陈莉莉认为,可以增加食品安全监管人员编制数,优化食品安全监管人员结构。③ 胡海春认为,提升食品安全监管效率应该采取政府购买服务形式,建立协调机制,优化流程,加强信息化建设。④

(三) 从法学视角对食品安全监管的研究

张涛认为,在系统性、一致性、协调性方面要使食品安全法律制度得到全面的发展,建立起一体化、综合化的食品安全法律法规体系,在水平和垂直两个维度,要寻找到法律法规的平衡。⑤ 吴元元认为,要建立完整的法律制度系统,以食品安全信用档案为核心,并且整合食品安全信息的"产生—分类—披露—传播—反馈"的全流程。⑥

(四) 从经济学视角对食品安全监管的研究

谢敏认为,面对食品安全问题,市场自身的力量不足以解决,这是基于食品安全中的外部性问题,需要加强对公众食品安全的宣传,不断完善食品安全监管体系。邓钦沂通过构建静态博弈模型分析认为,与网格化监管相比,分类监管效率更高,更能激励食品经营单位合法经营,在食品生产加工新技术新工艺不断涌现的过程中更能维持监管成效的稳定性。⑦

---

① 林晶:《完善食品安全信息公开制度的建议》,《中国医药导报》2010 年第 12 期,第 193—194 页。
② 周应恒、王二朋:《中国食品安全监管:一个总体框架》,《改革》2013 年第 4 期,第 19—28 页。
③ 陈莉莉、高曦、张晗、陈波、厉曙光:《我国三省(市)食品安全监管资源现状及分析》,《中国卫生资源》2016 年第 1 期,第 74—77、81 页。
④ 胡海春:《食品监管应多关注基层》,《首都食品与医药》2015 年第 13 期,第 15 页。
⑤ 张涛:《食品安全法律规制研究》,西南政法大学经济法学专业博士学位论文,2005 年,第 202—207 页。
⑥ 吴元元:《信息基础、声誉机制与执法优化——食品安全治理的新视野》,《中国社会科学》2012 年第 6 期,第 115—133、207—208 页。
⑦ 谢敏:《对中国食品安全问题的分析》,《上海经济研究》2002 年第 1 期,第 39—45 页。

二、杨浦区食品安全监管现状

（一）杨浦区食品经营主体情况

截至 2017 年年底，杨浦区有持证食品生产经营单位 8 863 户，其中，食品生产企业、流通企业、餐饮企业分别为 29 户、6 636 户、2 198 户。

（二）杨浦区市场监管局食品安全监管职能内设机构

杨浦区市场监督管理局根据三定方案共有 19 个内设科（室）、12 个派出机构、1 个直属机构。其中，涉及食品安全监管职能的主要有食品监督管理科、食品安全协调科、综合执法大队、各市场监督管理所。

（三）杨浦区食品安全监管方式

1. 日常巡查

日常巡查根据食品生产、流通、餐饮等不同环节和食品经营户规模等因素，实行分类监管，按一定频次进行巡查（详见表1）。

表1 杨浦区市场监管局食品安全日常巡查频次表

企业类别	巡查频次
食品生产企业	2—4 次/年
集体用餐配送单位、中央厨房	1 次/月
专营婚庆单位，中型及中型以上饭店，大专院校、中小学校、幼托机构食堂	4 次/年
其他餐饮单位	2 次/年
食品流通企业	1 次/年

资料来源：笔者根据访谈内容制作本表。

2. 监督抽检

综合执法大队按照市局的总体部署,做好计划性抽检工作,各市场监督管理所结合投诉举报、专项行动,加大对重点环节和重点食品的抽检力度,力求通过抽检发现薄弱环节和安全隐患,体现以问题为导向的原则。

3. 日常快检

如表2所示,在日常巡查中,按市局的工作要求,综合执法大队和各市场监督管理所落实食品安全日常快速检测(简称"日常快检")。

表 2　杨浦区市场监管局食品快检任务表　　(单位:件/年)

	生产环节	流通环节(含保健食品)	餐饮环节
综合执法大队	75	/	700
各市场监管所	/	300	500

资料来源:笔者根据访谈内容制作本表。

三、在市场监管大部制改革后食品安全监管中存在的问题

(一)食品安全监管制度标准不健全

1. 食品安全监管配套制度缺失

食品安全监管部门最基本的执法基础就是食品安全相关的法律法规,新法出台后部分条款没有出台具体的操作细则,相关法条基层的可操作性差。比如《中华人民共和国食品安全法》(2018年修订版)第148条规定的"销售明知是不符合食品安全的食品",但是法律、法规中对于"明知"未给予明确界定,上级部门也没有相关的解释和口径,导致基层干部多数按照自身经验进行判断,容易引发行政复议和诉讼。

2. 食品安全技术标准滞后

食品安全技术标准是监管执法的技术支撑,起到至关重要的作用。[1] 目前

---

[1] 陈子雷、李维生:《现代科学技术对食品安全管理的支撑作用研究》,《山东农业科学》2012年第12期,第112—118页。

法律法规的发展速度领先于标准的发展速度。现有的国家标准、地方标准、行业标准都自成体系,标准与标准之间相互交错、相互矛盾,还存在脱节的情况。同时,我国食品安全标准的制定主要还是靠国家标准,行业协会和企业在其中发挥的作用相对较小,与发达国家存在一定差距。

(二)食品安全监管力量不足

1. 食品安全监管人员不足

市场监管大部制改革后,各基础市场监管所一般是 20 人左右,负责原食药监、工商、质监的几乎所有职能。根据《上海市食品药品安全"十三五"规划》中关于"基层食品安全工作人员数占常住人口比例达到万分之三"的要求,按照本区 2016 年常住人口 131.52 万计算,应配比基层食品监管人员 395 人,即便各市场监管所编制 245 人全部算作食品安全工作人员,尚有 150 人缺口。

2. 监管人员专业度下降

区级市场监管大部制改革的成效尚未完全显现,执法人员数量与专业执法水平并未同步增长。虽然表面上食品安全监管人员的绝对数量增加了,但是这些人员的业务水平和能力达不到食品安全监管中实际需要的水平和能力。此外,近年来市级层面更多的事权不断下放,却没有配备足够数量和具有相关专业背景的人员,某种程度上导致基层食品安全监管职能被弱化。

(三)食品安全监管方式落后

1. 以事前审批和事后监管为主要模式

事前审批和事后检查这两种方式在监管作用的时间和空间范围都受到一定限制。鉴于许可准入制度属事前审批,企业在获证后,其保障食品安全的情况无法被监管。事后监管制度同样存在不能动态实时地获得企业的生产情况,只能反映一个时间点上的状况,以点带线、以线带面的检查并不能反映企业生产经营的全貌,并且巡查和抽检的频次也不可能无限扩大。因此,需要改变信息不对称的状态,使监管适应新的形势。

2. 以检验检测为主要工具

传统监管思路是"监督检查—样品抽检—结果后处理",不可否认检验检测确实起到非常重要的作用,但是一旦检测出来不合格,此时产品已经被生产出来，造成了资源的浪费。另外，上海市食品生产经营单位小、散、乱现象依然普遍，全市规模以下的食品生产经营企业占比很高，如果通过每户企业每批次产品逐一抽样检验，花费的人力成本和财力成本都很高，且效率很低。

3. 以行政处罚为主要手段

在大部制改革后的几年里，杨浦区食品药品类案件的立案数和罚没款都有较大增幅。行政处罚也就成为整治企业不正常经营的主要手段，但行政处罚过程需要大量的时间和人力的投入，并且难免存在为了处罚而处罚的现象，甚至片面追求案件数量和罚没款，偏离行政处罚的初衷。

（四）信息化监管手段应用较弱

1. 信息化水平良莠不齐，监管效率低

在市场监管体制改革之后，营商环境不断优化，互联网平台订餐等新业态不断涌现。与此同时，监管难度也大大增加，因为此类企业具有量大、面广、分散的特点，如果仍通过传统的巡查制来进行检查，则易发生监管效率低且产生纰漏等现象。

2. 可追溯系统产生"断链"

食品安全信息的可追溯系统是加强食品安全信息传递、控制食源性疾病危害、维护消费者权益的食品安全信息记录系统。[①] 目前的问题在于，相关部门和地区也认识到可追溯系统的重要性，分别建立了相关信息系统，但这些系统并没有效打通与互联，导致很多环节上出现间断、不连通。

（五）食品安全协同治理滞后

1. 社会共治的氛围不够浓厚

食品安全主要还是以政府部门的监管为主，社会协同治理和公众参与的热情不足。一是行政部门缺乏引导。行政机关和行业组织、协会脱钩，某种意义上削弱了政府监管部门和行业协会之间的联系。二是入会企业比例不高，行业协会凝聚企业的能力减弱。三是目前在食品安全领域，第三方机构数量逐年增加，多为竞争关系，合作较少，没有能够整合信息、资源，没有能够形成合力。

---

① 褚清瑶：《食品追溯法律制度研究》，郑州大学经济法学专业硕士学位论文，2016年，第38—50页。

2. 公众参与度低

受传统体制和思维的影响,政府的作用在食品安全监管中被过度强调,广大人民群众在食品监管中可以发挥的作用却被忽视。政府机关习惯于单方面的管制,不愿意也害怕与公众沟通,因此产生信息鸿沟,也不利于政府部门听取意见并做出科学决策。另外,在公众参与方面,比较突出的问题就是维权成本高、举报渠道不够畅通,影响了群众参与食品安全监管的积极性。

四、食品安全监管存在问题的原因

(一)食品安全监管制度标准不健全的原因

1. 市场监管大部制改革存在时间差

一方面,《食品安全法》和《食品安全实施条例》在市场监管体制改革之后如何进一步细化,是否适应体制改革后的情况,都需要一定的时间在实践中予以检验。另一方面,国家层面和市级层面未进行市场监管大部制改革,与区县层面改革存在时间差(如图1所示),但法规、规章、规范的制定权却更多地集中在国家机关和市级机关,需要基层部门倒逼市级层面制定规范,导致立法立规的时间拉长。

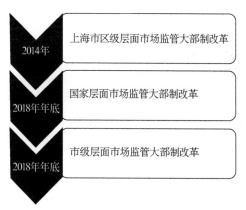

图1 市场监管大部制改革的时间差示意图

2. 食品安全标准制定不科学

近年来,食品领域出现了许多新业态,如便利店快餐复热等。与之相应,食品标准的更新与升级就显得十分紧迫。目前,我国许多相关指标低于国际标准,缺乏统一专业的部门对食品安全标准进行梳理并整合发布。我国食品安全标准体系中检测项目和标准缺乏的问题也很突出。比如,我国《食品中农药最大残留限量》(2016年版)中规定了4 140个农药残留限量,而根据美国环境保护署的数据美国有1.1万个,日本食品化学研究基金会显示日本有5万个、欧盟有14.5万个(如图2所示)。此外,我国食品安全标准还存在重复与交叉的现象。①

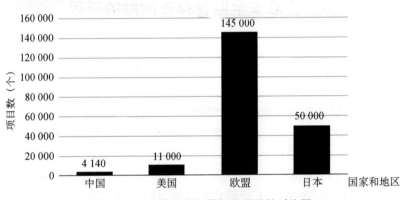

图2 中外农药残留限量标准项目数对比图

(二) 食品安全监管力量不足的原因

1. 执法人员老龄化严重

2014年10月,杨浦区市场监督管理局成立后,核定行政编制391名,其中,局机关86名,市场监督管理所245名,综合执法大队60名。截至2017年年底,实有人数372人,缺编19名。在现有干部中,30岁以下的有39人,31—40岁的有104人,41—50岁的有99人,51岁以上的有130人。由此可见,执法人员的年龄结构分布不合理,老龄化现象严重,容易造成工作断档。

2. 执法人员专业背景欠缺

市场监管体制改革后,食品安全监管方面采用网格化监管模式,即在各市

---

① 杭冬婷:《解决我国食品安全问题的对策建议》,《中国经贸导刊》2012年第22期,第74—75页。

场监管所按路段分配监管人员进行监管,执法人员要监管包干辖区内的所有监管事项,食品安全监管专业性相对较强,但具备相关专业背景的人员比例很小。以杨浦区市场监督管理局为例(详见表3),大部分干部没有相关背景。在从事食品安全监管时因缺乏相关背景知识,执法人员有时心有余而力不足。

表3 杨浦区市场监督管理局各市场监管所具有食品安全监管背景人员统计表

部门	实有人数(人)	具有食品安全监管背景的人数(人)	所占比例(%)
定海所	18	4	22.22
大桥所	22	3	13.64
平凉所	16	4	25.00
长白所	16	2	12.50
延吉所	16	3	18.75
江浦所	18	4	22.22
四平所	18	3	16.67
控江所	17	3	17.65
殷行所	23	4	17.39
五角场所	25	4	16.00
新江湾城所	19	3	15.79
长海所	23	4	17.39
合计	231	41	17.75

(三)食品安全监管方式落后的原因

1. 食品安全风险评估机制尚待完善

食品安全风险评估相关机制还不完善的表现如下。一是食品安全风险评估制度建立相对较晚,欠缺充分的实践经验。二是与风险评估有关的法律法规缺乏体系性。三是食品安全风险评估启动程序不完善。四是评估机构缺乏独立性,对行政部门数据的依赖性较大。五是评估模式较为单一,使公众对评估结果产生不信任感。

2. 缺乏过程控制的理念

过程控制强调对食品安全的监管要从源头开始注重过程监控。相较过程控制模式，传统模式显然容易造成资源的浪费。但是由于过程控制理念在我国应用时间还不长，监管部门很难调整思维，还是更青睐于传统的强制性的监管、运动式执法。正如新制度经济学所认为的，在制度变革中组织和组织的成员都会产生路径依赖。

（四）信息化监管手段应用较弱的原因

1. 信息化工作缺乏整体规划

市场监管大部制改革后，仅仅局内部的各种信息系统就多达 30 余个，并且由于各信息系统分属各条线，平台开发运营的企业都不相同，不同的开发公司的数据标准不一致。信息化工作缺乏宏观规划，往往就事论事建设应用系统，没有建立统一的数据标准，形成数据孤岛，给后续数据共享造成障碍。

2. 可追溯系统链条不完整

产生"断链"的原因主要有以下几个方面。一是生产者对建立可追溯体系的意愿不强，建立可追溯系统并非法律强制性规定，企业的积极性不高。二是食品可追溯系统配套的技术不成熟，缺乏统一的建设标准，不同部门、不同企业的信息系统对接存在一定难度。三是农产品标准化程度低，而农产品是各种食品的源头，源头无法确认，可追溯的难度相应增加。

（五）食品安全协同治理滞后的原因

1. 协调机制的欠缺

我国食品安全协同治理依然带有政府监管下的有限参与色彩，除协同主体自身的能力问题外，更重要的原因是还没有建立政府主体以外的协调机构。只有建立能够代表各协同主体利益的协调机构，才能更好地实现利益协调从而达成协同目标。协同治理还需要配套的制度提供保障。协同治理不仅是一种行动方式，更是一种利益秩序，只有建立在民主观念、社会责任感的基础上，才能够保证利益目标具有可协调性，从而保证协同治理的主体稳定性。①

---

① 吕丹丹：《我国食品安全协同治理研究》，东北师范大学中外政治制度专业博士学位论文，2017年，第 90—91 页。

2. 传统公众参与体制的制约

从公共参与体制的形成过程来看,我国是"大政府、小社会"的社会公共治理模式,在这种治理模式下主要由政府作为主导。① 公众习惯于依靠大政府,缺乏参与社会治理的积极性。这就需要建立起互动机制,政府通过各种途径不断听取公众提出的意见和建议,积极解决问题。如此才能在食品安全监管中取得更好的效果,达到共赢。

五、发达国家和地区食品安全监管的经验

(一)食品安全监管制度标准方面的经验

1. 完善的法律制度

发达国家和地区大多建立了从农田到餐桌覆盖全流程的法律体系。美国先后制定了35部与食品相关的法律法规,按照食品的品类进行分类,体现了食品安全监管的专业性。欧盟构建的食品安全法律体系,主要以通用法的形式给出,不断引入风险评估制度、全过程监管制度、可追溯系统等新的食品安全监管理念。日本则是以《食品安全基本法》和《食品卫生法》为食品安全领域两大基本法律,确立食品安全国民健康至上、全过程监控、动态管理的基本理念与原则。

2. 多层次的标准化体系

在标准化体系建设方面,以 CAC 和 ISO 制定的标准为基础,发达国家在各自的国内和地区内都建立了比 CAC 和 ISO 要求更高的标准化体系。美国还确立了市场主导的自愿性标准体系,目前有700多家机构在制定标准。② 管理这项工作的不是美国的政府部门,而是一个民间组织,主要承担管理协调的职责,负责标准的核审,自身不参与标准制定。③

---

① 贾西津:《中国公众参与:案例与模》,社会科学文献出版社2008年版,第58页。
② 李江华、赵苏:《对中国食品安全标准体系的探讨》,《食品科学》2004年第11期,第382—384页。
③ 蒋士强、蔡春河、周勇:《加入国际食品法典委员会(CAC)后引发的思考和启迪》,《现代科学仪器》2006年第1期,第11—12页。

(二) 食品安全监管力量方面的经验

1. 统一的食品安全监管队伍

美国从事食品安全监管的部门主要有三家,其中,食品安全委员会是食品安全的最高权力机关,食品与药品管理局(Food and Drug Administration, FDA)和农业部(United States Department of Agriculture, USDA)相对集中承担具体执行食品安全监管要职责。① 日本的食品安全监管职能主要集中于食品安全委员会、厚生劳动省、农林水产省。食品安全委员会作为最高权威机构,由七名食品安全领域的专家组成,直属于日本内阁政府。其他两个部门在很多领域中在职能上互补,经常相互配合、积极合作。这种模式可以防止监管中出现空缺或重叠的情况。②

2. 严格的监管人员准入制度

一些发达国家和地区对于食品安全监管队伍的配备高度重视,与普通的公务人员相比,食品安全监管人员在专业、学历、工作经验等方面都有相应的要求,准入条件也比较高(详见表4)。

表4　部分国家和地区食品药品监管队伍人才的准入制度

国家/地区	雇员类型	招聘条件
美国	公务员、研究员、公众卫生服务队职员	公务员——按照联邦规定; 研究员——顶尖专家; 公共卫生服务队职员——相关专业背景
欧盟	合同雇员、实习生、借调专家	合同雇员——聘用制按政策招聘; 实习生——从成员国招聘具有大学学历的学生; 借调专家——成员国且3年以上经验; 欧盟招聘都要求精通英语和一门或以上欧盟成员国语言
澳大利亚	长期雇员、非长期雇员、临时雇员	相关工作及工作经验并进行能力、面试、工作实例三方测试考核

资料来源　徐建功:《国外食品药品监管队伍对我国食品药品监管队伍建设的启示》,《药学教育》2012年第1期,第2页。

---

① 罗杰、任端平、杨云霞:《我国食品安全监管体制的缺陷与完善》,《食品科学》2006年第7期,第250—253页。

② 张怡:《我国食品安全监管体制研究》,华中科技大学营养与食品卫生学专业硕士学位论文,2008年,第23页。

3. 多样化的培训模式

美国、欧盟、澳大利亚等国家和地区在日常工作中,非常重视食品安全监管人员的教育培训,在监管人员队伍培养上都具有各自的特点(详见表5)。

表5　国外食品药品监管人才队伍的培训模式

国家/地区	人才培训主要模式
美国	法规事务办公室大学、奖学金计划、与协会联合培养
欧盟	建立实习制度、强化实习培训、撰写实习报告
澳大利亚	与欧盟成员国合作开展国际培养、参与国际药品监察合作计划

资料来源　徐建功:《国外食品药品监管队伍对我国食品药品监管队伍建设的启示》,《药学教育》2012年第1期,第3页。

(三)食品安全监管方式方面的经验

1. 风险分析为主的方式

美国被认为是风险评估技术最先进的国家之一,也将风险评估作为食品安全立法的基础。通过风险评估,可以识别并描述出食品安全潜在的危害,并进行暴露评估,对危险性进行描述。风险评估的结果可以运用在风险管理之中,给决策者提供数据支撑。除此之外,风险交流贯穿于整个食品安全监管的全过程,可以与消费者建立起有效的互动,从而更好地发挥公众在食品安全监管中的作用。① 欧盟也非常重视风险评估结果的应用,使其为政策的制定提供科学建议。

2. 全过程控制的方式

美国、日本和欧盟目前都采用全过程控制的监管方式。以日本为例,提出了从"农田到餐桌"全过程监管的理念,引入危害分析与关键控制点(Hazard Analysis and Critical Control Point,HACCP)体系,用于对风险点的识别和全链条、全环节关键风险点进行监控,通过科学的手段,做到全程监控无死角,以确保食品安全。全过程监管也是食品追溯和召回制度行之有效的基础。

3. 信用监管的方式

目前美国征信行业三大公司的数据库可以覆盖全美的信用数据库。除了具有完备的信用数据库外,美国还鼓励群众加大对失信企业的举报力度,建立

---

① 孙德超、孔翔玉:《发达国家食品安全监管的做法及启示》,《经济纵横》2014年第7期,第109—112页。

保护举报人制度、出台《吹哨人保护法》。高度成熟的市场,使得企业非常重视自身的信用程度,在日常生产经营中积极保障食品的安全。① 在欧盟国家和日本,也逐步形成企业不敢也不想成为失信企业的良好的社会环境。

(四)信息化监管手段应用方面的经验

1. 食品安全大数据信息库

美国、欧盟等国家和地区,都建立了强大的食品安全信息库,数据信息和监测结果可以共享。这有利于政府或监管部门利用大数据分析,开展风险监测评估。这些信息库的建立之初,就统一了数据采集标准、统计口径,并且及时更新食品安全信息库,使得数据库的信息更加翔实。大数据智能监管将逐步成为食品安全监管的新方向(详见表6)。

表6 大数据时代食品安全监管方式的变革

传统监管	智能化监管
事后监管	事前预防、事中监控
主渠道监管	全面监管
分段监管	全产业链监管
以罚代管	全方位监管
人工监管	循"数"监管
界限不清责任不明	智能化责任交接

资料来源 方湖柳、李圣军:《大数据时代食品安全智能化监管机制》,《杭州师范大学学报》(社会科学版)2014年第6期,第99页。

2. 信息全程可视化

食品安全信息可追溯实现了食品供应链的可视化。欧盟早在20世纪初就将食品信息可追溯写进法律法规,明确要求建立相关的程序,对饲料和食品实行可追溯。再如日本,与欧盟相同时间也建立起食品可追溯制度,逐步在米面、肉、乳制品等方面实现了食品全程可追溯。② 同时,日本建立了食品身份编

---

① 孙中权:《餐饮服务环节食品安全信用体系建设的研究——以上海市J区为例》,华东师范大学公共管理专业硕士学位论文,2015年,第48页。
② Rob Fraser and Diogo Souza Monteiro, "A Conceptual Framework for Evaluating the Most Cost-effective Intervention along the Supply Chain to Improve Food Safety", *Food Policy*, 2009, 34(5), pp.477-481.

码识别制度,确保在食品生产经营过程中风险信息可查询,这也是消除信息不对称的有效手段。

(五)食品安全协同治理方面的经验

1. 引入第三方力量

德国在食品安全监管之中通过第三方机构来收集信息,并且组织专家开展论证会等,与消费者进行信息的交流与互动,最终向社会提供食品安全风险信息。[1] 作为协会性质的食品行业协会和消费者协会,也积极参与食品安全工作,加大与企业、消费者之间的交流,收集风险信息,为风险管理相关措施的制定提供参考依据。美国民间消费者保护社团也成为食品安全监管中的一部分,在他们的建议下,对反式脂肪酸在食品中的使用进行了限制。

2. 公众参与度高

美国相关法律中就指出"民众有权获得干净卫生的食物"[2],公民在很早就被灌输有权参与食品安全监管的意识,公众参与的积极性普遍比较高。公众通过信息披露系统可以获得食品安全信息,并提出意见与意见,政府部门也会给予反馈。这种互动促进了两者的沟通,在提高食品安全监管效率方面起到良好的作用。再如,日本设立了消费者团体诉讼制度,专门设立了消费者教育的国民生活中心,并将食品安全教育纳入国民教育体系的各阶段,保障公众参与食品安全监督。[3]

六、解决目前食品安全监管问题的对策建议

(一)完善食品安全法律法规和标准

1. 加快完善配套规章制度

法律法规是行政部门进行行政执法的重要依据,市场监管大部制改革之

---

[1] 童建军:《德国农产品质量安全监管策略介绍》,《中国畜牧业》2012年第8期,第48—51页。
[2] 施林林:《美国早期食品安全监管研究——以1906年〈纯净食品药品法案〉为中心》,上海师范大学世界史专业硕士学位论文,2013年,第6页。
[3] 毋晓蕾:《美国和日本两国激励公众参与食品安全监管制度及其经验借鉴》,《世界农业》2015年第6期,第81—85页。

后，与之相关的政府规章、规范性文件和工作制度等也应及时做出相应修订。一是要及时梳理原有法规、规章和制度，抓紧做好立、改、废工作。二是加快制定完成与食品安全法律法规配套的管理制度、操作规范和工作措施。三是要明确制定相关实施细则，增强可操作性。四是要完善现场执法操作规范，要加快建立适用于市场监管体制下的食品安全监管现场执法标准作业程序。

2. 建立高要求的食品安全标准

食品安全标准是食品安全监管执法的技术支撑，在标准化建设上应该高标准、严要求。一是要建立严密规范的技术标准体系。具体而言：要不断完善地方标准体系，努力与发达国家和地区的标准水平接轨；要鼓励企业制定具有国际水平的企业标准；要积极探索互联网餐饮等新兴领域的标准等。二是建立健全食品安全标准定期修订机制，使食品安全标准体系更加完备，并及时向社会公布。三是健全食品安全监管质量管理体系。参照国际相关质量管理标准，建立健全食品安全质量管理体系相关文件，建立覆盖全流程的标准体系。

3. 完善行政执法与刑事司法衔接机制

要做好食品安全违法行为行政处罚和刑事处罚的对接。虽然案件数量有所下降，但食品安全犯罪的绝对数还是达到相当数值，需进一步提高警惕。要强化食品药品犯罪侦查部门合作机制建设，建立和完善更加快捷、通畅、互动的衔接机制，优化线索发现、案件移送、联合办案等机制，不断完善工作制度、规范工作程序。

（二）提升监管人员的专业能力

1. 建立食品安全监管"专家库"

建立市场监管系统内部的食品安全监管"专家库"，包括监管执法经验丰富的、业务理论水平高的专家，同时也可以吸收高等院校、科研院所、检测机构和企业中的学者、研究员等专业人士，发挥专家学者的积极作用。在使用好"专家库"的基础上，要建章立制，有明确的制度保障，使"专家库"成员的选入、聘用、退出有完善的程序和制度，使队伍具有一定的流动性。

2. "分级分类"提高培训的针对性

建议按照"缺什么补什么，需要什么学什么"的原则，以需求为导向，分析不同干部的差异，真正因材施教。首先，可以针对不同的年龄层次设计不同的培训方案。其次，可以采用"通用技能+专业技能"、"必修课+选修课"的模式构建课程体系。最后，在整个培训过程中，务必要重视对实地现场带教的培训。培训结束后,应跟踪调研,培训成果是否真正促进了执法人员食品安全监管能力的提升,要对培训效果及时验收与考核,以促进下一轮培训质量的提升,形成完整的培训链条闭环。

(三) 推进新型食品安全管理方式的应用

1. 构建食品安全风险评估体系

加强预防工作,构建食品安全风险评估体系。依托市、区两级检验机构,建立食品安全风险监测体系。这既是风险评估的重要支撑,又是风险预警的主要信息来源。① 相关监测机构要重点对可能引起食源性疾病的各种因素进行风险监测,对监测数据进行分析和运用,提高发现食品安全系统性风险的能力。将风险评估的结果作为后续监管的参考,可以将更多的人力、财力向风险程度高、易引发食品安全隐患的品种和项目倾斜,减少抽检的盲目性,降低人力成本,提高工作效能和财政经费的使用效率。

2. 推广 HACCP 食品安全认证体系

充分发挥新体制的优势,将标准化和认证体系管理与食品安全监管工作相结合,在食品企业逐步推广危害分析与关键控制点(HACCP)体系。② 目前,在食品生产经营企业中使用较多的体系为良好操作规范(GMP),但制定这个体系参照的标准都是强制性的规范,因此整体上位阶层次不高。而 HACCP 认证体系是通过风险分析和关键控制点的监控,建立的一套高效的食品安全控制体系,是建立在良好操作规范和卫生标准操作程序等食品安全规范的基础上的,具有更高的层次位阶,也是更完整的食品安全保障体系。可以逐步将 HACCP 纳入地方食品安全法治化轨道,从法规的层面推广该认证体系,从源头上提高食品安全水平。③

3. 实行食品企业信用监管制度

充分利用事中事后综合监管平台和信用信息平台,真正实现信用监管。一是建立企业信用档案,健全信用监管制度和失信联合惩戒机制,依法记录相

---

① 何猛:《我国食品安全风险评估及监管体系研究》,中国矿业大学(北京)管理科学与工程专业博士学位论文,2013 年,第 27—29 页。
② 国务院发展研究中心中国食品安全战略研究课题组:《中国食品安全战略研究》,《农业质量标准》2005 年第 1 期,第 4—7 页。
③ 蒋慧:《论我国食品安全监管的症结和出路》,《法律科学》(西北政法大学学报)2011 年第 6 期,第 154—162 页。

关行政处罚信息并纳入国家和地方统一的市场主体信用信息共享交换平台。二是建立信用披露机制,确保食品行业内的其他相关企业和群众能够通过多种途径了解这些信息,从而为企业的经营和生产以及消费者的消费提供借鉴和依据。三是发挥信用奖励机制的作用,对于信用评价高的企业给予政策扶持。

(四) 加强信息化手段的应用

1. 不断提高智慧监管能力

要运用好大数据和信息化平台,探索"互联网+食品安全监管",创新食品安全监管新方法,以适应新业态的发展。一是打通部门间的数据。目前食品安全监管涉及市场监管、海关、农业等多个部门,各个部门的数据都独立存在于本部门的数据库中,需要通过数据的整合使这些数据发挥更大的作用。二是加强政府和企业间数据共享。[1] 随着网络平台的发展,平台企业拥有大量的数据,要加强政府部门与平台企业的对接,共享数据。

2. 健全食品信息追溯系统

完善食品安全信息追溯链条,既有助于市场监管部门的监管,又可增加信息的透明度,保障公众的知情权。一是要提高农业生产规模化水平。我国农业发展的规模化程度低,个体农户和小规模经营户占很大的比例,导致食品源头信息的缺失。因此,需要提高农业生产的规模化水平,补上源头的信息,为食品信息可追溯夯实基础数据。二是要扩大追溯系统中食品的品类。要加大追溯系统的建设力度,实现不同品类食品的逐渐增加。政府各部门之间要加强分工协作(详见表7),督促企业落实食品安全信息追溯主体责任。三是要加强执法检查和督查,加强对食品和食用农产品生产经营者履行食品安全信息追溯义务的监督检查。

表7 杨浦区食品信息追溯系统各部门分工建议表

部门	职责
市场监管局	完善统一的食品安全信息追溯平台,加强食品生产、餐饮服务环节信息追溯系统的建设,并加快食品安全信息追溯相关技术标准出台

[1] 陈国权、皇甫鑫:《在线协作、数据共享与整体性政府——基于浙江省"最多跑一次改革"的分析》,《国家行政学院学报》2018年第3期,第62—67、154页。

续 表

部门	职责
农委	加强食用农产品种植、养殖、初级加工环节信息追溯系统的建设,指导和推进蔬菜追溯系统、畜牧及道口追溯系统等现有系统与统一的食品安全信息追溯平台的对接
商务委	推进食品和食用农产品流通环节、畜禽屠宰环节信息追溯系统的建设和运维,进一步优化和升级本市食品流通安全信息的追溯系统
海关	推进进口食品接入统一的食品安全信息追溯平台,加快实现进口食品全程可追溯
教育局、卫健委等部门	推进各本部门现有的学校、医院食堂等追溯系统建设,并与全市统一的食品安全信息追溯平台对接

(五) 强化社会共治的作用

1. 发挥第三方组织的作用

一方面,要发挥行业统筹协调的职能,以及在企业生产经营中的监督作用,以保障食品安全。另一方面,要大力培育发展社会组织、第三方机构。第三部门(社会组织)的大力发展以及积极参与食品安全治理实践是解决"政府失灵"与"市场失灵"问题的有效手段。[①]

2. 提升公众的参与度

提升公众参与度的具体路径如下。一是要充分利用食品安全信息新闻发布会、政策民主听证会、立法论证会、公众座谈会等形式,保障社会公众的知情权。二是要完善投诉举报机制,提高查证和反馈的效率,通过给予适当奖励的办法,激励广大群众参与食品安全监管过程。组建社会监督员队伍,提高食品安全问题的及时发现率和公众参与率。三是要加强信息公开的力度,将食品安全相关信息在平台上予以主动公开,并不定期通过官方媒体及时发布食品安全预警信息,加大对失信企业的曝光度。同时,鼓励食品企业自身加压,向社会定期发布网络食品安全评估自评报告。[②]

[①] 姚远、任羽中:《"激活"与"吸纳"的互动——走向协商民主的中国社会治理模式》,《北京大学学报》(哲学社会科学版)2013年第2期,第141—146页。

[②] 王莹:《公众参与食品安全监管的困境及其完善策略》,《食品与机械》2014年第6期,第261—263页。

综上所述,食品安全问题不仅关系到人们的身体健康,对整个社会稳定健康的发展也起着重要的作用。食品安全监管是一项复杂的系统工程,不仅仅需要政府部门间的紧密合作,也需要学术界跨学科的研究,加强沟通协调,形成合力。新形势下如何进一步提高食品安全监管效能、提高食品安全水平,将成为下一阶段值得研究的课题。

[论文指导老师:陈晓原]

海关推动贸易便利化问题研究

——以粤港跨境货栈为例

吴文君[*]

【内容摘要】 在国内外对贸易便利化呼声日益高涨和国家设立"粤港澳大湾区"的背景下，提升粤港口岸通关能力和贸易便利化水平，促进人员、物资高效便捷流动是海关推动贸易便利化、实现治理现代化的必由之路。本文聚焦货物贸易，从粤港贸易的发展趋势入手，聚焦粤港货物贸易便利化问题的热点和难点，综合运用案例分析法、访谈法，梳理海关推动粤港贸易便利化过程中存在的问题及成因，指出粤港跨境货物贸易便利化进程中仍存在利益冲突、管理冲突、机制冲突和信息壁垒等问题。粤港贸易便利化属于跨域公共事务，传统的以海关为中心的一元式社会治理体制已经无法适应需求，只有超越多元主体利益冲突的阻滞，进行协同性回应，才能实现区域公共事务合作共治这一制度性集体行动目标。粤港贸易便利化协同治理的有效推进是一项系统的工作，海关需要从目标、服务、组织和信息多个层面协同进行，利用各方资源，调动各方积极性，才能协同增效，达到良好的治理目标。

【关键词】 海关；贸易便利化；协同治理

一、问题的提出

近二十年来，国际上对贸易便利化呼声越来越高，由世界贸易组织制定的《贸易便利化协定》的生效积极推动各国致力于贸易便利化改革；我国建设新时代中国特色社会主义要推动形成全面开放新格局，需要实行高水平的贸易和投资自由化便利化政策。粤港经贸合作在国家经济发展和对外开放中发挥着支撑和引领作用，由早期的单一贸易投资到现在的合作领域不断拓展，内容

---

[*] 吴文君，2020届MPA毕业生，就职于广州海关。

不断丰富以及合作空间不断聚焦,粤港区域经济进入深层次紧密合作阶段,形成一个超越地区边界的整体,但囿于两地的行政壁垒以及市场化程度,粤港两地的要素流动仍然存在不少阻力。

因此,如何提升粤港口岸通关能力和通关便利化水平?海关在推动粤港贸易便利化、优化口岸营商环境中承担何种角色?海关如何进行监管制度创新,服务聚焦粤港通关高效便捷,促进粤港整体贸易便利化水平?海关如何实现贸易便利化改革效果最大化?

海关与贸易便利化具有高度关联性,我国海关近年来在贸易便利化问题上进行了许多有益探索,大力推进口岸大通关建设,持续优化营商环境,提升贸易便利化水平,培育外贸竞争新优势。但由于粤港间贸易需求既具有一般跨境贸易的普遍性,又有自身地域的特殊性,随着粤港经济形势的发展和粤港澳大湾区的建立,对通关贸易便利化的要求更高,如何简化通关程序,让资源要素高效便捷流动,实现两地高水平的互联互通是关键。本文试从当前粤港通关贸易的现状入手,通过案例分析和深度访谈力求发现海关在推动口岸贸易便利化当中的困境及其产生的原因,并以协同性治理理论为基础,试图在治理对策上进行创新,研究更加行之有效的便利化措施,以期为促进粤港澳大湾区资源要素跨境流动提供思考。

二、粤港贸易便利化改革的背景及现实依据

粤港自古以来就保持着密切的关系,两地水陆相连,地缘相近,人缘相亲、血脉相连,文化相同,经济上更是互相依存,不可分割。晚清时期,香港与广东的贸易关系极为密切,当时香港对华转口贸易对中国对外贸易有重要的影响作用,其中又以粤港间的贸易关系最为发达。根据1877年的海关贸易统计,广州进口贸易的98%、出口贸易的99.5%都是与香港进行的,足见广州对香港的依存度极高。当时粤港间贸易也会受到诸多制约因素影响引发敏感反应,如民船与轮船运费的波动,以及子口税与厘金差异的影响,导致物流途径变动频繁。[1]

改革开放后,香港作为中国面向世界的窗口,发挥了连接中国与世界贸易

---

[1] 毛立坤:《晚清时期香港对中国的转口贸易(1869—1911)》,复旦大学历史地理学专业博士论文,2006年。

的桥梁作用,粤港贸易迸发出前所未有的活力与生机。"前店后厂"跨地域产业分工模式开启了粤港经济贸易合作的进程,双方形成一种互补互助、合作共赢的关系,取得的经济效益提升远远大于由此带来的跨境交易成本增加。这一阶段粤港双边贸易额大幅度增长,粤港贸易一直保持在香港对外贸易的首位,对香港、广东乃至全国都是意义重大的。

2001年,中国成功加入WTO,粤港合作更加紧密,力度也更大。随着《内地与香港关于建立更紧密经贸关系的安排》(CEPA)及其系列协议的签署和深入落实,粤港合作机制和模式不断创新,两地往来更加便捷,科技合作不断深入,粤港金融合作稳步推进。在CEPA框架的货物贸易自由化等一系列配套制度安排下,香港与内地特别是粤港区域的经济一体化水平得到提升。

经历了改革开放以来四十多年的合作,粤港两地的社会经济关系已然密不可分。由于现今国际环境和国内形势的重大变化以及不确定性,两地经贸合作面临新格局,两地的经济融合和一体化将进入更高更深层次,目前粤港间贸易呈现出粤港货物贸易量显著增长、货物贸易运输以陆运为主、转运货物中粤港转运占比大以及粤港服务贸易比重越来越大四个趋势,粤港贸易通关面临新的挑战。

三、粤港贸易便利化改革
——基于粤港跨境货栈案例

(一) CEPA的实施减少粤港关税壁垒

CEPA的签署意味着内地与香港制度性合作迈入新时代。为促进经济要素的自由流动和经济的融合,CEPA逐步减少或取消所有货物贸易的关税和非关税壁垒,减少或取消双方之间实质上的所有歧视性措施,归根结底,就是要逐步减少和消除两地经贸交流中的制度性障碍。香港产品只要符合CEPA原产地规则,输入内地时可根据有关CEPA原产地证书享受零关税优惠。为进一步提高双方经贸交流与合作的水平,2019年起实施新的一般性原产地规则,对香港货物全面落实零关税。

海关是CEPA货物的原产地管理和通关监管部门,在CEPA的实施和落实中扮演重要的角色。我国海关积极采取了多项措施组织落实CEPA零关税优惠政策,为香港 CEPA 货物贸易提供优质高效的通关服务与良好的贸易环境。据中国海关统计,截至 2017 年 12 月,内地累计进口香港 CEPA 项下货物 113.7 亿美元,关税优惠 63.7 亿元人民币。①

(二) 粤港海关开展业务合作

由于广东毗邻港澳,具有跨境物流运输频繁等特点,为了推动粤港贸易便利化,促进粤港跨境通关业务的发展,缩短货物在口岸停留和通关时间,缓解口岸物流压力与查验压力,广东省内海关近年为促进粤港跨境快速通关和香港方面开展合作,实施了统一载货清单、查验结果互认和在途电子监管一系列措施,实现了跨境陆路运输车辆及货物的快速通过和快速分流,促进了跨境物流快速健康发展。

(三) "粤港跨境货栈"模式建立

CEPA 的签署破除了关税壁垒,两地贸易量更上一个台阶。由于粤港口岸间的贸易规模庞大,两地间货物通关繁忙又密集,其中又以跨境陆路口岸为最。虽然口岸基础设施智能化建设让粤港物流加快,但是由于内地市场较大,广东省内一线海关(特别是深圳海关口岸)仍然承受了巨大的通关压力。为了实现粤港间物畅其流,海关需要探讨消除非关税壁垒的改革举措。在前期粤港两地海关合作的基础上,广州海关创设了"粤港跨境货栈"模式。

"粤港跨境货栈"是在广东省南沙自贸试验区首创的改革创新项目,是指设置在境内海关特殊监管区域(或保税物流中心 B 型②)内,海关综合运用现行保税物流、跨境快速通关等海关制度,对来自或运往香港口岸的多式联运货物,实现一站式通关管理以适应物流集中高效配送的通关新模式。这一模式实现了香港机场与南沙保税港区物流园区之间一站式空陆联运。以往,由于货物需要经历从香港机场提回仓库,或是再派送到香港本地仓库后等待转关运输安排,算上单证准备时间最短需要 1 天,长则需要 2—3 天才能成功转运。现在,货物运抵香港机场后,直接装车安排转运至南沙保税港区,货物从香港

---

① 数据来源:海关内部统计数据。
② 保税物流中心 B 型是指经海关批准,由中国境内一家企业法人经营,多家企业进入并从事保税仓储物流业务的海关集中监管场所。保税物流中心具有保税仓储、简单加工和增值服务、国际物流配送、进出口贸易、国际中转和转口贸易、物流信息处理和口岸等功能。

到南沙最短只需 4 小时。

经过试点和拓展阶段,"粤港跨境货栈"发展势头良好,成效显著,具有提高通关效率、减少通关成本和缓解通关压力等优势,为粤港间物流搭建了快速通道,但是在发展过程中仍然存在不少问题,下文重点分析这些问题。

四、粤港贸易便利化存在的问题

从"粤港跨境货栈"三年多的发展情况看,该项目总体业务体量较小,业务发展不稳定,受全国通关一体化改革影响前景不明朗,与其他新兴业态相比增长乏力,企业参加积极性不高,惠及企业范围小,效果发挥不明显。

(一)粤港海关跨境合作有限

由于香港与内地属于同一主权下的两个独立关税地区,两者之间签订的海关业务协作规范不具有条约性质,没有法律约束力。虽然根据安排两地海关定期举行年度业务联系会晤,但实质性内容较少,多以业务交流和情况通报为主,合作进程缓慢,合作的深度和广度还有待扩展。

1. 跨境通关监管资源共享有限

在跨境贸易方面,香港实行贸易自由政策,口岸监管宽松,申报程序简便,进出口贸易手续十分简便,一般货物均无须交付任何关税,通关具有手续特简、费用特低、速度特快等特点。内地广东口岸实行严格的监管制度,采取较高的禁限措施,粤港两地按照两个独立关税区进出进行监管查验,存在通关手续繁琐、通关成本较高、通关时间较长等问题。两地之间未对进出口货物采用区别于其他国家、地区的特殊查验监管政策;查验互认的货物覆盖范围过小,互认效果意义不大。

2. 跨境通关物流标准对接有限

物流要素畅通是贸易便利化的重要部分,标准化问题一直制约粤港物流产业的协作发展。物流操作流程标准、安全标准、环保标准等管理标准不统一,影响物流企业的跨区域运营和两地政府部门之间的监管协同。目前,广东尚未完全推行国际标准的物流条码,商品包装、仓储、装卸等缺乏统一的标准。粤港两地物流车辆标准、托盘标准、叉车标准等物流技术标准不统一,物流包装标准与物流设备标准缺乏有效衔接,导致运输过程中需要多次人工装卸、再次包装,影响货物交接效率,直接影响各个环节的无缝衔接,大大增加物流成本,降低物流速度和效率。

3. 跨境通关信息交流互通有限

粤港两地海关之间信息沟通合作仅限于部分业务统计数据和少量缉私通报信息,受限于双方海关的保密义务和相关法律规定,对于涉及具体企业的单证数据无法共享。例如,经香港中转到内地货物的原始舱单信息、内地出口香港货物的公路舱单信息这些关键监管信息的共享仍未实现。由于香港的海空运舱单与内地的公路舱单无法联通,香港作为国际航运中心的多式联运优势未能最大限度地得到发挥,并延伸辐射至珠三角地区。

(二)海关与其他口岸部门协调不足

2014年国务院发布《落实"三互"推进大通关建设改革方案》,要求实现口岸通关管理部门信息互换、监管互认、执法互助。然而,多个海关对企业的座谈资料和调查问卷显示,口岸不同部门之间的协作问题仍然是困扰企业通关的重要因素。

1. 口岸管理能力低

国家口岸管理办公室(以下简称"国家口岸办")是口岸管理的最高机构,设在海关总署,职能是指导和协调地方政府口岸工作,与地方口岸办没有直接的领导关系,只能进行业务指导。口岸办自身设置没有统一的体系,力量薄弱,缺乏行政法规统领,协调难度极大。广东省人民政府口岸办公室设在广东省商务厅,下属各市的口岸办却挂靠在市政府、商务厅和经贸委等不同部门,导致很多口岸办的级别比驻口岸的联检部门还要低的局面。

2. 口岸执法互认少

跨境通关口岸管理涉及多项职能,通常包括海关、边检、农业、质检、检疫、公安等,多部门间的重复申报、审批、查验、放行是绝大部分国家跨境通关瓶颈、效率低下的重要原因。大通关建设虽取得一定成果,通关流程由"并联式"取代过去的"串联式",通关手续由"一站式"服务代替"多站式"。但在通关成本和效率上,粤港两地的通关环境与香港、新加坡和釜山等国际性港口城市的通关环境相比还存在很大差距。

3. 口岸信息互换少

为解决海关与其他口岸联检部门之间单证数据重复录入和企业多头申

报、重复申报问题,海关总署(国家口岸管理办公室)牵头18家口岸和贸易管理部门成立工作组建设和推广"单一窗口",但在实践过程中存在不少障碍。比如:国际贸易链条长,涉及部门多;行政执法观念转变难;部门的技术体系和标准差异、信息涉及部门利益;国内标准版"单一窗口"尚未在香港地区推广。

(三)海关内部改革统筹欠缺

地处改革开放前沿的海关近年来顺应国家政治、经济发展的需求,不断对自我职能进行适应性调整,实行了一系列改革,如保税区、自贸区等特殊监管区的建立,通关一体化的改革和机构合并,但效果并不理想。

1. 通关一体化红利释放不充分

为实现国家口岸治理体系和治理能力现代化,中国海关2017年实行全国通关一体化改革,改变了原有的区域一体化通关模式,对原来通过跨境快速通关方式的货物从技术上、适用范围上和查验率上进行了限制,影响了受益于跨境快速通关模式的粤港跨境货栈的运作。

2. 机构合并后查检融合不深入

2018年关检融合机构改革后,海关承担了出入境检验检疫管理的职责。但由于近年来海关在全面深化改革方面步伐较快,在通关流程整合优化方面为企业带来通关便利;相比之下,检验检疫部门的改革相对滞后,未能与海关改革同步,仍有很大的整合优化空间,企业的改革获得感不明显。

3. 监管重货物贸易轻服务贸易

近年来,国际服务贸易领域快速发展,在世界贸易总量中的比重不断增加。内地与香港服务贸易发展突飞猛进,与货物贸易密切联系的一些服务贸易也逐渐被纳入海关监管视野内,除了跨境物流业等传统服务贸易行业,还有期货保税交割、艺术品保税等高端服务业。但海关对服务贸易的监管还缺乏行之有效的监管方式,服务贸易发展的战略指导思想和监管体系还不够健全,与服务贸易监管相配套的海关税收、稽查手段有待加强,旧有的海关货物贸易统计制度不适应发展需求。

(四)海关与企业缺乏联动

1. 重监管轻服务不同步

首先,海关作为进出境监管机构,长期以来传统监管思维仍停留在"把关为主,服务为辅","管得住"是首要目标。其次,我国还是发展中国家,国内经济发展水平不平衡,国际贸易的竞争力不高,经济安全形势不容乐观,贸易安全和国家安全显得尤为重要,海关的反走私和安全准入方面任务很重,无法做到执法与服务同步时便会出现执法优于服务的局面。

2. 关企合作机制不健全

一是法律制度未对关企合作明确。根据《海关法》的规定,海关的监管管理对象是"货物""物品"而非"企业",现有法律并没有明确海关与企业之间的关系。我国关企伙伴关系的构建缺少明确的法律保障,关企的权利义务规范等方面仍需完善。二是关企主体不平等。关企"责任共担""平等合作"的理念尚未树立,关企平等主体间密切合作的伙伴关系尚未真正形成,传统管理与被管理的行政管制关系仍然是主流,着力点仍在"严管"。三是企业权责不对等。海关对企业的管理实践中过于强调企业的义务和责任,企业遵纪守法和规范自身方面增加的管理成本未能在通关便利等方面予以对等补偿,企业获得感不充分,参与合作的积极性降低,违规违法、恶性竞争的风险加大。

3. 信息沟通渠道不畅通

信息沟通渠道不畅表现为海关沟通渠道不能满足企业的需求。一方面,对政策法规的调整过于频繁,不利于企业及时了解和把握需求。政策宣讲会大都是针对新的政策法规等宏观问题进行宣讲,从执法角度出发进行政策指导,对企业度身定做的措施不多。另一方面,政策制定前很少听取企业意见,没有吸纳企业参与到政策的讨论中;政策出台后企业的意见和建议的反馈渠道少,企业需求难以真实并及时反馈到政策制定层面,影响政策执行的完整回路。

五、协同视角下影响粤港贸易便利化的因素分析

实现粤港两地资源要素的相互流动的手段主要分为两种:"硬"手段和"软"手段。"硬"手段指的是粤港两地地理上基础设施的互联互通,"软"手段指的是粤港之间制度对接与制度融合。在经济飞速发展的时代,硬件基础建设早已不是阻力,粤港跨境交通网络愈加发达,粤港物理上早已实现了无缝连接,制度上的无缝对接才是未来努力的方向和目标。行政体制的阻力不能靠简单的物理距离的缩短来解决,而是要依靠"化学反应",也就是通过不同制度

的调适来解决。

（一）利益冲突

"中国有复杂的府际关系和组织网络,多元参与者的目标与期望可能是有分歧而且冲突的。"①促进粤港贸易便利化的参与主体是多元的,主体的多元化导致利益的多元化,不同利益主体间充满张力和冲突,从而影响其他因素的差异和对抗。政策与利益有密不可分的联系,系统中各参与主体的行为从根本上受利益驱动,主体利益矛盾或冲突成为影响政策推行顺畅与否的重要因素。在粤港贸易便利化的推进过程中,中央政府、香港特区政府、海关总署和下属海关、其他国家部委和下属部门、省级政府和下级政府相互影响、相互依赖,共同构成粤港贸易便利化协同治理体系。"政策执行本质上是相关政策主体之间基于利益得失的考虑进行的一种利益博弈过程,利益对于政策执行问题的研究是一个极为重要的范畴。"②为了更好理解人们在政策执行过程中的行为动力,利益分析是研究政策执行问题时遵循的一个最基本的研究视角。

1. 个体利益追求优先

推动粤港贸易便利化的过程中,各主体都有一致的整体目标,就是优化口岸营商环境,促进跨境贸易便利化,但由于粤港贸易便利化属于多元主体参与的跨域公共问题,其治理的复杂性和高难度注定协同治理目标的实现是漫长而曲折的,在长时间的目标实现过程中,参与者在行动上会首先根据自我目标在协同框架内展开行动,优先实现自己的小目标,试图将自身的利益最大化。这里的利益除了经济利益,也包括政治稳定和统治方便等政治利益。更有可能的是,在这种公共问题治理过程中各主体都是有限理性的"经济人",或多或少存在"搭便车"的心理和行为取向,导致行动上出现对整体目标的偏离和懈怠。经济学家曼瑟尔·奥尔森(Mancur Olson)认为,集团成员对集团利益会有共同兴趣,对于为获得这种利益要支付的成本却没有共同兴趣,每个人都希望别人支付全部成本而自己得到一份收益。③ 另外,各主体固有的价值观念和使命的差异性也使得目标一致的实现变得相当困难。

---

① 贺东航、孔繁斌:《公共政策执行的中国经验》,《中国社会科学》2011 年第 5 期,第 61—79、220—221 页。
② 丁煌:《利益分析:研究政策执行问题的基本方法论原则》,《广东行政学院学报》2004 年 3 期,第 27—30、34 页。
③ [美]曼瑟尔·奥尔森:《集体行动的逻辑》,陈郁等译,上海人民出版社 1995 年版。

通过访谈发现,虽然各主体都致力于提高粤港贸易便利化水平,但是由于粤港两地在政策制定上有不同看法,不同的部门履职的重点不一样导致其决策出发点不同,会存在部门短期目标不一致的情况。香港海关更加希望内地海关能有更多的突破性便利措施,但是内地海关除了贸易便利,还承担贸易安全的职能,贸易便利化与国门防线安全方面必须两者兼顾,两者权衡中存在一定冲突。部门利益主宰行动方略,即使在海关内部,在贸易便利化的共同目标下,海关选择优先实现压缩通关时间这个小目标。同样地,这些政策执行偏差不仅存在于海关,也存在于其他部门。

2. 利益协调机制缺失

粤港贸易便利化是一项兼具纵向府际关系、横向府际关系和斜向府际关系的政策,具有高度动态和复杂的特征。纵向府际关系具有层级性的特点,反映中国公共政策执行网络中的"条条"特征。横向府际关系具有多属性的特点,反映中国政策执行网络中的"块块"特征。斜向府际关系主体之间并不存在直接隶属关系,由于缺乏适当的行政和法律规范,其协调的复杂程度远超过纵向府际关系和横向府际关系。粤港贸易便利化系统有近50个主体,"这仅仅是协同治理体系中境内行动主体,还不包括香港特别行政区政府及下属部门等境外行动主体"①。

粤港贸易便利化政策推行中的纵向、横向和斜向府际博弈关系实质上是一种利益分配关系。虽然中央政府和地方政府以及各垂直管理部门之间在整个政策执行中存在利益冲突,但并不意味着这些冲突关系是不可协调和整合的。有效的利益驱动和协调机制可以通过统筹"条条"与"块块"、局部与整体、当前与长远的利益来调动各主体的积极性,目前还缺乏这样的协调机制。

3. 利益补偿机制缺失

公共政策的执行过程实质上是对公共资源的调整和再分配的过程,是利益在不同行动主体之间的平衡过程。为了增进公共政策中利益受到损害的行动主体的积极性,要通过自身利益诉求把受损害的利益通过机制获得相应补偿。利益补偿机制就是在博弈过程中由利益获益主体弥补利益受损者损失,降低或化解因利益分配不公带来的利益分化和博弈矛盾的一种制度安排。通关便利化改革中的税费优惠涉及地方利益和行业利益,因此,为平衡长期利益和短期利益、局部利益和整体利益,只有建立完善的利益补偿机制,政策执行主体才能更好地实施政策,政策目标群体才能更好地遵循政策。

---

① 资料来源:对受访者4号的访谈记录,2019年5月5日。

（二）管理冲突

参与协同治理的各方都代表不同的群体，基于群体间在社会背景、价值理念、政策法规等方面的差异，会从不同的角度认知和思考。在此基础上，不同群体各有其独特的逻辑，而不同逻辑的群体难以相互协调。粤港贸易便利化系统的协同困境也正是由于外参量未达到阈值，具体体现在外部规范不健全、行政文化的影响和问责监督不完善等方面。

1. 正式规范先天不足

为了保证协同过程的有序和协同治理目标的实现，除了需要非正式沟通与协商来化解各主体之间的利益和矛盾冲突以外，更需要通过正式规章制度和规范的建立来加强对各主体行为的规范和约束，进行必要且适当的监督管理。实践中，粤港贸易便利化行动中各部门的职责主体难以准确界定，不能依据行政区划对跨域公共物品的供给职责进行精准分割，属于"你中有我、我中有你"的关系。中央政府对各主体推动贸易便利化工作仅限于整体性和业务性指导，并未细化规定，对各行政部门的职责权限、协调方式等的规定也不够明确。越是复杂的行动情境，对规则的要求越高，共同行动中行动者之间的协同和配合，不可避免地对规则和权威提出了要求。①

2. 管理观念日渐落后

"政治文化影响着政治体系中每一个政治角色的行动。"②建设服务型政府就是要推进政府管理理念从管制向服务转变。改革开放以来，政府行政管理改革重点已转到"简政放权"和"转变政府职能"上，行政权力渗透到社会生活的各个领域、社会生活的各个方面都处于行政权力的严格管制之下、企业和公民缺乏自主行动空间等状况虽然已不复存在，但长期以来社会生活行政化所形成的"官本位"观念，由计划管理模式下直接管人、管财、管物的管制思维方式和过多采用行政审批手段所形成的限制管理的行为习惯，在某些政府部门还不同程度地存在。比如，内地海关对跨境快速通关承运人承运车辆从业资质要求比较高，要求备案审批，并且限定只能由某一个海关进行备案审批。香港海关对运营车辆的要求则宽松许多，只需登记便可。

---

① 张康之：《论社会治理中的权力和规则》，《探索》2015 年第 2 期，第 85—91 页。
② [美]加布里埃尔·阿尔蒙德、[美]小 G. 宾厄姆·鲍威尔：《比较政治学：体系、过程和政策》，曹沛霖等译，上海译文出版社 1987 年版，第 29 页。

3. 合作关系偏向浅层

推动粤港贸易便利化合作中,地方政府横向联系缺乏规范,地方政府间的合作基础相对薄弱,合作仅停留在较浅的层面,难以深入。对于省级政府而言,实际上只起到上传下达的作用,把中央政府的意见下发给下级政府,将下级政府的政策诉求有选择地上传到中央政府,尚未承担起实质性职责的角色。

对于地级市政府而言,承担积极的主动者角色,但在行动中工具性作用发挥过程中的积极性相对较高,而通过相互之间的合作实现价值性作用的积极性相对较低。非正式的合作缺乏稳固的基础,行政命令下的合作又往往流于形式,政策执行中的合作困境重重。①

对于国家部委而言,一方面通过授权行为提高地方政府推动粤港贸易便利化改革的积极性;另一方面以指导的方式对地方政府进行约束和控制。在合作过程中,国家部委掌握制度创新的解释权,地方政府的制度创新行为必须在国家部委制定的框架性政策中进行,实际行动空间受到中央"条条"的制约。例如,在粤港贸易便利化这样大规模的制度创新中,地方政府的行为很容易突破国家部委所能容忍的限度。地方政府担负促进地方经济发展的职责,倾向于全面放开,最大限度地实现优惠政策,实现最少干预。而海关除了要推动改革创新的力度,还要控制改革创新的宽度,正确处理好贸易便利化与国门防线安全之间的平衡关系。因此,只有深度合作才能有效解决这些矛盾。

(三) 机制冲突

"命运的相互关联、行动的相互依存决定了责任的重要性。"②在协同治理网络中,多元主体扮演多样的角色,具有不同的职责。政府部门是协同治理的核心力量,对整个治理过程产生影响并承担主要责任;社会组织是协同治理的重要力量,是联系政府和公民的桥梁;企业是协同治理的基石,拥有广泛的参与权和监督权。③ 但是,主体越多也意味着协调成本越高。由于目标的不统一和交叉利益导致部门间"各自为政"和"单打独斗"的碎片化治理现状。

---

① 韦彬:《跨域公共危机治理:功能碎片化与整体性治理》,《学术论坛》2014年第5期,第70页。
② [法]皮埃尔·卡蓝默:《破碎的民主——试论治理的革命》,高凌翰译,生活·读书·新知三联书店2005年版,第73页。
③ 鹿斌:《关于现阶段我国协同治理研究的反思》,《四川行政学院学报》2014年第4期,第22—26页。

1. 协作治理平台缺失

当政府与市场、社会之间缺少制度化的协同平台时,多元化供给主体的协同治理缺乏制度支持,相互之间更多地表现为合作的偶然性和随机性。作为口岸管理部门,口岸办只是一个以协调、联系、沟通口岸各单位为主的机构;同样,推进粤港澳大湾区建设领导小组只是一个非常设机构,既不能起到决策的作用,也不能起到执行的作用,职责定位不明确,权力也很有限,缺乏权威性、指导性和相应的协调能力。虽然粤港之间建立了行政协议、协调会议等制度,联席会议大多流于形式,以开会、座谈、通报情况为主,从提出议题到真正落实中间经历漫长的程序。

2. 组织沟通协调低效

在国务院的统筹下,在粤港各方的共同努力下,已经初步形成了政府协调机制。《广东省优化口岸营商环境促进跨境贸易便利化措施》(下文简称"《措施》")也明确了如下内容:将优化口岸营商环境促进跨境贸易便利化工作纳入省政府督查范围,对推进不力的地区和部门进行问责,以及建立健全督导考核机制等。这些措施在一定程度上促进了贸易便利化的改善。然而,协调机制和当今形势的要求差距还是很大的。粤港贸易便利化协同系统内的各部门仍停留在原有的工作范围内,沟通不够畅通,协调不够充分,政府之间和部门之间的协商机制尚未制度化,矛盾预防和处理机制不健全,联络协调还停留在部门间征求意见阶段,较少从实质上对问题进行协调和解决。

3. 社会各方参与不足

结构良好的社会资本很大程度上能影响协同治理的广度、深度和效度。[1] 对政府部门来说,治理是一个从统治到掌舵、从管制到服务的转变过程;对非政府组织来说,治理就是从被动排斥到主动参与的转变。这是"一种以公共利益为目标的社会合作过程——国家在这一过程中起到了关键但不一定是支配性的作用"[2]。在推动粤港贸易便利化行动的实践中,物流行业组织、报关行业协会、货运代理等公民组织存在参与度不足、积极性不高、能力不高、独立性和自主性欠缺等问题,没有充分发挥内部协同功能和作用,无法参与到粤港贸易便利化的过程中,从而无法实现"1+1>2"的功效。

---

[1] 吴春梅、庄永琪:《协同治理:关键变量、影响因素及实现途径》,《理论探索》2013 年第 3 期,第 73—77 页。

[2] [英]托克·麦克格鲁:《走向真正的全球治理》,陈家刚编译,《马克思主义与现实》2002 年第 1 期,第 36 页。

（四）信息壁垒

粤港贸易便利化治理系统是一个开放的系统，除了与外界进行必要的沟通外，子系统之间需要进行物质、能量和信息的交换与反馈，才能达成协同。

1. 信息共享缺失

信息共享是提升政府治理效率的关键。信息共享机制意味着协同系统中多元主体能够分享独自掌握的私有信息。一方面，政府掌握大量信息，其他治理主体并不知晓这些信息；另一方面，即使在政府内部，有些信息也只有具体的政府职能部门才掌握，不同部门蕴含不同的利益所在。信息共享机制的缺失导致多元治理主体在信息获取和占有方面具有局限性和封闭性，信息割裂和信息孤岛现象普遍存在。因此，建立信息共享机制，意味着利益的调整，尤其是要打破对公共利益有损害的利益链条以应对碎片化治理的现实困境。只有政府内部及不同主体间形成信息共享机制，才能使信息的流动过程不断顺畅，避免信息的不一致，形成互相对称的信息源。

2. 信息流通受阻

在以开放为主要特征的信息社会，封闭意味着效率低下。至2018年10月底，需在进出口环节验核的监管证件已从86种减至46种，单证数量压减了近一半；多种证件的联网核查自动比对系统已经上线运行，但是和发达国家相比，目前我国需要口岸验核的监管证件数量还是比较多，各种证件的核查比对手段有限，网上申报、网上办理使用较少；另外，口岸作业信息的无纸化流转和单据无纸化还没有完全实现，还需要依赖纸质作业单据，口岸信息化水平不高，口岸作业效率受到影响。[1] 粤港跨境货栈案例当中就是由于南沙保税港区信息化系统切换不及时影响了该项目新企业加入的积极性。

3. 信息发掘不够

近年来，海关积极推进业务改革，努力提升贸易便利化水平，圆满地完成了2017年提出压缩通关时间三分之一的目标任务。但通过问卷调查显示，企业的获得感并没有人们想象的那般大，究其原因，海关通关时间在整个口岸通关时间中占的比例只有约25%，口岸整体通关时间的压缩不是海关一家的事情，仅仅通过海关一家的努力来达到口岸整体通关时效的显著提升是不切实际的。通过数据调查分析发现，口岸收费不够透明规范，口岸管理各部门协作

---

[1] 资料来源：国家口岸办公室主任黄冠胜在"优化口岸营商环境工作"专题调研会上的情况通报。

不畅、审批监管手段创新不够等问题才是关键的影响因素。因此，发掘有用信息才能找出问题所在，向社会公示口岸通关流程、环节、时限、费用和所需单证等信息才能真正达到提速降费，信息的公开透明有助于口岸营商环境的改善。

六、海关推动粤港贸易便利化的对策建议

粤港贸易便利化是一个涉及跨域治理问题，除了一般事务的复杂性外，还牵涉权威的分割、空间的交叠、利益的交织和组织的跨越。究其原因有：系统演化的过程中主导性的序参量未形成和来自外部环境的控制参量未达到阈值；各治理主体的自组织运动尚未激活；系统的开放程度尚未足够。海关推动贸易便利化更是一个系统性工程，需要从系统的角度加以进行，若想有效治理粤港贸易便利化问题，必须要从保障系统的开放性入手，保证控制参量以及序参量发挥作用，形成并激活粤港贸易便利化系统的自组织运动，从而达到治理的协同有序。从目标协同、服务协同、组织协同和信息协同四个方面对海关推动粤港贸易便利化的治理提出针对性、可行性的方案。第一，构建利益共同相容制度，实现目标协同，即完善顶层设计规范，建立权威引导机制和建立权威引导机制。第二，加大外参量的催化剂作用，实现服务协同，即完善绩效评估体系、统筹改革优化模式和改变管理战略方向。第三，把单一治理主体海关变成多元治理主体，实现组织协同，使之形成竞争和协作关系，即积极参与多边合作、构建良性关企合作和推动行业组织成长。第四，保障跨域环境治理系统的开放性，实现信息协同，即完善信息公开制度、完善信息平台功能和完善信息风险管理。

[论文指导老师：熊易寒]

上海市社区涉外警务管理研究

——以 J 社区为例

周 聪*

【内容摘要】 本文选取上海市静安区 J 社区为研究对象,基于治理理论,指出以居委会、物业为依托,以走访式采集为管理方式,以单一公安集权管理为主体的传统社区警务管理模式与涉外小区自身发展和中外居民的需求无法适配的严峻现实。针对传统管理理念与多元群体间意识碰撞、法规制度变迁与社会新生产物的矛盾冲突、传统管理手段与信息化社会发展的不协调、传统管理主体与无缝隙管理趋势的不适配,以及公安内部体制这五方面问题,分析其成因并提出多元治理型社区涉外警务管理的路径:在治理主体方面,通过第一部门的加强协作、第二部门的合作网络、第三部门的促进融合来解决社区居民间关系淡漠、参与意识弱、中外居民异质性大等问题;在制度保障方面,通过立法的完善细化、人员分层的侧重管理、诚信和服务机制的建立来支撑社区的涉外警务管理工作;在治理手段上,以警务大数据的运用和移动网络平台、虚拟社区平台的利用来拓展警民互动渠道,并积极发挥社会力量组建志愿翻译者队伍来解决语言沟通障碍。

【关键词】 涉外小区;社区涉外警务管理;多元化治理

一、问题提出和文献综述

社区是城市的缩影,是城市中的一个社会和空间复合单元。如同城市治理一样,社区建设管理过程中尤其是具有鲜明特点的涉外社区的警务管理过程中也需要寻求优化、良性、协同和多元。本文研究的问题是:如何通过构建社区内外的涉外警务合作网络,打造一种适应多元化国际人群的社区管理模

---

* 周聪,2018 届 MPA 毕业生,就职于上海市公安局静安分局石门二路派出所。

式,以此来实现良好的社会管理目标。本课题选取具有代表性的上海市静安区酒店式公寓 J 涉外社区为调研对象,通过对该社区 60 多位 16 周岁以上的境外人员开展问卷调查以及随机选取社区居住的境外人员 2 名和民警、居委干部、物业工作人员各 1 名进行访谈来开展调研。

20 世纪 90 年代,詹姆斯·N.罗西瑙(James N. Rosenau)首先提出了治理理论,在其代表作《没有政府的治理》和《21 世纪的治理》中指出管理活动的主体未必是政府,也无须依靠国家的强制力量来实现。治理理论打破了传统的政府权威论,打破了公共部门和私人部门之间的壁垒,对于当下建立新型政府管理模式有广泛的现实意义。

社区是社会发展和稳定的基石,社区建设对于提高居民生活质量、提升社会管理水平、加快国家经济与社会的发展脚步发挥着强大的推动作用。目前,社区警务工作已经重新定位了民警扮演的角色,警察在社区中更应注重与公众建立新型的合作关系,社区治安不只是警察的事,更是整个社区共同的责任,居民、基层组织、企事业单位、社会团体都有权利和能力来共同参与治安管理。社区涉外警务是新时期下的新生产物,它既继承了社区警务的基本模式,又对现有的社区警务工作提出了更高要求,如何主动寻求社会力量的合作,如何在语言交流障碍、文化背景迥异等制约因素下学会与境外人员打交道,如何在裂化的社区中减少中外居民间的陌生化和异质性从而重塑健康、良性、互信、互助的社区,是社区涉外警务工作面临的新课题。

二、全球化背景下社区涉外警务管理面临的困境

(一)全球化背景下社区境外人员的现状分析

1. 全球化背景下的社会产物和制度体制变化

全球化背景下社会新兴产物的涌现无处不在,从单位社会时期的福利分房到如今住宅商品化后的商住两用房、酒店式公寓、公寓式酒店……以及区别于传统高星级酒店体验的个性民宿、日租房等,呈现出房地产市场的纷繁复杂。"制度体制"这一要素同样经历着变革。境外人员的管理制度从严格限制走向宽松便利,境外人员的管理体制也由原先的集中式转向属地式,将管理触角伸入各大社区,实行"两级机构、三级管理"的运作体系。

2. 上海市境外人员的基本情况和主要特点

2011年,美国次贷危机与欧洲主权债务危机等导致越来越多的境外人员将目光投向中国。上海作为中国的经济中心,凭借良好的人才引进策略及优越的就业环境吸引了大批境外人员来沪长期发展。宽松的投资政策使全球知名企业、外国机构入驻上海。在上海市第六次人口普查中①,境外人员共计20.83万人。至2016年年底,临时来沪境外人员6 257 141人次,在沪常住境外人员已达243 212人。② 目前,外国驻沪领事机构累计77家③,外国驻沪新闻机构累计达16个国家77家新闻机构派出98名常驻记者④。

尽管境外人员的涌入为上海经济建设、文化事业和旅游服务业的飞速发展作出了巨大的贡献,但日益剧增的涉外案(事)件、逐年上升的境外人员刑事犯罪活动以及敌对势力渗透破坏活动的蔓延趋势同时为政府的社会管理带来了严峻挑战,也对目前的社区警务工作提出了更高的要求。据统计,2016年查处各类出入境案(事)件12 509起,处罚违法违章境外人员高达11 366人。⑤

(二) 上海市静安区J社区的案例分析

1. 上海市静安区J社区的基本情况

静安区J社区坐落于南京西路商务圈辐射区,总建筑面积5.2万平方米,该酒店式公寓物业提供包租⑥和代租⑦服务,目前在管公寓大约有80套,占比20%。该社区汇集了丰富的境外人员样本,在住境外人员589人次,来自45个不同的国家和地区,分布在194户公寓内,其中187户为租赁房。在589名境外人员中,141人持长期居留许可签证,238人持访问贸易签证,占比分别为25.6%和43.3%,122人持旅游签证,占22.2%。

---

① 上海市第六次人口普查登记的标准时点是2010年11月1日零时。
② 《上海公安年鉴2016》,中国人民公安大学出版社2016年版,第104页。
③ 数据来源:"各国驻沪领事机构"栏目,上海市人民政府外事办公室网站,http://wsb.sh.gov.cn/node577/index.html,最后浏览日期:2021年7月17日。
④ 数据来源:《外国驻沪新闻机构》,上海市人民政府新闻办公室网站,http://www.shio.gov.cn/sh/xwb/n809/n814/n861/u1ai13664.html,最后浏览日期:2021年7月17日。
⑤ 数据来源:历年《上海公安年鉴》。
⑥ 包租指物业公司出资租借业主房屋,并自行安排租借,租赁费归物业所有。
⑦ 代租指业主将委托房屋给物业进行租借,物业相应收取管理费和中介费,租赁费由物业收取后转交业主。

2. 基于调查问卷的J社区现状分析

自2017年11月1日起,共计发放调查问卷67份,其中有效问卷63份。整张问卷共分为5个模块36道题:(1)境外人员的个人基本信息;(2)家庭成员的构成和日常居住情况;(3)社区参与的意愿以及交流方式;(4)社区境外人员主动登记情况;(5)社区警务管理情况和服务内容的提供。

调查问卷显示,63位调查对象中仅有8位选择了"和中国邻居有过交流",语言障碍成为邻居间陌生化的一大重要因素。在交流方式的调查中,63名境外人员都选择"点头示意",18人会进行简单问候,7人有过沟通聊天。由此可见:该社区短进短出流动频繁;中外居民之间异质性程度强;大部分境外人员的中文语言交流存在一定障碍且追求生活空间的私密性;社区内人际关系疏离、邻里间依存度弱化、互助合作氛围缺失,居民群体之间的陌生化程度深。

在对该社区63名境外人员住宿登记情况的调研中,能够清楚了解相关法律法规的人数只有2名在沪居住长达多年的境外人员,38名表示有所耳闻,近半数的境外人员对该项法律规定毫不知情。11名境外人员有过被公安机关进行过行政处罚的经历,其中,4名被处以书面警告,7名被处以500—2 000元不等的罚款。

依据调查对象获取法律法规的渠道以及逾期申报的原因来看,不同的国情下境外人员对当地的组织结构和部门职能的认知严重缺失(如图1所示)。公安部门在社区警务如火如荼的今日更应加强管理与服务的并重。

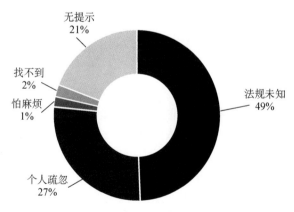

图1 造成逾期申报的原因

3. 上海市静安区J社区涉外警务管理存在的问题

第一,思想认识不重视,业务能力落后。社区民警以语言沟通不畅、信息时间不同等客观因素为借口消极管理,业务上涉外警务知识缺乏,态度上求稳不求变。

第二,管理理念陈旧。民警沿用传统的社区管理模式,没有因人而异地调整管理方法,针对社区现状没有反思和探索,没有认识到管理与服务并重才是新型社区治理的有效路径。

第三,管理内容认知停留在表面。对于涉外警务管理工作的内容只是停留在实有人口信息的采集上,没有解决推进社区居民间文化纽带、培养互帮互助意识、提升警民关系等本质问题。

第四,管理抓手薄弱、手段单一。民警的思维始终受制于社区内的居委会、物业等基层组织,基本是以布置下达任务的方式开展涉外管理工作,而垂直式的非正式管理结构使居委和物业在接到任务后不够积极,管理成效始终不见起色。

第五,境外人员服务站的职能未发挥。境外人员服务站的功能已经简化为一个登记点,违背最初设立的本意,即为民警、境外居民、社区基层组织等提供一个沟通交流的平台,无法发挥其最大效用。

三、上海市社区涉外警务管理实践中存在问题的原因分析

(一)传统管理理念与多元群体间的意识碰撞

1. 陌生化背后的排斥

社区主体由居民个体构成,社区情感是社区存在和发展的重要因素,[①]社区个体间的陌生化程度越高,人与人之间的联结就越难建立,不仅增加社会运行成本,也会让人产生排斥、抗拒等负面情绪。社区涉外警务工作的推动不能单凭行政部门集权化的单打独斗,更需要依赖社区中外居民的广泛参与。如果居民间的社会距离加大,彼此认同感就会被分裂,社区融入感下降,社会力量无法进行整合,自然对社区的治安稳定埋下后患。

---

① 单菁菁:《社区情感与社区建设》,社会科学文献出版社 2005 年版,第 111 页。

2. 异质性背后的不解

城市的社区是一种文化共生系统,因民族成分、种族成分、社会地位的不同而不同,每个社区的居民都趋向于发展和维护自己的语言、文化、生活形式、宗教信仰、风俗传统。罗伯特·兰沃西(Robert Langworthy)认为,警察的职能应当在新时期随着社会与公共的需求进行延伸,①具体到上海市涉外警务的管理实践中,社区民警应当帮助社区成员逐步接纳彼此的文化意识和价值观。

3. 流动性背后的失控

涉外社区的人员来源复杂,组织结构松散,日趋灵活的居住方式使得境外人员的居住状态无法保持稳定。群居群租、一人多址、一址多人的情况屡见不鲜,这种停留时间短、迁移次数频繁、活动范围大的动态性特征无疑给社区民警管理带来一定难度。静安刑侦支队曾破获一起外籍人员团伙伪造境外信用卡并盗刷的案件,该案中的案犯为刻意逃避监管而不定期更换住所,使民警在明确其身份上花费大量时间和精力。由此可见,一旦这些失控漏管的境外人员从事违法犯罪活动甚至涉恐涉爆活动,对社区治安、社会治安就是一颗定时炸弹。

(二) 法规制度变迁与社会新生产物的矛盾冲突

1. 定点住宿取消后的制度缺失

1999年,上海出台了取消涉外定点住宿饭店管理的规定,为境外人员自主选择住宿环境消弭了障碍。在现今提倡便民简化流程的宽松政策制度下,境外人员离境时不再需要提供派出所盖章的注销证明,边检部门只核准签证信息,这也意味着即便没有申报过住宿登记的境外人员在离境时也畅通无阻、不受制约。这形成了境外人员脱离视线、逃避管理的重要漏洞,为违法犯罪活动的滋生提供了温床。

2. 租住来源多样性的制度缺失

近几年,"二房东"②的新兴和网络在线短租民居的火爆无疑给境外人员带来更多品类的选择。根据相关数据统计,2016年中国在线短租市场交易规模为87.8亿元,Airbnb网站在中国的房源达到8万个,累计有超过160

---

① [美]罗伯特·兰沃西、[美]劳伦斯·特拉维斯 III:《什么是警察:美国的经验》,尤小文译,群众出版社2004年版。
② 二房东,指向原房东承租整套房屋后再整体或分房转租给他人的人。他们根据承租费和出租费的差价来获利。

万境内外旅客已入住该网站的国内房源。①

2017年5月,《住房租赁和销售管理条例(征求意见稿)》发布,作为我国首部专门针对住房租赁和销售的法规,虽然对名为"二房东"实为经纪人的情形予以了限定,②但细则尚未配套。被称为"民宿"的短租房也面临这样的尴尬境地:在未得到审批的情形下,私自将住宅改为办公性质从事经营生产活动因为不符合工商、消防、治安、卫生等方面的严格行业标准而不被允许,发布短租信息的平台对信息的审核也只是流于形式。因此,住宅性质的房屋作为短租房出租仍处于明令禁止的状态。

3. 房屋性质多重性的制度缺失

房地产市场下"类住宅"概念愈炒愈热。直到2017年4月起,上海市住建委才逐渐出台规范性文件《关于加强本市经营性用地出让管理的若干规定》《关于开展商业办公项目清理整顿工作的意见》等来整顿市场。从公安机关的管理角度来看,在"境外人员入住社区居民家中必须在规定的24小时内前往所在派出所办理住宿登记"这一条规定中,"社区居民家"被认定为住宅(包括商住两用、综合)性质的房屋,纯商业、纯办公用房、商铺等性质房屋不允许人员居住在内。而境外人员在租赁过程中,房地产中介为了业绩不会给予境外人员任何提醒提示,作为弱势群体的他们不得不为房地产市场制度的滞后和管理的缺失以及信息的不对称埋单。

(三)传统管理手段与信息化社会发展的不协调

1. 走访式信息采集低效低产

社区民警、居委、物业、社区综合协管员通过上门采集这种入户走访来采集境外人员的信息。这种方式往往产生三大难题:因走访时间的不同步导致无人在家;境外人员因排斥抗拒而拒绝开门;入户采集时境外人员故意谎报租

---

① 深圳新闻网:《2016年在线短租市场交易达87.8亿监管成难题》(2017年9月4日),新浪网,http://k.sina.com.cn/article_1895096900_70f4e244034002uut.html?display=0&retcode=0,最后浏览日期:2021年8月13日;李成东:《中国短租市场混战,蚂蚁短租等迎战310亿美元Airbnb》(2017年6月23日),网易网,https://www.163.com/dy/article/CNJUGLE605119BMQ.html,最后浏览日期:2021年8月13日。

② 《住房租赁和销售管理条例(征求意见稿)》第16条规定:"承租人可以按照住房租赁合同的约定转租住房;未约定的,承租人转租住房,应当征得出租人的书面同意。自然人转租住房达到一定规模的,应当依法办理工商登记。具体规模和管理办法由直辖市、市、县人民政府制定。"

住信息以躲避处罚。显然,这种传统走访式信息采集作为主流方法低效低产。

2. 传单式宣传渠道单一局限

为帮助境外人员了解当地的法律法规,出入境部门每年绘制宣传页由各基层派出所发放。中心城区每次获取 100—200 份,一年不超过 2 次,一部分由社区民警委托居委或物业在走访过程中发放,另一部分放置于接待窗口提供给前来办理业务的境外人员。但静态化的宣传页篇幅少、印发数量有限、发放途径单一,宣传效应达不到预期效果。

3. 资讯的获取来源少之又少

新公共管理理论认为,政府在公共行政中所起的作用是"掌舵"而不是"划桨",服务即管理。对社区涉外警务工作而言,社区民警扮演的角色不只停留于一个权力化的管理形象,同时还需要承担一个社区服务者的形象。有限的中国人脉、沟通能力、知识储备使得境外人员这个群体在异国他乡变得举步维艰。为身在异乡的境外人员提供与生活息息相关的资讯无疑是一种帮助他们融入社会、推进认同感的方法,也是提升政府的公共服务能力的发展趋势。

(四) 传统管理主体与无缝隙管理趋势的不适配

1. 单一管理主体导致管理抓手薄弱

居委会和物业是传统社区管理工作中社区民警的两大有力支撑,一般通过协商方式寻求合作和帮助。拉塞尔·M.林登(Russell M. Linden)认为,无缝隙组织和无缝隙政府将成为新型社会管理的趋势。① 社区涉外警务管理工作单靠居委、物业容易处于被动状态,必须转变成多元主体参与下共同互动治理的过程,共同担负预防和控制的责任,才能构筑起一个覆盖社会面、信息灵敏、反应敏捷、协调有序的网络来实现动态化管理。②

2. 公安职能放大导致过程力不从心

通常,公安机关为迎合民意而过多地放大自身的法定职能。因而在基层派出所,民警往往承担了很多非警务类工作:征地拆迁、人员上访、商业体育活动、纪念币发放、居委会改选等各类安保;不属于公安机关管辖的民事纠纷调解必须要求民警到场作为见证;联合执法过程中因职能混淆不清而将公安推

---

① [美]拉塞尔·M.林登:《无缝隙政府——公共部门再造指南》,汪大海译,中国人民大学出版社 2002 年版。
② 郭建新:《新形势下上海地区境外人员"实有人口"管理对策》,《上海公安高等专科学校学报》2011 年第 6 期,第 10 页。

至第一线;等等。当非警务工作占据社区民警大量日常工作时间时,势必会影响社区民警深入社区开展群众工作、掌握社情民意。

3. 跨部门协作缺失,导致涉外管理事倍功半

依据《上海市实有人口服务和管理若干规定》第3条,实有人口这项工作涉及发展改革、公安、人力资源社会保障、住房保障、房屋管理、人口计划生育、经济信息化、卫生、教育、税务、民政、工商行政管理部门。但数据信息的共享始终在缺位状态,公安部门也尚未和边检、外交等部门实行网络对接互通,且每个行政部门都有各自的信息平台,多头开发多头管理的信息系统无法整合跨部门的信息系统数据。上海市对于各行政部门就境外人员的管理要求各不相同,在信息不共享的前提下,各部门又无法在制度上形成合力,涉外管理就会形成漏洞,跨部门的协作最终只能沦为一纸空谈。

(五) 公安机关内部体制和人员因素

1. 社区警员配置不尽合理

中国人民公安大学王大伟教授曾谈到,西方国家警察数量和人口比例为35∶10 000,人口稠密的城市甚至达到1∶300的比例;而中国平均只有11∶10 000,甚至有些地方仅仅只有1∶1 250。我国警察与人口的比率远远低于世界发达国家,甚至低于巴西、印度等发展中国家,因此,我国公安机关以其他国家1/3到1/4的相对警力保障着国家经济社会的加速发展。研究发现,在所有的公务员中,警察一年的工作量相当于同级政府部门公务员两年半的工作量[1]。截至2017年上半年,上海警察总数已突破5万人,社区民警5 512人,[2]但不同地区单个社区民警所管辖的社区面积、住户数量、房屋的密集程度存在显著差异。在不同类型区域的社区中,警力配置还往往会忽略管理的社区对象种类,没有因地制宜、因人制宜,导致社区管理事倍功半。

2. 社区警员工作顾此失彼

狄梁在《论社会转型时期公安派出所的控制功能转换》一文中,针对60名社区民警一个月内的日常工作情况进行了抽样调研,结果显示:扣除公休、病、事假外,社区警员人均工作用时213.4小时,其中,值班占据44.4%,处置社会不安定因素用时占10.8%,其他警务工作和队伍建设分别占据8.5%和7.6%,

---

[1] 转引自侯成林、倪斌:《非警务活动初探》,《江苏警官学院学报》2007年第3期,第159页。

[2] 数据来源:公安内部数据。

非警务工作占据3.3%,侦查破案和情报信息工作用时占据5.4%和3.6%,和社区工作有直接联系的实有人口管理、社区防范、户口管理和治安管理只占16.6%。[①] 这真实地反映了社区警员实际的工作内容和状态。

3. 社区警员个人能力差异

当然,我们也不得不承认社区警员因个人的工作能力差异、思想的认识差异使得社区管理水平参差不齐。尤其是一大批有一定资历且长期从事社区岗位等退休的社区民警在工作实务中存在如下一些情形:求稳不思变;缺乏出入境类业务知识;在社区涉外警务管理过程中常抱有畏难情绪;以"不懂、不会、不敢"为借口过分依赖出入境部门;消极对待境外人员的管理工作。这些最终导致涉外警务管理工作处于失控、漏管状态。

四、多元治理型社区涉外警务管理路径

(一)多元化治理主体应对人口流动性

1. 第一部门提高社区涉外警务管理的协作能力

公安机关内部需要设立多警种联动机制,当巡逻民警处置涉外纠纷时,当刑事侦查部门破获涉外案件时,当楼宇民警走访涉外企业时,都应及时将信息反馈给属地派出所社区民警,便于他们及时掌握人员情况并做好后续的信息采集和回访工作。

为做好境外人员的"落脚点"管控,公安机关要求境外人员在规定时间内办理住宿登记并对合法合规登记的境外人员出具《境外人员临时住宿登记单》作为凭证。但除公安机关以外的许多行政部门在为境外人员办理行政业务时并不需要提供派出所出具的凭证材料,使这个抓手成为"鸡肋"。因此,各个行政部门在政策制定上需要建立统一标准,破除行政壁垒,避免推诿卸责等问题产生的管理漏洞,最大程度地发挥各部门的职能效用。

2. 第二部门扩大社区涉外警务管理的合作网络

公共管理的主体是公共服务的供给者,但公共服务的供给者并不只有公共管理的主体,其中就包括私营部门。公安机关应该跳出固有的思维模式,将

[①] 狄梁:《论社会转型时期公安派出所的控制功能转换》,复旦大学MPA学位论文,2008年。

管理触角延伸到社区外部,通过协调社会各方力量,动员社区外部资源来协助解决社区问题。企业这块"市场蛋糕"拥有丰富的信息资源,比如房地产中介组织是房屋租借和买卖的信息集聚地,将这一部分的信息数据充分加以利用,对社区境外人员的信息采集工作是精准的补充;开发商、外卖平台、快递站、家政服务点等这些在日常生活中的信息都可以成为社区涉外警务管理工作中的重要抓手。除此,社区民警还能和商务楼宇、场所专管民警形成联动机制,加强对于商务楼宇以及涉外场所内境外人员的督促核查,从企业着手获取境外人员信息,比对本辖区在册住宿登记情况。对非本辖区的登记信息则通过市一级信息平台共享。如此达到信息最大化,建立全方位的合作网络来支撑社区涉外警务管理工作。

3. 第三部门促进社区中外文化的融合

第三部门具有民间性、自治性、志愿性、公益性和组织性的特点,当政府职能在转变为有限政府的过程中,这些新的社会组织不仅能承接原本政府包揽但应社会所承担的职责和功能,还可以协助政府发挥组织特色为社会提供服务。在日常生活中,第三部门的表现形式为协会、学会、研究会、商会、文艺团体等,其成员大都是根据个人兴趣、意愿、利益而组织起来的。这些组织不仅帮助人们参与到促进社会发展的活动中,也能协助政府承担部分治理工作。比如一些涉外商会吸纳了大中型涉外企业并不定期举办慈善类、运动类活动,在当地侨民中具有一定影响力。公安机关可以运用涉外商会的资源,通过商会委派工作人员建立境外人员服务站提供涉外警务的一系列服务。这种路径的优势在于:避免了语言沟通障碍,为警务工作创造了一个良好的沟通平台;帮助境外人员及时了解警务资讯,解答部分日常生活工作中遇到的和警务工作有关的困扰;公安机关借助商会力量可以及时掌握当地侨民的动态,一旦涉外案(事)件发生,商会的介入也有利于推进公安机关对事态的控制和处置工作。

(二)多元化治理制度保障治理高效性

1. 完善制度

首先,扩大和细化立法内容是重中之重。新修订的《中华人民共和国出境入境管理法》于2013年7月1日起正式施行。该法在外国人入境出境和停留居留方面分别修改和新增了六项内容,但对于首次和屡次恶意违反的人员没有区别细化。如果对屡次恶意违反者、有违法犯罪记录的境外人员在限期出入境、签证申请等方面做出更严苛的立法规定,他们就能被抵制在国门之外。除此,针对境外人员接待单位和租赁房主应被纳入制度约束范围,相应承担连带责任,督促其在租借获利的同时还必须承担相应的义务;对于群租、短租等行为也应制定相应的法律法规加以约束,并建立业主问责制,杜绝社区治安隐患的发生。

其次,行政部门可以设立"入境一卡通"制度。通过智能磁卡式"入境一卡通"和护照信息挂钩,涵盖交通、治安、医疗、通信、工商、税务、银行、教育、保险、就业等信息,读取该卡片或本人查询时能即时反映境外人员在我国境内的所有相关信息,并在公共服务部门配置一卡通的联网终端系统,可根据各部门需求开放相应工作权限。这样既能全程动态掌握境外人员的信息,辅助公共服务部门的工作,又能避免境外人员在办理业务时来回奔波。

2. 分层管理

因人而异,通过实施分层管理,将境外人员的管理重心有目的地倾斜。根据不同管理方向上报重点境外人员名单,由出入境部门建立重点境外人员数据库并联合其他主管警种部门开展情报信息的分析研判,实现对犯罪行为轨迹的准确把握和对涉外违法犯罪变化规律特点、发展态势的动态预警,最终达到净化社会环境的效果。比如:针对中东地区,留意是否有非法宗教组织成员;针对外交关系上有冲突的国家人员,需要留意境外人员是否有不安定的情绪;针对东南亚、东欧人员,需要注意其是否有集聚且作息时间不规律的情况;针对屡次违法违规违章的境外人员,要将其标注为重点治安管控对象,随时注意动向并上报情况。

3. 诚信机制

建立境外人员的个人社会诚信记录体系,弥补法律以外的空白地。个人守信激励和失信惩戒的机制可以达到如下效果:为优良信用的境外人员提供更多的服务便利,在就业创业领域给予一定的政府支持,帮助他们在社会市场中获得更多机会和收益,使之更好地尊重和融入中国社会的公序良俗;对于严重失信、道德败坏、违法乱纪的境外人员则实施联合惩戒,除依法采取行政性约束和惩戒措施外,还应将其失信记录推送至各个公共服务平台后台,严格限制其对公共行政资源的使用权限,充分发挥社会舆论的监督作用,形成社会震慑力,鼓励市场主体采取差别化服务,为社会提供干净的外部环境。

4. 服务机制

第一,逐步推广境外人员服务站。目前境外人员服务站的功能仅停留在为境外人员办理临时住宿登记这一块内容,并未充分发挥其调解涉外纠纷、宣传法律法规和社区安全防范内容、与境外人员进行交流沟通等作用,因此,为最大限度地发挥境外人员服务站的效用,需要明确完善和优化其功能。可以在境外人员大量集聚的高档型社区先行推行境外人员服务站,再逐步根据境外人口的分布、社区的硬软件设施等调研后统筹实施。对于境外人员服务站的系统维护应当落实专人负责专人对接,以确保该服务站的长期有效运行。

第二,协助推进社区警务文化建设。目前境外人员获取信息的渠道单一,社区民警可以把握契机拉近警民距离、消除境外人员陌生感,将警务信息送入社区。例如:利用双休日在社区专门为境外人员开设一场资讯宣传活动;详细介绍公安机关各个部门的主要职责。在这个社区活动中,可以邀请居委会、物业或其他行政部门人员共同参与,让境外人员走近社区、了解社区,从而喜欢社区并参与到社区中。

(三)多元化治理方式提升警务工作水平

1. 大数据警务引领智能决策的科学发展

"互联网+"为社区涉外警务工作提供了一个崭新的平台,依托警务大数据的科技手段,改变传统走访式信息采集工作模式,实现多头采集和多元共享。具体而言,可以采取如下措施。一是打造智慧社区。在涉外社区内配置智能门禁卡、人像识别等高科技产品,智能化自动化采集境外人员的动态信息,避免"门难开、脸难见"现象。二是整合共享信息资源:从公安机关内部垂直条线梳理整合设计统一的境外人员信息系统,确保公安机关各个警种在涉外信息上互通有无;政府各行政部门间需要打破相互封闭割裂的信息数据壁垒,互通数据资源,并逐步将信息共享范围扩展到电信、银行、医院、水电煤等行业的企事业单位,把数据从静态转变为动态并加以分析预判和辅助决策,充分运用大数据警务打造智慧政府。

2. 多语种虚拟社区提供无障碍互动平台

社区涉外警务工作要充分考虑网络互动在自媒体时代不受时间空间局限的便捷性,探索在互联网范围内延伸警民关系。如创建虚拟社区互动平台,方便社区中中、外居民的浏览和互动。平台可以发布社区活动信息、近期社区安全动态、新型高发案件预警、各行政部门的联系方式、基础法律法规的宣传解读、生活便民服务点介绍等,并设置留言功能,为有疑问或碰到困难的境外人员提供建议和帮助。在涉外警务管理实践中,还能通过建立微信群、微信公众号、微博公众号等方式与境外人员搭起沟通交流的渠道。具体而言,在移动警务平台上推出政务类和生活类两大模块：在政务模块推送警务资讯、设置开放部分业务办理的预约功能；在生活模块提供周边交通、金融、医疗、教育等公共服务网点介绍等。

3. 借助志愿翻译团队跨越语言沟通障碍

第一，分层次组建志愿翻译团队。基层派出所可以组建一支翻译团队，在社区摸底、社区宣传等活动中发挥主力作用；分(县)局出入境部门专业外事民警作为社区编外成员指导涉外警务工作。街道、居委、物业等也可以抽调具有外语能力的骨干组建成志愿翻译团队先行接待翻译，然后转达给社区民警，做到"一个联动、即时响应"的反馈。充分挖掘社区人才资源、参与协助社区工作，充实志愿翻译小组，实现社区"亲密不过分""互助不互扰""共生不陌生"。

第二，借鉴国外经验创建面向社会的翻译平台。上海110接警平台虽成立了外语接警志愿翻译队，提供英、日、俄、德、法、西班牙、阿拉伯、朝鲜、意大利9个语种的报警，但有一定局限性。政府可以借鉴韩国1330呼叫翻译中心，牵头专门设立一个面向全市境外人员的翻译服务中心，通过电话热线的方式由该中心工作人员协助翻译，内容可以涉及各个行业领域和生活日常，提供给中外人士一个没有国界、没有语言障碍的交流平台。

[论文指导老师：李　辉]

浙江省农村工作指导员制度优化研究

吴雨倩[*]

【内容摘要】 2004年,浙江省创新建立农村工作指导员制度,推动党委工作重心向农村基层下沉,破解"三农"工作难题。制度的实行是落实党的群众路线的重要一环,是社会转型期政府应对复杂社会矛盾、完善农村治理机制、提高治理水平的一项重要探索。农村工作指导员制度建立以来取得了巨大成绩,但随着时代发展,原有制度的缺陷、执行和落实过程中的问题也渐渐暴露。本文以浙江省农村工作指导员制度优化研究为目标,综合运用问卷分析和调研访谈等研究方法,了解浙江省农村工作指导员制度的现状、问题和原因。在此基础上,本文提出:在以完善制度构架为核心、以确保制度落实为基础和以充分服务保障为总体思路的引领下,探索优化浙江省农村工作指导员制度的对策,以期该制度在新的时代始终拥有无限的潜力和旺盛的生命力。

【关键词】 浙江省;农村工作指导员制度;优化

一、问题提出与文献回顾

农村稳,则天下安。国家政权如何扎根于广袤的乡村社会,一直是农村治理需要探索的问题。梁漱溟当年甚至说中央政府"不从乡村起,自不能归本乡村;离开乡村,即离开民众"①。在中国乡村治理的历史进程中,国家作为有组织性的权力,自始至终都发挥着最重要的形塑功能和资源汲取功能,差别只在于国家是直接"在场"还是间接汲取。中共十九大提出乡村振兴战略。2018年中央"一号文件"从人才支撑、投入保障、坚持和完善党对"三农"工作的领

---

[*] 吴雨倩,2019届MPA毕业生,就职于慈溪市综合行政执法局。
① 梁漱溟:《乡村建设理论》,商务印书馆2015年版,第330页。

导等方面进行了安排部署。在"三农"工作队伍建设方面,早在2003年12月22日,在浙江省委第十一届五次全体(扩大)会议上,时任浙江省委书记习近平就发表了《充分发挥"八个优势" 深入实施"八项举措" 扎实推进浙江全面、协调、可持续发展》的重要讲话,创造性地提出"从各级机关挑选一批党员干部下农村,基本实现全省每个行政村都派驻一位农村工作指导员,推动党委、政府工作重心下移"①的思想,从而在浙江省建立农村工作指导员制度(简称"农指员制度"),巩固了党在农村的执政基础,推动了党委和政府的工作重心下移。

　　浙江省建立农指员制度以来,浙江省委、省政府除多次召开专题会议、三次正式发文来推进这项工作外,还多次得到领导的重视和关心,制度逐渐从创新走向成熟,为浙江省的乡村振兴发挥了巨大的作用。通过对现有文献进行梳理发现,普遍认同农指员制度是一项创新农村工作的新机制。不同以往的联村工作,农指员制度的意义主要体现在促进"三农"发展、统筹城乡发展、转变机关作风、锻炼干部、实践群众路线等方面。对农指员制度研究的最大不足在于相关理论方面的文献十分稀缺。陈文正和曹永义认为,农指员制度是一种典型的"专家-行政管理"模式,对乡村建设的影响远未发挥,需要转向大众参与和上下联动的"参与-服务"模式。② 这算是首次对农指员制度从公共管理专业的角度进行分析,但不足的是该文献浅尝辄止,并没有深入分析下去。王胜从行政生态视野角度分析了浙江省农指员制度存在的问题和不足,算是补充了现有农指员制度的理论范围。③ 不同于理论研究,现有文献在提及农指员制度在实践中存在的问题时着墨较多,论述也非常翔实,不难发现,从建立制度的2004年至今,对于制度在实践中出现的问题大致方向几乎一直没有变过。这也说明制度优化一直停留在纸质建议层面,从未进入过农指员制度的管理层,这也对本文在农指员制度优化的设计方面提出了挑战。在完善和优化农指员制度方面,现有文献提出的优化方法要么比较抽象、可操作性不强,要么不易形成制度,要么缺乏领导重视和支持而缺乏保障等。这些为本文对于农指员制度问题的政策优化研究提供了创新空间。

---

① 习近平:《充分发挥"八个优势" 深入实施"八项举措" 扎实推进浙江全面、协调、可持续发展——在省委十一届五次全体(扩大)会议上的报告》,《今日浙江》2004年第1期。
② 陈文正、曹永义:《新农村建设的运作机制研究——以浙江省台州市农指员制度为案例》,《理论与改革》2007年第5期。
③ 王胜:《关于行政生态视野下的浙江农指员制度发展的探讨》,《全国商情(理论研究)》2013年第3期。

二、农指员制度运行的经验证据：
基于访谈和问卷调查的分析

（一）访谈介绍

2017年12月18日—2018年2月28日，笔者借助浙江省C市年终考核和调研的机会，陆续前往C市下属的若干镇和街道进行面对面访谈，前后访谈共15人。访谈对象有当地分管该制度的领导，有当地负责该制度具体事务的办公室（简称"农指办"）工作人员，也有农村工作指导员个人（简称"农指员"），还有当地不分管该制度的其他领导。访谈提纲分为两部分：第一部分是"访谈对象基本情况"，包括姓名、性别和身份；第二部分为访谈问题部分，共包括11个问题。这15位访谈对象也是笔者最初稿纸质调查问卷的填写者，为笔者后续完善调查问卷提供了宝贵的建议。与他们的面对面深度访谈，弥补了纸质问卷考虑不周全的地方，加深了笔者对联村制度、村第一书记等其他类似制度的了解。

（二）问卷设计

2017年年底至2018年2月底，笔者初步设计了调查问卷，先开展了浙江省C市农指员制度的调查问卷设计和纸质问卷填写试运行工作，结合面对面访谈对象对问卷的看法不断调整问卷，最后形成问卷定稿。2018年4月12—13日，浙江省宁海县召开浙江全省的农村工作指导员工作会议，本次会议的参加人员是浙江全省各市管理部门的分管领导、业务处负责人以及各县（市、区）管理部门的分管领导。笔者出于对课题的研究全程参与了会议，并在会场发放纸质问卷107份，回收有效问卷98份，回收率约为91.6%。同时，笔者通过省派和区县市派农村工作指导员工作微信群分享了问卷星平台下的农指员制度电子问卷，回收以农村工作指导员为对象的有效问卷110份，加上此前笔者实地调研等方式获取的纸质有效问卷51份，合计回收有效问卷259份。

在问卷结构设计上，根据调查对象的不同，笔者将问卷分为ABCD四个层面。第一个层次 A 部分是"基本情况"。第二层次 B 部分由"分管领导、派出单位领导、农指办工作人员填写",这部分群体是农指员制度的实际管理和操作者,力图通过问卷了解这部分群体的工作表现和态度倾向。第三层次 C 部分"仅农指员填写"。第四层次 D 部分由"村干部、村民、其他人员填写"。作为国家权力向农村社会渗透过程中的被动受众,村干部和村民的态度倾向和对该制度的监督也非常重要,同时,国家权力在主动下沉过程中,首先应该思考农村到底需要怎样的人才,有的放矢地选派人才才能事半功倍;对"其他人员",主要要测试和了解诸如城市居民等群体对该制度的知晓程度,试图分析推广该制度的必要性和可行性。259 份问卷根据填写对象身份分为 7 类(如图 1 所示),全面覆盖制度操作和执行层面主体,其中,分管领导 66 人,派出单位领导 14 人,农指办工作人员 31 人,农指员 110 人,村干部 21 人,村民 12 人,其他 5 人。这样的样本比例合乎制度运行各层面涉入程度的情况。

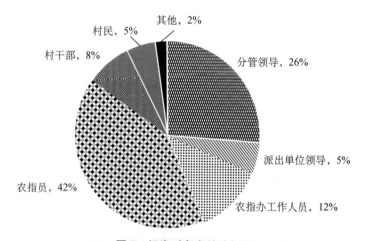

图 1　问卷对象身份分析图

在制度知晓程度方面(详见表 1),笔者结合问卷发现,农指员制度在村民、市民等群体中的知晓度非常低。笔者通过交叉比对 110 名不同类型的农指员(如图 2 所示)对制度了解的情况发现:"完全不了解"该制度的农指员中,省派农指员仅占 4.55%,市派(含区县市)占 12.5%;在"完全不了解"的农指员中,市派农指员(含区县市)的占比最高。说明制度在下行执行过程中,各地工作精细程度各异,有些区县市存在粗糙化管理,进一步说明有必要对下派前、中、后精细化培训提供空间。

表 1 对农指员制度的了解程度

受访者身份	完全不了解	些许了解	大致了解	非常了解	小计
分管领导	1人(1.52%)	1人(1.52%)	17人(25.76%)	47人(71.21%)	66人
派出单位领导	0人	0人	6人(42.86%)	8人(57.14%)	14人
农指办工作人员	2人(6.45%)	0人	13人(41.94%)	16人(51.61%)	31人
农指员	8人(7.27%)	2人(1.82%)	41人(37.27%)	59人(53.64%)	110人
村干部	0人	1人(4.76%)	9人(42.86%)	11人(52.38%)	21人
村民	3人(25%)	8人(66.67%)	0人	1人(8.33%)	12人
其他	4人(80%)	0人	1人(20%)	0人	5人
合计	18人	12人	87人	142人	259人

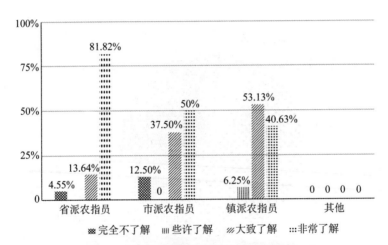

图 2 各级农指员对制度了解程度的对比

在评价描述方面,认为农指员制度起到"些许作用"和"作用一般"的人数达到 111 人(20+91),合计占 42.86%,与认为"作用很大"的 57.14% 几乎分庭抗礼。在关于制度是否需要优化的问题中,各方意见高度统一。

(三) 问题显示

对访谈和问卷的分析显示:在浙江省农指员制度运行的过程中,管理者层面不重视、农指员本人对该制度不了解、制度的日常管理缺乏约束性、村民对农村工作指导员的监督功能的缺位、专职驻村完全没有得到遵守、农指员补贴没有全覆盖和标准没有统一等问题非常普遍;同时,制度作用发挥没落到实处,浙江省农指员制度取得成绩满意度一般;其他类似制度模糊化对制度的顺利实施和开展也存在一定问题。对于浙江省农指员制度这些问题,可以从制度核心层面和制度外延层面进行综合分析。

1. 制度核心层面的问题

(1) 选派制度方面的问题。农指员制度强调"选优派强",但很多单位不愿意下派优秀干部;或者在挑选农指员方面很随意;推脱不下的情况下,有些单位派出年龄偏大、身体条件较差的干部。在驻村方式方面,浙江省在2007年的文件中明确规定:"农村工作指导员应列席村党支部、村民委员会、村经济合作社等基层组织的各种会议""省市下派的农村工作指导员可列席乡镇党委、政府有关会议",以及"要根据指导员本人条件,安排省市派出的指导员兼任乡镇党委或政府的相应职务"。这些规定随着各方对农指员工作的淡化而渐渐缺失。

(2) 职责定位方面的问题。农指员职责任务可概括为"村情民意调研、政策法规宣传、富民强村服务、矛盾纠纷化解、民主制度规范、组织建设督导",简称"六大员"职责,范围太宽,导致不能集中精力办大事。另因"富民强村服务"效果明显,能带来项目和资金的农指员广受所驻村欢迎,其他类型农指员则受到冷遇。

(3) 管理制度方面的问题。各地在头几年陆续建立了非常完善的管理制度,但随着时间的推移,这些年实际管理有弱化的趋势,甚至出现形同虚设的情况。根据调查问卷,实际"专职驻村"比例只有14.55%,广大农指员并未与原单位工作脱钩。

(4) 考核考勤方面的问题。农指员实行属地管理,分为年度考核和任期考核,考核德能勤绩廉,既要注重业绩考核,又要注重对驻村时间的考勤考核。具体而言:如果单就对驻村时间的考勤,广大农指员没有达标,这是其一;其二,任期考核一般缺失;其三,存在个人年终考核结果与农指员在所驻村的平时表现关联度不高;其四,德能勤绩廉很宽泛,最后落在了业绩考核,最终又落到"富民强村服务"。

(5) 支持激励方面的问题。一是制度管理层和领导层支持不到位,"领导挂点、干部驻村、单位支持"局面没有形成。二是大多数单位没有让农指员与单位工作真正脱钩。三是没有建立起统一的农指员工作补贴标准,一些地方没有落实补贴政策。四是虽然规定各级党委要进行表彰奖励,"全省优秀农村工作指导员"的表彰目前还是"两办"(党委办和政府办)发文,各市(包括区县市)的优秀农村工作指导员表彰之前也是各市(包括区县市)的"两办"进行,但现在一些地方取消"两办"表彰,直接由所在地农指办发文,削弱了含金量。

2. 制度外延层面的问题

（1）主观思想认识懈怠或者不重视。有的区县市对农指员工作有厌倦情绪;有的分管领导直言不讳地表示不想重视;有的派出单位支持力度不够;有的地方对农指员驻村生活关心和鼓励少;有的农指员工作态度不端正、工作不尽心,有的不善于与村里的干部群众沟通联系,有的把工作简单地理解为"找资金、找项目"。

（2）制度宣传普及方面存在的问题。群众对于农指员制度了解不多,农指员制度管理部门没有让制度之外的更多人群了解,甚至在制度内,还有不少农指员对制度一知半解。

（3）各种选派制度林立于农村基层的问题。目前,农村基层充斥了乡镇联村干部、村第一书记等各类干部。一方面,这些名称各异的选派制度在角色定位、目标任务和功能作用等方面存在重叠部分,是对人力资源的浪费;另一方面,名目各异的选派干部对村庄治权、村级组织自治和村"两委"工作造成了干扰。

三、问题成因分析

（一）管理权限方面的原因

一是农指办管理权限影响力和约束力有限。根据设定,制度的管理机构是各级农指办,但实际落实情况却有不少出入:省市县一级农指办一般都内设于各级农村工作办公室(简称"农办");镇(街道)一级农指办在实际中有内设于镇(街道)农办的,也有内设于组织办等部门的。相比组织部下派的"村第一书记"等制度,农指员制度的影响力有限。如果领导重视此工作,制度落实还相对顺利,但凡有一级领导不重视,都将导致制度落实遭冷遇。对于那些不落实制度的部门、单位和个人,农指办也难以真正对其约束,长此以往,制度被拖入一个摆设的境地。

二是日常工作属地管理上的原因。派出农指员后,原有单位不承担主要考核监督职责,乡镇所在乡镇党委和政府不一定切实担负起农指员的日常管理职责,而派驻村作为直接接触农指员的一方,又没有管理权,导致监管真空。

(二) 制度设计难以统筹的原因

制度设计难以统筹协调的主要原因如下。一方面,在选派方面虽明确提出"选派用强",但各派出单位干部力量并不充足,且农村工作又繁重,要保证两边力量在现实中很难实现,制度设计上形成悖论。另一方面,农指员"六大员"职责在实践中被理解为"找项目、要资金",对于政府、派出单位和农指员个人来说都有压力。

(三) 执行落实方面的原因

一是对制度执行落实认知偏差。一方面,不少派出单位和农指员个人认为年终考核结果与他们在所驻村的平时表现、做出的成绩关联度不高,因此得出"做好做坏一个样,不如不认真"的结论,进而导致执行行为出现偏差。另一方面,在"功利政绩观"目标导向下,"六大员"职责很容易沦为"找项目、要资金",导致执行偏差。

二是执行落实精力有限。一方面,农指员"专职驻村"条件不具备,很多农指员既要兼顾原单位工作,又要在所驻村开展工作,精力有限。另一方面,农指员个人力量有限,无法吸纳丰富的资源来服务所驻村。

三是派驻村监督功能缺失。其一,派驻村认为农指员是上级派来的领导,不敢主动过问和监督农指员。其二,存在"老好人"心理,不愿为难农指员。其三,派驻村表达渠道缺失。

(四) 考核激励方面的原因

一是考核占比低和考核方式有失公允。农指员工作所占考核分数不高,管理部门对农指员成绩衡量和考核方式有失公允,同时,农指员工作不在领导考核指标体系里,在制度管理和领导层面易形成不重视的思想。

二是农指员主观积极性易受影响。制度要被完全地执行有难度,或因为领导工作千头万绪,或因为领导主观思想不想重视,或因为农指办精力不够。

这些都会使农指员感受到来自党委、政府和派出机构对该工作的不重视,导致积极性不高。同时,有些农指员若在原派出单位考核能评为优秀,但担任农指员之后却无法被评为优秀,导致心理层面发生变化。而且在同等条件下,农指员就算被评为优秀农指员、考核获得优秀,在公开选拔干部过程中却不具备优先被提拔权,积极性也受到影响。

三是派驻村对农指员监督考核机制存在问题。派驻村一方面对农指员的考核打分占比权重低;另一方面不是匿名打分,不敢给出真实评分。

(五)定位和长效方面原因

一是职责任务定位设计方面的原因。农指员个人资源禀赋和专长不同,"六大员"职责定位太全,也不利于专长发挥,若要在六个方面做得圆满,也会导致疲于奔命。

二是对农指员职责定位理解偏差的原因。在"功利"价值观导向下,更倾向于可衡量、看得见的"给项目、给资金"的富民强村职责功能。

三是日常管理缺乏永续性和长效机制。虽然浙江省农指员日常管理制度总的设计方向考虑周全,各地农指办也进行了制度创新,但在新事物新问题新形势加速迭代的背景下,不主动调适难免会产生一些问题。

四、农指员制度优化设计

浙江省农指员制度作为善治和善政的地方制度尝试,其本质在于通过重构国家和社会两者间的协调地带、中间地带,实现上通下达、来往自如和有效的双向互动。虽然农指员制度在形式上不断变化,但作为一项农村工作制度,其目标还在于实现国家对农村基层的有效治理,通过重构国家和社会之间的中间地带,来实现自下而上的农村村民的民意表达和政治参与,弥补村级治理公共性缺失的难题。农指员制度作为农村工作制度,在农村社区治理中的意义在于:一方面,能将自上而下的宏观政策灵活地转化成农民易于接受和认可的规范;另一方面,能够通过利用农指员制度这一农村工作制度,及时地处理农村基层社会问题。本文就农指员制度的优化提出如下设想,以期为完善制度略尽绵薄。

（一）设置制度管理归属权限

1. 将农指员工作并入组织部，由组织部统一管理

农指员工作的归口管理部门现在都在各地农办的内设机构——农指办，作为同级下派农指员的省市直机关（含省市区）单位的平行同级部门，却承担起监督管理各地干部的权力部门的职责。如果农指办仍然拥有比例分量相当的考核权，就能够拥有比较大的发言权，所在辖区还能重视这项工作，但是这些年随着对农指员考核比重的降低，浙江各地对农指员工作的重视也相应降低。

在现有的党委政府工作体制中，组织部无疑依据党章、党规拥有相当的政治权力。这就使基层对组织部下派工作的完成热情要明显高于其他部门。在现有体制中，虽然组织部也参与农指员的管理，但也止于收集农指员的名单和年度考核成绩。组织部作为管理干部和人才的部门，可以发挥影响力，实现国家政权在农村的善治善政。

2. 在日常管理上从严要求

管理部门要以严的标准要求、以严的措施管理、以严的纪律约束，进一步完善农指员管理办法，切实加强对农指员的日常工作管理、检查和督促，切实做到思想教育不减弱、跟踪管理不断线、了解情况不间断。对群众不满意、工作表现差、工作绩效不明显或不遵守工作纪律的农指员，该批评教育的要批评教育，该反馈的要反馈，该要求派出单位撤换的要撤换，确保人员到位、精力到位、工作到位。

（二）厘清各类联村干部制度

厘清各类联村干部制度的具体策略是：要么将农指员制度、联村干部制度、部门联村制度等联村干部制度全部合并；要么明确差异化这些制度，让它们各司其职，但前提是一定要严格突出制度的不同；要么就是该取消的就取消，该保留的就强化。如果用一个公式来描述浙江省各类联村干部制度，可以表达为"农指员制度＝联村干部制度＋部门联村制度"，在农指员制度建立的最初几年，新制度得到空前的重视、创新、强化和完善，相应部门联村制度也得到了强化。随着时间的推移，现阶段浙江省境内建立了相对完善的联村干部制度，在镇级层面建立起了全覆盖镇级干部的联村制度，镇级的中心工作、重点工作往往都依靠联村干部推进，联村领导、联村片长和普通联村干部都承担了所联村的连带责任，因而至少在镇级层面联村干部制度得到了前所未有的强化,从而弱化和淡化了农指员制度。如果说在镇级层面农指员制度等同于联村干部制度,那么农指员制度的意义就体现在省派和市派农指员这两级层面上。从制度变迁理论和善治善政理论角度来说,农指员制度对于锻炼省市机关干部、密切他们与群众的联系、实现权力下沉目标始终大有裨益。

(三) 强化部门联动落实机制

1. 形成"领导挂点、干部驻村、单位支持"的良性互动保障

在国家和农民的关系问题上,中国主流传统思想强调的不是公共服务,而是突出权力集中。作为善治善政的手段之一,浙江省建立的农指员制度可以起到天然润滑剂的作用,通过突出服务"三农"的功能,实现国家和地方对农村的有效治理。农指员工作不是农指员一个人在战斗,农指员背后的部门也需要深度参与其中,要提高重视程度。同时要加强部门之间的团结协作,在派驻村一些工作项目上,可以交换资源,或者抱团协作。要加强与派出单位的联系。首先是交流工作,感谢并争取派出单位对农指员工作的支持;其次是反馈农指员个人的工作情况,帮助农指员得到单位的支持和关心。

2. 因村派人,推进组团服务

一方面,树立"因村派人、因人选村"导向,了解派驻村的实际需要,并与农指员的特长结合,选好派好农指员。另一方面,引导社会合力,推进组团服务。把农指员的优势集中起来,适度调配释放能量;把农村的薄弱统一起来,集中能量解决。组建特色各异的专业农指员服务团队,探索跨村、跨乡镇和跨县(市)区的协作帮扶模式。

3. 将派驻村监督功能纳入制度,畅通意见表达渠道

农指员在派驻村的工作表现离不开派驻村的监督。派驻村积极参与其中,与农指员个人、派驻单位形成良性互动,将对该制度的发挥大有裨益。畅通派驻村意见表达的渠道,提高派驻村参与监督的积极性,实现派驻村与下派干部、派出单位以及管理部门的既监督又相互学习交流的目标,也是推动乡村社区治理的善治善政上的重要一环。

(四) 建立上下考核激励制度

1. 可以形成双向考核机制

农指员工作不仅需要加强对下考核,也需要强化对上考核。这里的对上考核主要指对组织部门、农指办和派出单位的考核,同时细化对这些单位领导和派出单位的考核,因为在问卷中发现很多因分管领导和派出单位对农指员工作不重视而导致的管理形同虚设。在具体单位和领导的考核上,可以增设农指员、村干部和村民对上级领导的打分制度。在双向考核中突出村干部的考核权重,现在的村干部很难当,一是地位低,二是报酬低,三是担子重,因此,发挥对上考核棒的作用,可以突出村干部的责任感和参与感。

2. 保证优秀农指员提拔比例和获奖规格

一方面,农指员保证一定比例的提拔名额。与组织部对接,考虑赋予农指办对后备干部的推荐权,获提拔的干部必须有农村基层经验,确保农指员按比例名额提拔。或者在提拔使用干部时,可以增设"必须有被下派担任过农指员经历"这一条件。另一方面,保证奖励优秀农村工作指导员证书的含金量。保障由省、市、区"两办"出面发文奖励和表彰对应级别的优秀农指员,保证表彰证书的高含金量,持续激发广大农指员的工作热情。

(五) 合理定位,建立长效机制

1. 合理定位农指员职责任务

一是不要硬性规定农指员在六个方面做到十全十美,譬如可以在六个方面考核其最擅长的两个方面。这既能有利于农指员个人专长的发挥,又不至于他们疲于奔命。同时,要结合派出单位的优势,积极摸清派驻村需求,做到"因村派人"。二是要积极引导派驻村对农指员的定位思想。这既需要官方舆论引导,扭转只要"给项目、给资金"农指员的"功利"价值观导向,也要靠农指员个人积极行动,踏实服务于村,赢得村委和村民的心。三是要建立并落实统一的农指员工作补贴制度,确保同一制度下同工同酬,对于乡镇一级存在的联村组长和农指补贴悖论问题,要两者兼顾。四是在人员选派上,确保将那些素质好、能力强、作风硬的优秀干部选派到农村工作指导员队伍,发挥各自在农村中心和重点工作中的资源和优势。

2. 探索农指员任期延展性和知识更新

乡村振兴战略设计者和美丽乡村建设者希望农村不光有一个光鲜亮丽的外表,还希望农民的精神面貌能焕然一新。然而,在绝大多数农民的心中,最需要的还是致富。梁漱溟说,如果抓不住农民的痛痒,就抓不住农民的心。[①] 对于能

---

① 梁漱溟:《乡村建设理论》,商务印书馆2015年版,第457页。

带来扶贫资金和扶贫项目的农指员,对正在进行的具有延展性的扶贫项目背后的农指员,我们应该创造条件延展他们的任期,使其继续指导帮扶项目,巩固帮扶成果。当然,文化建设也是农村所需的,但是如果没有真金白银、货真价实的能改变农民命运的制度和政策,这种文化的帮扶并无多大意义。在年度重点工作中,从省派农指员到市派农指员再到镇派农指员,要具体分解,层层落实任务,突出重点但各有侧重。同时,要加强对农指员个人的学习培训,根据不同历史阶段和背景,围绕阶段性重点和中心工作进行知识培训,这也正是制度永续发展的需要。

3. 结合年度重点工作载体,推进制度永续发展和长效机制建立

熊培云说:"在每一个村庄里都有一个中国,有一个被时代影响又被时代忽略了的国度。"① 就浙江省农指员制度而言,从落实在农村中的各项重点工作和中心工作入手,通过具体地抓、持久地抓、深入地抓,从而抓出成效,才能充分发挥农村工作指导员的作用,从而保持制度活力。1955 年 12 月,毛泽东在《中国农村的社会主义高潮》一文中提出:"农村是一个广阔的天地,在那里是可以大有作为的。"② 浙江省农指员制度结合"三改一拆""五水共治""村级组织换届选举"等工作,使得农指员制度重新焕发了新的活力和生命力。这就说明一项制度在历史长河中并不只有"存废"两个选择,在"存"的前提下,也并不只有表面的消极符号型"存",完全可以有所为、有所创新。

[论文指导老师:张　平]

---

① 熊培云:《一个村庄里的中国》,新星出版社 2011 年版,自序,第 7 页。
② 《毛泽东文集》第六卷,人民出版社 1999 年版,第 462 页。

中国企业境外投资的税收风险及其管理研究

——以苏州地区企业为例

张一曦*

【内容摘要】 税收是影响企业发展的重要因素,中国企业正在越来越多地参与境外投资,也面临重大的税收风险。本文研究的主要问题是中国企业在境外投资和后续经营中主要遭遇了何种程度和类型的税收风险,如何从公共部门提供的税收政策、税收服务和企业自身的税收风险管理框架出发来防范和控制这些可能的税收风险。本文发现:中国的国际税收政策体系亟待完善,特别是境外所得税收抵免政策;税收管理机关在境外投资方面提供的专业税收服务不能满足纳税人需求;企业纳税人更多的关注于特惠式的税收优惠政策,而缺少对普惠式的国际税收协定的关注。最后,本文从企业、税收政策和税收服务与管理三个角度,提出优化境外投资税收风险管理的建议。

【关键词】 境外投资;税收风险;税收政策;税收服务

一、问题提出与文献综述

近年来,中国企业对外投资进入新的发展阶段。但机遇与风险相伴相生,企业对外投资面临巨大的税收风险,需要面对各国不同的税制和税收政策。特别是"一带一路"沿线包括众多发展中国家,政治经济环境相对不稳定,税收政策缺乏持续性和稳定性,这使中国企业对外投资面临更高税收风险。如何优化境外投资税收风险管理是值得税务管理机关和企业纳税人双方探索的重大课题。

在经济日益全球化和数字化的今天,税基的地域流动明显增强,国际税收进入税基侵蚀和利润转移(base erosion and profit shifting, BEPS)的新时期。对于公共部门特别是税务管理机关而言,应制定讲求实效的税收政策和管理

---

* 张一曦,2019届MPA毕业生,就职于国家税务总局苏州市税务局第二税务分局。

服务措施,提供优质高效的税收服务,提高"走出去"企业防范和应对税收风险的能力。

本文将相关文献主要梳理为以下几个层面。

一是从征纳双方角度看税收风险管理问题。从纳税人角度来看,税收风险是其在履行纳税义务或者践行各项税收法规时,需要承担的各类成本。税收风险的一大特征是不确定性,引起企业税收风险的因素主要包括税法的变动、外部监管环境的改变、记账规则发生变化、发展战略的改变等。从税务机关角度来看,税收风险管理的核心内容是在税收管理过程中,因提升纳税遵从度造成的不确定性及可能性;根本目的在于降低不遵从引发的风险,实现最大化的税收遵从。① 尽管税收风险对于征纳双方来说是从两个不同视角看问题,但是在减少争议、降低遵从成本和增强确定性等诸多方面,双方有共同的目标。通过合理的方式,譬如,提高决策制定的透明度、及时迅速的信息披露和双方的实时合作,征纳双方实现共赢。

二是探讨境外投资领域的税收风险。相关研究包括风险的识别、分析、控制和防范。企业在境外投资时,投资国政治法律环境、经济发展状况和税制差异都会影响税收风险的高低。② 政府部门应当研究制定国际税收协调规则,实施开放型经济发展的税收政策;企业也需要创新思路,建立适当、高效的税务策略,对税收协定建立更全面的理解,与当地税务机关建立更稳固的关系,因地制宜地选择"走出去"路径。③

三是在对外投资领域的税收服务情况。新公共管理理论是主导税务机关开展纳税服务实践的理论基础,指导税务机关从管制转向服务。④ 在境外投资领域,企业面临税务机关服务和管理漏洞,需要研究探讨运用税收这一经济杠杆,制定讲求实效的税收政策和管理服务措施,进一步提升税收风险防范能力。⑤

---

① 国际财政文献局(IBFD):《税收风险管理——从风险到机会》,范坚、姜跃生等译,江苏人民出版社 2012 年版,第 12 页。
② 赵燕清:《中国企业跨境投资税收风险及其防控》,《国际税收》2017 年第 2 期,第 48—51 页。
③ 福建省地税局课题组:《关于"走出去"企业税收风险和应对的探讨》,《发展研究》2016 年第 2 期,第 44—48 页。
④ [美]珍妮特·V.登哈特、[美]罗伯特·B.登哈特:《新公共服务:服务,而不是掌舵》,丁煌译,中国人民大学出版社 2010 年版,第 6 页。
⑤ 高晶晶:《中国企业对外直接投资的税收问题研究》,西南财经大学税务专业硕士学位论文,2013 年,第 31—33 页;勒东升:《防范"一带一路"税收风险》,《国企管理》2017 年第 6 期,第 22—23 页。

二、境外投资税收风险及管理发展现状

（一）境外投资税收风险的产生

税收风险主要来源于税法、国际税收协定以及对税法和国际税收协定的解释构成的法律环境。潜在税收风险的触发在于欠缺"税务认识""税务分析"和"后续行动"。①

在境外投资领域，税收风险产生于企业对税制差异和税收征管流程认识欠缺。对于东道国税收制度和征管规定的无知可能会带来额外的税收成本。税收政策的透明程度和征管执行中的不确定性也是企业税收风险的来源。此外，投资国的政治经济环境变化会殃及企业。BEPS各国将积极在反避税和打击逃税方面展开合作，会加强对利润转移、不当转让定价等避税手段的管理，境外投资企业面临更严峻的国际税收形势。

（二）当前境外投资税收风险管理情况

在境外投资税收风险管理方面，企业自身的税收风险意识和管理能力至关重要。税务管理机关在降低税收风险方面的目标与企业是高度一致的。相对于大多数欠缺经验的中小型企业，税务管理机关拥有显著的资源和专业优势。从税务管理机关的角度出发，现有的税收政策、税收协定、管理规定及服务举措对境外投资税收风险管理具有很大影响。

经过多年的发展，中国的境外投资税收风险管控逐步进入专业化、规范化发展阶段，但是在税收政策体系、税收管理规范和税收服务支持对外投资等方面仍然有很大的进步空间，企业的境外投资税收风险管控仍然处于艰难探索阶段。

---

① 国际财政文献局(IBFD)：《税收风险管理——从风险到机会》，范坚、姜跃生等译，江苏人民出版社2012年版，第20页。

（三）苏州地区"走出去"企业税收风险分析

苏州地区外向型经济蓬勃发展，进出口贸易发达，外商投资企业数量众多。出于税源管理和税收服务的需求，税务机关联合商务部门采集全市对外投资企业的信息，形成包含 105 项字段的"走出去"企业基础数据清册。

根据清册数据，2017 年登记在册的、所得税属于国税机关管辖的企业中共有 439 户[①]开展了境外投资，共设立境外控股企业或分支机构 588 户，对外投资总额约 50.83 亿美元，投资目的地广布于全球 61 个国家和地区。

综合考虑企业对外投资经营的实际情况和清册中统计的字段和数据，本文从四个方面展开分析：一是哪些企业进行了对外投资；二是企业对外投资的情况；三是企业的税收表现情况；四是企业对外投资经营中遭遇的问题。

（1）在苏州地区，民营企业是对外投资的主力军。投资主体以计算机类的设备制造业企业为主，这些企业集中在苏州工业园区和昆山地区。对外投资主体的资产规模差异巨大，亿元以下资产规模的企业占多数。这些企业的营业收入和资产规模，与其对外投资的金额都没有显著线性相关关系。对外投资地区以亚洲地区为主，投资规模较大的境外企业集中在发展中国家。

（2）苏州市区对外投资企业的纳税信用等级大部分为 A 类和 B 类，纳税信誉情况普遍较好。境内投资主体的总体营利情况良好，税收贡献较高，但有三分之一的企业利润总额为负数，境外所得税收抵免申报率极低。

（3）在境外设立的所有企业中，约四分之三的企业处于正常经营状态，同时有超过 10% 的企业实际未经营或濒临注销。境外企业的营利能力不明朗，部分企业不愿意填报或无法填报数据。现有的利润率指标显示超过 70% 的境外企业利润率为负数或零，营利情况令人担忧，抗风险能力差。

（4）企业在境外遭遇复杂的流程与手续，对于复杂的税制和不稳定的政策缺乏了解。投资国各国的经济发展水平不同，采用的主体税种也不同，税收政策与国内差异大。这些问题使企业更容易暴露于境外投资存在的税收风险中。

---

① 439 户企业仅包括对外投资，不含对外承包工程的企业。

三、境外投资税收风险管理的问卷调查
——侧重于企业纳税人角度

（一）问卷设计

本文针对企业境外投资税收风险管理的实际情况设计了两份调查问卷：一份发放给企业纳税人，问卷调查对象是有对外投资经验或者投资意愿的企业财务人员或负责人；另一份由税务管理机关的税务工作人员填写，问卷的调查对象是在国税机关大企业和国际事务处有相关工作经验的税务工作人员。2018年4月25日—5月25日，针对企业纳税人的调查问卷回收有效问卷102份，排除14份；对于税务人员发放的问卷回收52份。

本次调查所采用的调查问卷考虑从以下三个方面展开：一是境外投资税收风险意识，包括企业风险意识、税务控制框架和外部因素；二是境外投资税收政策，包括政策的普及情况、执行情况以及相关问题与建议；三是税收服务"走出去"企业，包括参与度、满意度以及相关问题与建议。据此设计了问卷的研究假设，调查问卷的研究假设如下。

1. 企业对于境外投资税收风险的认知度

H1 企业在境外投资过程中会遭遇多种税收风险，企业主观上对此有较强的风险意识，但是缺失完备的税收风险管理框架。

H2 企业在境外投资过程中会遭遇多种税收风险，客观上受到境外投资国复杂的税收法规和政策，税收营商环境，以及经济、政治、社会、文化等多种因素影响。

2. 企业对于境外投资税收政策的感知情况

H3 企业对于境外投资税收政策缺乏了解，无法充分利用政策降低税收风险。

H4 企业的税收遵从度较低，对税务机关缺乏信任，无法充分利用政策降低税收风险。

H5 企业对于相关税收政策不满意，政策的可执行性差，税收优惠难以落实。企业对政策内容中的境外所得抵免方法、税收优惠政策、税收协定等方面有改进的诉求。

3. 税收服务的可获得性、效率与效果

H7 政府部门提供了企业易于获取的便利的税收服务，企业的参与度很高。

H8 政府部门提供了优质的税收服务，与企业的需求匹配度高，这些服务可以有效地改善税收风险管理情况。

H9 政府部门提供了大量税收服务类公共产品，税收信息资讯和咨询辅导项目很多，注重质量和时效性，可以满足企业的需求。

（二）问卷研究结果反馈

1. 风险认知情况和风险管理能力反馈

依据问卷反馈结果，大部分企业都认同境外投资税收风险的发生概率较高，同时会造成比较严重的后果。这一点上，税务管理机关的看法同企业的基本一致。根据企业反馈，本地区的企业实际遭遇特别重大境外投资税收风险的情况并不多见，但是大部分企业对常见的各主要风险点都有所了解。企业最关注的风险在于并购引发的税收风险、未享受税收优惠和未享受协定待遇的风险；相对而言，税务人员更了解的风险是广义层面上的国际重复征税。

企业纳税人对于以下常见的境外投资税收风险的实际体验情况如表1所示，该矩阵题满分3分，整体平均得分仅1.61分。

表1 企业纳税人对境外投资税收风险的感知情况

选项	没有听说过(1分)	听说过(2分)	遭遇过(3分)	平均分
并购引发的税收风险	30(29.41%)	70(68.63%)	2(1.96%)	1.73
遭遇投资国税务调查	54(52.94%)	46(45.1%)	2(1.96%)	1.49
国际重复征税	42(41.18%)	58(56.86%)	2(1.96%)	1.61
税收协定待遇未享受	40(39.22%)	56(54.9%)	6(5.88%)	1.67
税收优惠未享受	34(33.33%)	66(64.71%)	2(1.96%)	1.69
税收歧视待遇	38(37.25%)	64(62.75%)	0	1.63
其他	54(52.94%)	48(47.06%)	0	1.47

资料来源：作者根据调查问卷相关资料整理制作本表。

税企双方对税收风险的重视程度的反馈情况如图1、图2所示。

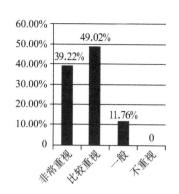 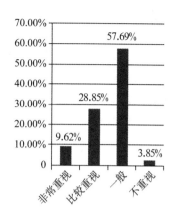

图1　企业对税收风险的重视程度　　图2　税务机对税收风险的重视程度

大部分企业在进行重大事项决策时会将税收因素纳入考虑,但是仅有约一半的企业拥有内部税务管理部门,没有设立税务部门的主要原因是成本问题。尽管企业认为税收风险或者风险管理非常重要,但是并不愿意为此投入必要的资源。这从侧面印证了部分企业的税收风险意识仍然有待提高。

在境外投资税收风险的成因方面,税企双方对问卷题设中提及的多个因素都表示了认可,其中本国和投资国的税收法规政策、投资国的征管流程给企业造成了较大的困扰。根据企业的实践经验反馈,境外投资会遭遇的涉税问题主要来源如图3所示。

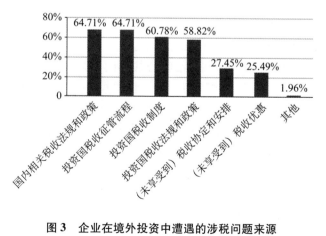

图3　企业在境外投资中遭遇的涉税问题来源

2. 税收政策和税收服务反馈

企业纳税人对于境外投资相关税收政策的了解程度并不高,对本国的出口退税政策、投资国的税收政策和税收协定都有所知者寥寥。企业认为境外投资相关税收政策的最大问题在于政策的适用范围和条件过于严苛,而税务管理机关认为政策操作执行流程繁杂是最大的问题所在。

在相关税收政策的具体执行方面,企业认为存在的问题如图4所示。

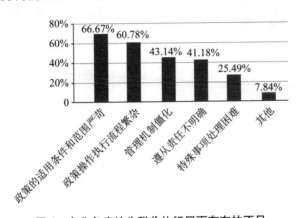

图4 企业角度认为税收执行层面存在的不足

在具体的税收优惠政策方面,税务机关的专业人员比企业人员有更强烈的倾向性。企业希望获得题设中提及的几乎所有优惠,但是税务人员强烈建议建立延期纳税制度。对于境外投资相关的税收政策的具体内容,企业的不满主要在于境外所得确认和税收抵免方面。

对于公共部门提供的税收服务,税企双方的评价都比较好,但是企业参与税收政策培训、参阅相关税收指引的比例远低于预期。企业对于税收政策培训和专业化的服务有较大的需求,希望公共部门在政策法律、数据库和信息、专业风险分析和预警方面提供支持。除了提供境外投资专业税收政策培训,公共部门应当提供更多的专业化税收服务,做好境外税收信息采集,推动国外税务主管当局为中国企业享受税收优惠提供便利。

税企双方在税收争议解决方面的满意度都比较低。税务人员对于目前组织的对外投资税收风险的相关政策解读、培训和辅导效果和目前编制的税收指引、国别指南等资料的效果都不太满意。税务人员对于公共部门为支持"走出去"提供的税收服务总体评价比较好。

对目前公共部门在对境外投资企业税收风险防控方面做出的努力方面,

税企双方大体上给出了比较正面的评价,也存在少数企业认为公共部门在对境外投资企业税收风险防控方面的成效不佳。

(三)问卷假设验证

综合来看,企业在境外投资过程中会遭遇多种税收风险。主观上,企业对此具有较强的风险意识,但是缺少完备的税收风险管理框架;客观上,税收风险受到境外投资国复杂的税收法规和政策,税收营商环境,以及经济、政治、社会、文化等多种因素影响。

尽管投资主体的税收遵从度整体情况良好,但是企业普遍缺乏对境外投资税收法规和政策的了解,对境外税务机关缺乏信任,无法充分利用政策降低税收风险。同时,目前国内关于国际税收的有关政策不够完备,相关政策的可执行性差,导致税收优惠难以落实,其中征纳双方对于境外所得抵免方法,税收优惠政策等方面有较强的改进诉求。

政府部门提供的税收服务,并不是企业易于获取的,企业的参与度不高。这些服务与企业的需求匹配度不高,不足以有效地改善税收风险管理情况。同时,政府部门提供的税收服务类公共产品有限,其质量和时效性不足以满足企业需求。

四、境外投资税收风险管理的访谈分析
——侧重于税务管理机关角度

(一)访谈设计

为了进一步了解企业在境外投资税收领域遭遇的实际情况和当前的税收风险管控实况,并且深入探究其中存在的问题和解决途径,在本次研究过程中设计了访谈分析的环节。访谈分为企业纳税人和税务管理机关两组进行。

对于税务人员组的问题,本文对公共部门在境外投资风险防控上,试图从税务管理机构的视角,探索企业在境外投资税收风险管理方面的盲区和形成原因,收集改进建议。对企业财务人员这一组开展访谈的目的是:了解企业对于投资国税收征管流程和税收政策的了解状况,遭遇的实际税收问题和应对

情况，以及企业对于境外投资税收风险管理的建议。

（二）访谈分析与结论

税务专家首先指出目前境外投资相关税收政策存在诸多不足。境外投资相关税收政策本身较为复杂，大多重原则轻细节，在实际执行中存在困难。在实践中，运用境外所得抵免政策的企业占比很低，相当程度上是由于企业不了解政策或者无法正确完成复杂的计算和申报。在境外所得确认、所得税税收抵免、亏损弥补、税收优惠以及国际税收协定的谈签等方面，各位税务专家也提出了具体的意见。

在对企业进行访谈后，笔者最切实的感受是企业在境外遭遇的税收问题非常琐碎，很难以某种单一的税收风险来简单地囊括。苏州当地的对外投资主体的税收风险管理能力还处在比较初期的成长阶段，仅仅在考虑投资框架、分立子公司、股权转让、利润汇回、转让定价等重大涉税问题时，会寻求税收方面的风险识别和评估。企业对于高质量的税收服务的需求主要体现在两个方面：一是高质量的境外税收信息难以获取；二是需要政策解读和培训辅导。

在政府部门提供税收服务方面，有税务专家提出了"点面结合"、提供综合性、专业化、个性化服务的建议。在风险管理方面，税务管理部门应加强与企业的沟通合作，密切税企关系，增进税企信任，以纳税人的需求为导向，注重向境外投资企业提供更具针对性和专业化的纳税服务。在境外，也可发挥政府层面的优势，收集和整合重要涉税信息，向主要投资目的国派驻税务参赞，与投资国税务主管部门进行沟通交流，为企业的境外投资税收风险管理助力。

五、对策与建议

随着越来越多的企业"走出去"，境外投资面临的税收风险和税务机关的管理与服务漏洞逐渐暴露。如何运用税收这一经济杠杆，制定讲求实效的税收政策和管理服务举措，提高"走出去"企业的税收风险管理能力，是一项全新的挑战。结合上文的各项研究分析，以下提出优化境外投资税收风险管理、促进企业"走出去"的一些具备可行性的对策，以及优化税收服务和管理方面的具体政策建议。

（一）优化企业税收风险管理，建立合作性税收遵从关系

一是加强税收风险管理意识，建立税收风险管理框架。从调查问卷的结果可知，境外投资的相关税收风险意识仍然较为薄弱，企业层面的税收风险管理框架很不成熟。企业层面的税务风险管理应当从降低不确定性、合规成本以及减少与税务机关的纠纷等角度出发。

二是重视前期知识储备和政策执行。境外投资企业需要了解其纳税义务与可能面对的风险，充分了解相关的税收信息。这些方面的信息获取可以运用互联网和官方的权威信息资讯。

三是建立合作性税收遵从关系。近年的趋势是，税务管理机关更加专业化，企业内部的税务部门也正在变得越来越专业化，因此企业税务部门与税务管理机关间的合作增多，关系越来越密切，这种加强型的关系带来"合作性遵从"。企业应当合理合规地开展跨境税收筹划，大胆依法维护自身的正当税收权益，在有必要时主动寻求国内税务机关启动相互磋商程序。

四是强化事后风险处置能力。在税收风险事件已然发生时，企业应当及时采取有效应对措施，尽可能地减少损失。要完善相应的税务风险管理框架和企业内控制度，自觉加强对境外投资的总体战略规划和税务管理。

（二）提高税收制度的兼容性，优化税收政策

一是加强税收立法，提高税收制度的兼容性。在对外投资税收方面，政策制定的两个目标分别是维护国家税收权益和为纳税人提供公平且优惠的税收条件，关键之处在于取得两者的巧妙平衡。中国应加快税收立法进程，尽快建立科学的税制，为企业提供更加具备确定性的税收营商环境。

二是优化税收抵免政策，切实消除国际重复征税。在减除重复征税方面，建议试行推广"免税法"。如果出于谨慎性考虑，近期内仍然实行"抵免法"，可以考虑降低政策实施的复杂程度，增强政策的可操作性，最大可能地避免双重征税风险。

三是试行境外投资税收优惠政策，提高企业的国际竞争力。民营企业和中小企业更需要税收优惠政策的重点扶助，逐步提升境外投资税收风险管理能力。建议试行境外投资损失准备金制度，提高企业的风险承受能力。值得警惕的是，在加大税收优惠力度的同时，需要避免企业滥用优惠政策，税务管

理机关应当注意完善具体政策的实施细则,及时掌握企业的涉税信息。

四是推进税收合作,签订完善国际税收协定。随着中国企业走向世界各地,中国的税务部门应加强与世界各国的对话交流,推动建设税收合作机制,积极构建国际税收新秩序。修订和重签部分税收协定,便于企业切实享受税收协定待遇。

(三)提升税收管理效率,优化探索税收服务新途径

一是构建国际税收风险防控体系,提升税收管理效率。税务管理机关可以利用先进的信息技术手段和海量历史数据,采用涉税风险提醒、纳税评估和反避税调查等手段展开税收风险防控,进一步完善国际税收风险监控体系。

二是重视信息交流与风险预警,提升政策宣传培训的质量。税务管理机关应当主动发挥专业优势,及时发布相关预警信息。加强税收信息共享平台建设,设立专业的国际税收政策咨询库。完善税收政策咨询,借助互联网等新兴工具创新税收咨询方式。推广"点面结合"的培训方式。

三是推动普及和优化跨境税收争议解决机制。加强宣传,推动已有税收争议协商程序的普及,推进跨境税收争议解决机制的优化。建议在国家税务总局层面建立可公开的税收争议案例库,使企业了解跨境税收争议可行的解决方式和程序。

四是升级海外支持,建立多部门协同机制。通过广泛深入地参与BEPS行动计划,使国际税收新规则中反映和体现中国企业的诉求,形成宏观层面的支持。境外投资税收风险管理需要多部门的协同支持,建议组建由多部门组成的协同机制。此外,相关部门应当重视引导社会中介机构的发展和税务专业人才的培养。

[论文指导老师:张 平]

图书在版编目(CIP)数据

地方治理：动机、行为与制度环境/左才主编. —上海：复旦大学出版社，2021.11
(复旦大学公共管理(MPA)论文集)
ISBN 978-7-309-15793-2

Ⅰ.①地… Ⅱ.①左… Ⅲ.①地方政府-行政管理-中国-文集 Ⅳ.①D625-53

中国版本图书馆 CIP 数据核字(2021)第 128856 号

地方治理：动机、行为与制度环境
DIFANG ZHILI：DONGJI XINGWEI YU ZHIDU HUANJING
左　才　主编
责任编辑/孙程姣

复旦大学出版社有限公司出版发行
上海市国权路 579 号　邮编：200433
网址：fupnet@fudanpress.com　http://www.fudanpress.com
门市零售：86-21-65102580　团体订购：86-21-65104505
出版部电话：86-21-65642845
上海四维数字图文有限公司

开本 787×960　1/16　印张 22.25　字数 388 千
2021 年 11 月第 1 版第 1 次印刷

ISBN 978-7-309-15793-2/D·1097
定价：98.00 元

如有印装质量问题，请向复旦大学出版社有限公司出版部调换。
版权所有　侵权必究